产业政策通论

A General Theory of Industrial Policy

郁义鸿　于立宏　●著

复旦大学出版社

序　言

作为产业经济学领域的学人，对于产业政策问题的关注自然由来已久，但本书写作的冲动则起因于近年来围绕这一论题在国内学界发生的激烈论辩，且更受到著名的"林张之争"所激发，就想着有必要对被置于"产业政策"这一标签之下的种种理论、观点、证据等进行一番梳理，以求对该领域的学科发展做一点基础性的工作。

以"通论"为书名绝不意味着我们能有那么大的胆识来攀比凯恩斯。读过凯恩斯的学者包括一些大家都说他的《通论》文字艰深难懂，这就更不是我们敢于探求的了。关键是，回顾凯恩斯大作的原版书名，所谓"通论"是"General Theory"，直译为"一般性理论"，我们采用这一书名也就来自对"一般性理论"含义的理解。

一方面，凯恩斯开篇即对其大作的命名进行"正名"，称其命名"着重在通字"，其用意"在把我的想法和结论，与经典学派对于同类问题之想法和结论对照起来"（Keynes，1936，中译本第7页）①。这一点或许也正反映了本书写作的意图。

另一方面，就"通论"的直接含义来说，鉴于凯恩斯的大作是宏观经济学的开创之作，无疑当得起"一般性理论"之名，而本书这一命名只能说是相对于"特殊理论"而言的。虽然我们的意图仅限于对产业政策领域做出一些"一般性"讨论，但为了简明扼要起见，采用"通论"这一书名也就显得较为合适。

关于一般性理论和特殊理论的异同及其相互联系，霍奇逊有过精彩的论述。

作为演化经济学大家，霍奇逊对主流经济学持有强烈的批评态度，他更多强调的是一般性理论的局限性，并将凯恩斯的《通论》视为"经济学研究中追求一般性尝试的最著名例证之一"（Hodgson，2001，中译本第6页）。而在社会学研究中，"也存在对社会行为、交互作用和结构的一般性理论的推崇"。诸多"里程碑式的理论……都试图用一般性来理解'社会'，而不局限于任何特定的历史时期或社会结构类型"（同上，第7页）。

按照霍奇逊的定义，所谓"一般性理论"，"是指关于人类社会经济的或社会的基本特征和行为的实质性解释或模型，这些基本特征和行为被假定对于绝大多数可能的社会或经济体系都是共有的"（同上，第7页）。他指出："如果我们拥有一个关于社会-经济构成与变迁的充分的一般性理论，那么在广泛的应用领域内就可以用它解释任何情况。……将不再需要特殊的理论。一个关于经济行为的一般性理论的获得，使得以历史为界限而划分的理论成为多

---

① 本书对英文文献和中文文献或外文文献中译本引文出处的页码标识采用略微不同的格式，前者标为"p.×"，后者标为"第×页"或"中译本第×页"，以资区别。

余。一个单一的理论就可以囊括所有的可能性。"但"这样的目标是不可能实现的,至少在社会科学领域是这样"(同上,第4页)。

霍奇逊强调,"任何科学的一个主要目标是解释"(同上,第11页),那么,对于一般性理论来说,其至少在"解释性统一"上存在一定的局限性。"既然探究隐藏在各种各样真实现象背后的潜在统一恰恰是科学的中心目标,那么任何反复发生的元素或者相似性的缺失都会对本体的统一施加限制。本体的解释性统一需要对相似结构或者因果机制进行辨别。在本体论的意义上,一个理论进行统一的能力不是依靠它的公理或者命题,而是依靠它在应用领域内真实的、潜在的统一性或相似性的程度"(同上,第4页)。

可以认为,导致一般性理论受到限制的关键在于,现实的经济系统有着高度的复杂性,这种复杂性使得各种类型的现象、其背后的行为以及经济系统的因果联系很难用一种高度抽象的理论加以全面的覆盖和解释。"真实现象的多样性所包含的结构和因果机制的多样性可能会对解释性统一施加真正的限制"(同上,第30页)。"社会科学中所有模型的一个中心问题是:它们不仅必须考虑人们之间的结构关系,而且要考虑人们自身的计算问题,因为人们会对不断变化的环境做出反应。系统和人都必须模型化,在这里人的模型包括了它对于系统的感知。这是一个紊乱的复杂性问题,它很难被纳入一般性理论模型之中,至少在没有强加严格的简单化假定的情况下是这样。……由于一般性理论被爆炸性的复杂性所压倒,所以在一般性理论方面做出的所有努力,最终都必须放弃许多一般性"(同上,第17—18页)。

需明确,霍奇逊并不否定一般性理论的价值,而是在充分肯定其对于科学发展的重大的基础性作用的前提下,强调一般性理论构建的度的把握。他给出的一个基本准则是,"对统一性解释的追求不能被推进到这样一点上,即对特定解释的本质和价值不加重视"(同上,第5页)。他最为关注的是,社会科学特别是经济学在研究中所不可忽视的"历史特性问题"(the problem of historical specificity)。因为在不同的历史阶段,对应于不同的经济体,其制度、文化、环境、科技等诸多因素都可能有着巨大差异。事实上,"在历史时间与地理空间中存在不同的社会—经济系统类型。……如果不同的社会—经济系统具有共同的特征,那么在某种程度上,需要用来分析不同系统的不同理论就可能适当地分享一些共同的特征。但是有时也会有重要的差别"(同上,第27页)。

从哲学角度来说,将科学简单划分为"特殊论科学和普遍论科学"的方法本身并不科学。正如哲学家马里奥·邦格所说:"特殊论/普遍论科学的两分法是站不住脚的,因为所有的科学都既是特殊论的,又是普遍论的。"人类社会是一个"有模式的混乱体"(a patterned mess)。思想的一般性框架可能帮助我们察觉这一模式,但是我们还需要更多的东西来处理混乱的细节(同上,第25页)。

就本书的研究来说,我们展开论证的逻辑前提是,经济学是一门科学,产业政策是归属于经济学科学中的一个相对独立的领域,因而应努力将科学发展的各种原则应用到这一领域的研究之中。霍奇逊所提出的一些命题将是本书研究的基本目标:"科学不能仅仅是对经验细节的分析或描述。描述自身,不论是显性的,还是隐性的,总是依赖于预设的理论和概念。……解释真实因果机制的解释性统一和一般性是值得科学研究的目标。……在处理复杂(社会—经济)系统时,我们需要将一般性概念、陈述、理论与跟系统和子系统的特定类型相关联的特定的概念、论述和理论相结合。"(同

上，第46页）

　　由此出发，我们不仅需要从一般性理论构建的角度来对现有的相关理论给出评价，特别是需要对作为产业政策的理论渊源的各种理论加以概要的评述，也需要采用一般性理论构建的思路来对这一研究对象做出分析。而就经验性的验证来说，我们就更需要采用霍奇逊所说的"历史特性问题"的角度进行探究。但我们并不全盘接受霍奇逊的理念。我们认为，就经济发展的历史经验来说，我们并不一定需要针对每一个历史阶段或每一个具体的经济体发展的实践去构建一种特殊理论。更为可行的或许是，我们试图尽可能提炼出一种基本适用于几乎所有发展阶段的一般性理论，同时将不同的发展阶段和不同经济体的实践作为一种特例来加以处理。如此来处理"一般与个别"之间的关系，可能导致所谓一般性理论过于宽泛，或者说，特别在将较为早期的发展实践纳入这一理论之中的时候，可能会发现，这一一般性理论中的很多因素事实上并不有效，或者说几乎不存在。但既然将其作为特例看待，这应大致符合理论构建的逻辑上的自洽性要求。

　　由此可知，我们在很大程度上将秉承霍奇逊的这一逻辑，即在对产业政策展开分析的时候，特别强调不同经济体在不同的发展阶段中所面临的内部和外部环境的特殊性。

　　如果要进一步上升到研究范式的层次的话，对于整个社会科学来说，其实还任重道远。如库恩所说，"像数学和天文学这些领域早在史前时期就有了第一个坚实的范式，也有像生物化学这样的领域是由已经成熟的专业分化和重新组合而形成范式的，……而在社会科学各部分中要完全取得这些范式，至今还是一个悬而未决的问题。历史向我们提示出，通向一种坚实的研究共识的路程是极其艰难的"(Kuhn,1962,中译本第13—14页)。就产业政策的相关论辩来说,我们希望与读者一起,始终记得库恩论及的一种误区而免于踏入:"当不同范式在范式选择中彼此竞争、互相辩驳时,每一个范式都同时是论证的起点和终点。每一学派都用它自己的范式去为这一范式辩护。指出这种论证的循环性,当然不会使论证错误或者无效。……然而不管其说服力有多强,循环论证只能作为劝说别人的一种手段。对于那些拒绝接受其论证前提的人而言,这种论证无法从逻辑上甚或概率上说服他们接受"(同上,第87页)。

庚子年的疫情限制了我们的活动空间,同时也让我们得以在相当长一段时间中将精力完全投入本书的写作中。尽管如此,相比于2019年出版的《创新中国》长达四年左右的写作,本书一年左右即得以完稿仍嫌仓促。由于论题涉及范围更广,受限于能力和水平,虽然本书给出的一个分析架构相对较为宏大,但上述写作意图必难完全达成,在大量的逻辑联系的论述、验证和各种细节上均存在很大的深入探讨的空间,且可能存在诸多谬误之处,期待读者和同行的批评指正。产业政策研究的文献数量亦相当巨大,我们尽可能择其要者加以借鉴,但仍不免挂一漏万,也请读者特别是相关学者见谅。

我们对复旦大学出版社的徐惠平老师、岑品杰老师和相关编辑老师致以真切的感谢,没有他们的辛勤付出,本书的问世是绝无可能的。当然,本书所有可能的错误均由我们负责。

郁义鸿

2020年10月20日

目 录

1 绪论 ··· 1

  1.1 产业政策论辩：焦点与问题 ······························· 2
    焦点之一：产业政策的概念界定/焦点之二：产业政策的效应评估/焦点之三：政府与市场的关系定位/各个焦点之间的逻辑联系

  1.2 理论、现实与政策 ·· 14
    关于认识论/理论与现实/政策与现实/政策与理论

  1.3 产业政策研究的困境 ·· 21
    产业政策研究的理论渊源/产业政策效应评估的困境/概念界定与理论建构的科学性要求

  1.4 本书的研究逻辑与分析思路 ······························· 26
    基于系统论视角的产业政策概念界定/经济系统层次划分与增长理论的局限性/基于历史视角的经验分析/基于历史视角的产业政策效应评估/协调失灵与政府干预的必要条件/发展阶段与产业政策的空间

2 经济系统、产业体系与产业政策的界定 ···················· 35

  2.1 经济系统的基本架构 ······································· 35

社会大系统与经济系统/经济系统的三层次架构

　2.2　经济系统运行的逻辑 ·················· 41
　　　复杂系统运行的抽象/不同层次之间的联系：由微观到宏观/不同层次之间的联系：由宏观到微观/微观主体、群体行为与经济学规律/不同层次之间的联系：产业体系作为中间层

　2.3　产业体系及其演化 ·················· 54
　　　经济系统的"静态"图像/产业体系及其结构特性/产业体系的部门划分/产业体系与产业间关联/产业体系结构特性的演化

　2.4　政策体系与产业政策的概念界定 ·················· 70
　　　政策体系与理论体系的对应性/政策划分的原则和政策体系的构建/产业政策的概念界定

3　典型化事实、类型划分与发展型式 ·················· 85

　3.1　经济发展及其"典型化事实" ·················· 86
　　　增长理论的"收敛"假说/增长理论的局限性/增长的"典型化事实"/13个"典型经济体"的发散经验/结构变化的"典型化事实"

　3.2　产业政策研究的方法论 ·················· 101
　　　发展经验研究的方法论/产业政策研究的逻辑

　3.3　经济体类型的划分 ·················· 112
　　　不具可比性的特殊经济体/资源丰裕经济体/大国（地区）/小国（地区）

　3.4　不同类型经济体的发展型式 ·················· 121
　　　工业化过程及制造业的核心地位/三次产业就业结构的变化/工业化与制造业增加值比重的变化/制造业发展与"中等收入陷阱"的跨越

4 发展战略与发展绩效：历史视角的分析 ………………… 133
   4.1 发展的历史视角研究 …………………………………… 134
      发展的成功与失败/历史视角何以必要/发展阶段的划分
   4.2 经济全球化与开放战略 ………………………………… 142
      全球化进程概要/全球化及其影响的经验分析/经济开放与经济增长
   4.3 政策转变与战略转型 …………………………………… 159
      战略转型指导下的政策转变/政策转变的增长效应
   4.4 资源丰裕经济体的转型障碍 …………………………… 169
      "资源诅咒"：一种悖论/智利："资源诅咒"的破解/发展的激励
   4.5 发展成功的必要条件 …………………………………… 176
      社会治理与制度/制度质量与"资源诅咒"的破解/发展的必要条件

5 历史视角下的产业政策效应评估 …………………………… 190
   5.1 产业政策效应评估的方法论 …………………………… 191
      从关于"东亚奇迹"的争议说起/产业政策效应评估的逻辑/以生产率提高为产业政策正名：一个误区/三个层次的产业政策效应评估
   5.2 产业政策与经济增长：宏观层面的评估 ……………… 205
      产业政策推动了经济增长吗？/相近发展阶段的增长实绩比较/发散的增长实绩
   5.3 技术革命、产业体系演变与产业政策效应 …………… 217
      产业体系变迁的技术因素/发展过程中的主导产业更替/东亚的主导产业与雁行模式/拉美的过早去工业

化/拉美为什么"掉队"?

 5.4 产业成长的微观基础:企业竞争力 ·················· 239
  产业政策与产业竞争力/进口替代、出口导向与幼稚产业保护/竞争政策与企业竞争力/技术扩散、学习能力与动态比较优势

6 协调失灵与政府干预的必要条件 ·················· 256

 6.1 经济系统运行的协调机制 ·················· 257
  "市场增进论":作为一种协调机制/协调与协调失灵/市场过程与协调机制/计划、市场之争与经济转型

 6.2 竞争市场中的协调 ·················· 271
  市场、价格与企业家的"被协调"/企业家与企业家精神/知识分类、企业规模与"看得见的手"/技术革命的演进与协调机制的演变

 6.3 计划体制与政府失灵 ·················· 283
  公共领域的界定与政府基本职能/政府失灵及其原因/以经济发展为目标作为首要前提

 6.4 政府效率与政府干预的必要条件 ·················· 293
  政策体系中的产业政策制定/精英官僚集团及其能力/决策者的长期视野/一个相对清廉的政府

7 发展阶段与产业政策的边界 ·················· 302

 7.1 经济发展与市场体系的成熟 ·················· 303
  发展阶段、知识存量与协调失灵/市场体系的成熟是一个过程/市场缺失与市场体系的发展

 7.2 行为主体能力与产业政策的空间 ·················· 309
  知识分工与行为主体的群体划分/企业能力的演进与企业协调的效率/企业家精神与协调效率/官员能力的

发展与官僚体系的效率

7.3 发展阶段与产业政策的边界 …………………………… 327
经济发展阶段与产业政策的空间/协调转型的历史经验

7.4 营商环境作为发展的必要条件 ………………………… 334
营商环境质量与发展水平/创业环境作为发展的必要条件/信贷获取条件与经济发展/人力资源供给作为发展的必要条件/制度、文化与经济发展

参考文献 ……………………………………………………… 350

1 绪 论

近年来,在中国的经济学界,恐怕没有任何其他话题像"产业政策"这样呈现出如此众多的意见纷争甚至激烈论辩的了。从产业政策和一些经济学基本概念的界定,到不同学派的理论背景或理论基础,从实践中政策工具的采用,再到政策有效性的评价,可以说无一不存在争议乃至针锋相对的意见和观点。这一现状无论对于理论的发展还是实践的应用,抑或是对于政府政策的制定和实施,都是极其不利的。

顾名思义,产业政策论题涉及产业经济学和政策研究两个领域,但实际上与经济学和公共政策两大领域的众多分支都有着密切联系。就经济学来说,产业政策至少与经济发展、经济增长、企业竞争力等密切相关;就公共政策来说,则至少涉及政策科学和公共选择的相关理论。从长期发展视角来说,产业政策与制度、社会、文化等问题相关;从经验借鉴角度来说,则又需对经济史有所涉及。因此,这一论争也吸引了相近学科的学者参与其中,各种观点缤纷多彩地呈现,在思想的冲撞中激发创新,也有利于理论的发展及其对实践的推进。当然,这样的影响也只有在形成一些基本的共识之后才有可能产生。

在经历了长达数十年的理论与实践的发展之后,面向未来,对于产业政策的理论和政策实践进行系统梳理的基础已经相对坚实，而这种梳理的必要性也可从中国经济未来发展的要求来加以理解。概念的含混不清和推理的谬误使得理论的发展缺乏必要的逻辑基础，而由此可能导致的理论的误用则将引发政策实践的重大偏差。对于中国这样一个政府对经济有着强大控制力的经济体来说，这一点尤为重要。

作为绪论，本章首先对以产业政策为主题的争论焦点及其相互之间的逻辑联系做概要梳理，在此基础上，考虑形成最大共识的可能性，从理论-现实-政策三者关系的论述出发，辨识产业政策研究面临的困境及其原因，进而建构本书论证的基本逻辑思路，并给出后文论证的主要结论和观点。

1.1 产业政策论辩：焦点与问题

2016年8月21—22日，由北京大学新结构经济学研究中心和复旦大学经济学院主办的以"产业政策：总结、反思与展望"为主题的学术研讨会在复旦大学召开。这是近年来就产业政策相关论题进行集中探讨的一次规模最大的研讨会，之后，与会议主题同名的文集（以下凡引《产业政策》均指该文集）于2018年出版，集中反映了该领域国内学者的各方观点。在此，我们以该文集为主，结合中外其他学者的相关成果，对产业政策争论的关键焦点问题做一梳理。在此基础上，再来讨论这些焦点问题之间的逻辑联系。

林毅夫和张军等在《产业政策》的序言中写道："人们关于产业政策的认识分歧，首先体现在产业政策的定义和范围界定上。""不管采取何种定义，绩效评估都是评价产业政策好坏的基本前提。但和大部分自然科学不同，社会科学基本上很难进行可控实验，因而如何科学地评估产业政策的绩效就成为最大的挑战。……如何用科学的方法去论证与评估现有的产业政策,从制定到落地的各个步骤都需要认真去研究。"(林毅夫等,2018,第 iii 页)而作为产业政策更为基础性的论题,则涉及政府与市场的角色问题,涉及市场机制的有效性问题,以及市场失灵和政府失灵的问题。从深层次上说,这又涉及各自的理论背景,而不同理论学派之间本身就存在着巨大的争议。就此来说,理论是否为真,也还需要接受实践的检验,但这一检验并不比产业政策有效性的评估更为简单或更为容易。

焦点之一:产业政策的概念界定

如林毅夫和塞莱斯汀·孟加所言,"关于产业政策的第一个也是最大的困惑来源是经济文献中对其定义的模糊,这反映了对其范围、目标和工具的争论"(Lin and Monga, 2013)。作为"林张之争"的主角,林毅夫和张维迎对于这一基本概念的界定并未形成共识。

林毅夫的"新结构经济学根据学界普遍接受的定义",认为"凡是中央或地方政府为促进某种产业在该国或该地区发展而有意识地采取的政策措施就是产业政策",其具体的政策工具则"包括关税和贸易保护政策,税收优惠,土地、信贷等补贴,工业园、出口工业区,R&D 中的科研补助,经营特许权,政府采购,强制规定(比如美国政府规定的在某个特定期限前汽油中必须包含多少比例的生物燃料)等"。一言以蔽之,"只要针对特定产业会影响该产业发展的政策都叫产业政策"(张维迎和林毅夫,2017,第 75 页;林毅夫,2018,第 3 页)。

张维迎则说:"我理解的产业政策,是指政府出于经济发展或其他目的,对私人产品生产领域进行的选择性干预和歧视性对待,其手段包括市场准入限制、投资规模控制、信贷资金配给、税收优惠和财政补贴、进出口关税和非关税壁垒、土地价格优惠等。"(张维迎，2018)

再考察一下产业政策领域特别是国外一些重要学者的定义。

查默斯·约翰逊在其名著《通产省与日本奇迹》出版两年之后，又主编了另一部关于产业政策论争的专著，在该书中，约翰逊给出了明确的定义："产业政策是对政府发展或紧缩各个产业的活动的一个概括性术语，这些活动是为了保持一个经济体的全球竞争力。"他将产业政策比作"经济三角形"的第三条边，另两条边则是我们熟知的宏观经济的财政政策和货币政策。"它首先是一种态度，然后才是一种技术。"产业政策包含了市场经济中所有对整个部门、产业或企业——健康的或不健康的——产生显著影响的措施，如税收、许可证、禁令和规制等（Johnson，1984，p.7）。而在两年前的《通产省与日本奇迹》一书中，约翰逊只是引用了罗伯特·尾崎（Robert Ozaki）给出的定义："它指的是一套政策，涉及保护本国产品，发展战略工业，调整产业结构，以适应当前或未来国内外经济形势的变化。这一套政策是由通产省根据它对民族利益的认识，为了这个利益的实现而制订和推行的。"（Johnson，1982，中译本第27页）

日本学者小宫隆太郎在《日本的产业政策》一书中对产业政策概念做了如下说明："（产业政策是）政府为改变产业间的资源配置和各种产业私营企业的某些经验活动而采取的政策。换句话说，它是促进某种产业的生产、投资、研究开发、现代化和产业改组而抑制其他产业的同类活动的政策。"可同时他又觉得"上述说明稍嫌失之狭隘，有必要将其范围加以扩大"（小宫隆太郎等，1984，第3页），但他并未修改其定义。奥野正宽和铃村兴太郎在该书的总结中则归纳道："我们所说的产业政策，就是通过某些政策手段，对以制造业为中心的产业（部门）之间的资源分配实行干预的各种政策，以及干预个别产业内部的产业组织，对私营企业的活动水平施加影响的政策的总体。"（小宫隆太郎等，1984，第535页）

丹尼·罗德里克在其最近的文献中给出的定义是：产业政策"是指刺激特定的经济活动以促进结构变化的政策"，但由于针对非传统农业或服务业的政策（如对农产品、呼叫中心或旅游业的公共补贴）与对于制造业的激励具有同样的资格被称为产业政策，将其称为"生产发展政策"（productive development policies）可能更为适当（Rodrik，2019）。

在韩国研究者中颇具代表性的李景台博士[①]对产业政策概念的界定为："所谓产业政策，是以产业发展为目标，谋求增加生产资源的总量或改善各部门之间资源配置的经济政策。"或者说，"所谓产业政策，是为实现经济增长和加强国际竞争力，通过对产业的支援、调整和管制介入整个产业或特定产业的生产、投资和交易活动的经济政策"（转引自朴昌根，1998，第32页）。

结合任继球所列举的中国、日本和美国一些学者对产业政策概念的定义和其他国家一些学者的界定[②]，归纳起来，存在两种基本的分类：一种是按照选择性和功能性进行区分，前者较为狭义，后者较为宽泛；另一种则如江小涓所说，"一类指那些明确针对产业结构状况的政策，另一类……将一些不是专门针对产业结构状况的政策也包括在内"。江小涓采用前一种狭义的定义，"产业政策是政府为了实现某种经济和社会目标而制定的有特定产业指向的政策的总和"（江小涓，1996，第9页）。

遍览文献，众多学者在给出各自的产业政策概念定义的同时，大多也列举归属于产业政策的各种政策工具，或者就若干政策举措

[①] 据朴昌根（1998，第31页）所说，李景台曾任韩国产业研究院产业政策室主任兼商工部长官咨询官、韩国产业研究院副院长兼总统咨询机构即政策企划委员会经济运营分科委员会委员长。

[②] 参见任继球（2018，第92—93页，表1），这里不再一一列举。

加以举例说明,但有意思的是,几乎没有一个学者对其赞同或反对某种定义的理由加以说明。究竟采用狭义的定义更为合理,还是采用宽泛的定义更能站得住脚?为此是否需要就这两种基本的不同定义的利弊加以讨论,并为最终的选择给出充分的依据?这似乎是解决概念争议的基本要求。进一步,在产业政策的概念界定明确之后,还应就其相应的政策工具究竟包含哪些形成大致的共识,这就跟政策效应的评估直接相关,而后者是一个更为复杂的争论焦点。

焦点之二:产业政策的效应评估

对于产业政策的实施效应究竟如何,存在完全相左的观点,即使在作为产业政策"发源地"的日本,"对日本政府的产业政策及其所发挥的作用有各种各样的评价和看法。有肯定者,有猛烈抨击以至否定者,也有不承认其有什么作用者"(杨治,1985,第10页)。之所以如此,正如江小涓所说:

> 在这类争论中,经济理论和其他国家的经验可以提供帮助,但却不能提供最终的判断标准,因为,在理论方面,对立的观点一直存在,在经验方面,又有大量含义不同的实例,赞同或否定产业政策的观点都能找到理论与实践依据(江小涓,1996,第3页)。

由此可见,产业政策的论辩处于一种难堪的境地。要打破这一困境,就必须对产业政策的效应进行尽可能科学的评估。如果对一项政策究竟产生了怎样的效应都无法给出判断,又何以得出该项政策是否合理和是否应该实施的结论?如果基于政策效应评估的各种困难,使得论辩双方很难说服对方,那至少需基于理论的某种逻辑来进行推断,而在逻辑上则要做到无懈可击。

在论辩中持极端观点的正是林毅夫和张维迎两位主角。

林毅夫的观点是,"没有产业政策的国家经济发展必然不成功,……产业政策是经济发展的必要条件"(张维迎和林毅夫,2017,第2—3页;林毅夫等,2018,第5页),从发展经验上来说,林毅夫认为,"尚未见不用产业政策而成功追赶发达国家的发展中国家,也尚未见不使用产业政策而继续保持领先的发达国家"(林毅夫等,2018,第5页)。张维迎则"主张废除任何形式的产业政策。政府不应该给任何产业、任何企业吃偏饭"(林毅夫等,2018,第25页)!极端观点之所以不可取,关键在于,现实世界从来不是以极端状态存在和演变的。理论的建立需要抽象,但显然不能以某种极端状态作为抽象的依据,而任何学术观点的形成也不应忽视经济社会的现实。在《不完全竞争经济学》一书中,针对当时经济学界仅研究完全垄断和完全竞争这两种极端市场结构的问题,罗宾逊夫人指出:"在教科书中从来没有关于应当如何对待这些中间事例的明确指示;作为现实世界的一幅图景,这种理论是不能令人信服的,而作为纯粹的分析结构,它又有几分令人不愉快的气氛"(Robinson,1933,中译本第3页)。

或许在林毅夫的潜意识中,产业政策就是无所不包的,只有在这样的界定之下,所谓"产业政策是经济发展的必要条件"的论断才可能成立①。另一方面,张维迎的主张也未免过于极端。张维迎的论断在很大程度上是以理论演绎为基础的,但考察全球的发展经验,虽然产业政策失败的案例(即使在狭义界定的基础上)比比皆是,但在经济发展较为初级的阶段,恐怕确实需要政府实施某些产业政策,来保护幼稚产业或推动某些产业的发展。

---

① 从逻辑上来说,只要给出一个反例,这一论断就无法成立。遍览世界众多经济体,至少中国香港就可以作为一个很有说服力的反例。中国香港被经济学界公认为最接近自由竞争的市场经济,从来没有实施产业政策。中国香港的成功发展无疑依赖于很多条件,特别与中国内地的经济发展密切关联,而这恰恰说明,林毅夫的这一论断只能在附加多种限制条件的前提下才可能成立。

从逻辑上来说，要判断任何政策是否合理和有效，需要将政策产生的效应跟政策目标进行对标，在政策目标合理的前提下，如果其实施实现了预期目标，那么这项政策的效应就符合政策制定者的要求；反之，如果政策效应偏离其目标较远甚至完全未能实现其目标，则该项政策的合理性就该受到质疑。因此，要对产业政策的效应进行评估，首先需要明确什么是政策的目标？

事实上，无论产业政策的目标还是政策实施的效应，都有着对应于经济系统不同层次的设定，为此需要按经济系统的不同层次来展开分析。

首先，产业政策应属于中观层次的政策，但无论学者还是政府，很多都以宏观层次的经济增长业绩为标准来对产业政策的有效性进行评价。问题在于，产业政策通常并不清晰地提出宏观层次的目标，而是以一个明确的发展战略或相对更为细致的一个发展规划为导向。因而，在这个层面上展开产业政策效应的评估，应将其与发展战略相联系。

在产业层面，对产业政策效应的评估可进一步细分为两个类别：一类是全面评估，将大多数产业包括在内，或者将一类产业作为研究对象；另一类是针对某一特定产业进行评估。在这两类评估中都可以看到大量的研究结果。

基于全面评估的研究通常会给出一个总体的产业政策评价，最典型的莫过于对日本产业政策效应的两种不同观点。作为《通产省与日本奇迹》的作者，约翰逊对此抱有充分肯定的态度，但迈克尔·波特等人则提出严重质疑。波特等人称约翰逊为"最先把日本政府模型变成文化的人"，基于对日本各产业的竞争力展开的全面分析，他们指出：

> 日本的政府模型被众多成功的产业的实践所证明，这些产业被一遍又一遍地研究：20世纪50年代的煤炭产业、60年代的

钢铁和船舶制造业、70年代的半导体产业和80年代的计算机业。但是，这种方法是有缺陷的，因为这些产业并不能代表整个日本经济。我们在更大范围内的研究也发现，每10年就有具有国际竞争力的产业得到提升，但是事实上这些产业根本没有采用这个政府模型。例如，可以考察一下60年代的摩托车、70年代的音频设备、80年代的汽车和90年代的游戏软件。我们发现，实际上政府模型的核心实践根本不存在于日本大多数具有竞争力的产业中。相反地，这个模型在不具竞争力的产业倒是普遍深入。它还导致了大范围的、生产率低下的国内部门拖着经济整体的后腿。我们案例研究的证据还得到了整个经济范围内的证据的补充，这个证据就是日本政府的两个核心举措——合法的卡特尔和合作研究——的影响。在此，公认的解释再次被证明是错误的（Porter et al., 2000，中译本第31—32页）。

波特等人采用的竞争力概念涉及微观层面的企业活力，他们的结论是："国内竞争的激烈程度是解释日本行业取得国际性成功的决定性因素。相反，贸易保护或卡特尔的存在对国际竞争力的培养是不利的。"（Porter et al., 2000，中译本第159—160页）

另一项关于幼稚产业保护的经验分析更能说明这类研究的难点所在。安妮·克鲁格和巴兰·坦瑟于1982年发表了一篇论文，采用土耳其制造业的数据对幼稚产业保护理论进行经验检验，他们发现，"受保护程度更高的公司或行业，其单位投入产出增长率并没有比受保护程度较低的公司或行业呈现出更高的系统趋势"（Krueger and Tuncer, 1982）。该论文被广泛引用，但在12年之后受到安·哈里森的质疑。哈里森指出，他们所采用的企业数据系统性较差，而产业加总的数据相对更为可靠，且更能代表土耳其制造业的表现。在更深入的统计检验的基础上，哈里森认为，克鲁格和坦瑟的主要结论——保护措施并没有引起单位投入产出的增长，而这正是幼稚产业支持者所要求的保护措施的基础——似乎并没有得到证据的支持。但同时,哈里森也指出:"对幼稚产业保护持怀疑态度的人可能会认为,由于生产率增长的顺周期性,这种保护与生产率的提高有关。保护主义可能刺激产出增长,而产出增长又与生产率提高呈正相关。另一种可能性是,土耳其官员足够聪明,能够保护更有前景的产业。"因此,"在土耳其的案例中,需要更多的研究(或更多的数据)来解决这个问题"(Harrison,1994)。

可以看到,在最重要的产业层面的政策效应评估中,经验研究面临着各种困难。在数据问题上,不仅涉及可得性和精确性的问题,还涉及如何设计研究的指标和如何应用指标的问题。在统计检验方面,不仅涉及统计方法的正确运用问题,还涉及统计结果如何正确解读的问题。最重要的是,经验研究的整体设计是如何建立在理论假设的基础上的,而理论假设是否合理又跟被检验的理论本身是否具有基本的科学性相关。凡此种种,都给产业政策效应的评估带来极大挑战。

在广义地将产业竞争也纳入产业政策范畴的情况下,有些政策是以促进竞争为目标的,但基于我们将在下一章给出的经济系统三层次分析框架,竞争政策属于微观层次的政策,不应归属于产业政策范畴。

焦点之三:政府与市场的关系定位

关于政府与市场的关系,张曙光对《新结构经济学》提出的质疑是:"既然认为市场是有效配置资源的根本机制,就没有什么政府主导的地位和作用;而有了政府的主导地位和作用,也就不可能让市场成为配置资源的基础和根本机制。正反两方面的经验都证明了这一点。事实上,市场既是根本的,也是主导的。"(张曙光,2017,第245页)

有意思的是,在林毅夫对产业政策的概念界定跟其所使用的具体例子之间,在逻辑上并不完全一致。林毅夫的定义明确了产业政策是对"某种产业"发展的指向,但他在论辩中以马祖卡托的经验研究(Mazzucato,2014)为例,称"政府对基础科研资金的配置,就决定了这个国家会发展哪种新产业和新技术,这种选择性配置也是一种产业政策"(林毅夫等,2018,第5页)。但按照经济学基本原理,基础科研和国防均属于公共品,本应由政府投入,且林毅夫自己也说,"基础科学的研发属于公共产品范畴"(林毅夫等,2018,第7页)。那么,政府对公共品的投入与产业政策之间究竟是一种怎样的关系?

更为复杂的还涉及基础设施。通常来说,基础设施主要由政府投入,但如果不做区分、一概而论,也会将论辩引向误区。略做细分,就可以看到,基础设施(这里仅指硬件)中的一部分如城市广场等应属于公共品,但更多的基础设施如铁路、机场等则并不属于公共品。政府对基础设施的投入属于产业政策吗?

各个焦点之间的逻辑联系

为了达成共识,我们需要回答一系列的问题。经济学作为一门科学,任何一种理论得以立足的必要条件是其逻辑上的自洽,这一要求对于论辩双方应该是一致的。但在论辩中,由于问题的复杂性,也可能因为论题涉及的范围过大,以至于需追根溯源到经济学理论甚至经济思想史,使得相关论述的逻辑关系变得过于复杂而难以梳理清楚。这里仅就上述三个焦点之间的逻辑联系做概要陈述。

首先,对于基本概念的重要性,肯尼斯·赫文和托德·多纳是这么说的:"用精确的名字称呼事物,是理解的开始,因为它是心灵把握现实及其众多关系的关键。……对于科学目的来说,概念是:(1)尝试性的,(2)基于共识的,(3)其作用只能局限于把握或分离现实中的某些重要的、可定义的方面。……科学是一种方法,通过参考可观察的现象来检验概念的表达以及它们之间可能的关联"(Hoover and Donovan,2004,中译本第9—10页)。

考虑到产业政策是政府政策中的一类,对产业政策的概念界定就需要放到更大的范围——政策体系的范围——中去进行分析。基于系统论的观点,在理想情况下,政府政策体系与社会经济系统之间应存在一种对应关系,因为政府对社会的治理和经济的管理有着多重目标,政策工具也同样是多重的,那么,为了实现政策目标,可能需要采用不同的政策工具。这种对应关系并非是严格地一对一的,同一个政策目标可能需同时采用几种政策工具,而政策目标之间也存在重叠交错。粗略地说,至少产业政策是针对产业的,它与宏观经济政策应有明显区分;更细致地,我们究竟应该如何建构一个政策体系,而产业政策在这一体系中的地位又是怎样的?

要回答这一问题,就必须回答政府和市场的定位问题。

基于经济学基本原理,政府在整个经济系统中应有的职能和定位本来应该是相当清楚的,但从论辩各方观点来看,有些已进入了误区。在一般意义上,市场失灵的存在是政府干预的理由,但对于市场失灵究竟如何界定以及其效应究竟应如何评价,也并非没有争议。更重要的问题是,因为可能存在政府失灵,市场失灵并非政府干预的充分条件,那么,政府失灵又该如何界定,其效应又该如何评估?如果说,市场失灵是源于经济系统的一些基本特性,那政府失灵的原因又是什么?

事实上,上述政策体系的建构是以政府定位为基础的,也是以对政府政策目标的认定为前提的。

在宏观经济层面,政府目标可能存在短期和长期的区分,短期内试图平滑周期,长期中追求经济增长,但这并不意味着政府除了宏观政策之外就一定还需采用产业政策。如果说,产业政策的目标是促进特定产业的成长和发展,那这一目标是否与宏观经济目标相兼容？是否与整个产业体系的发展趋势相一致？很多政府推出的产业规划都以经济增长为目标，而对政策效应展开的大量经验分析也将其与宏观增长业绩相联系，但产业政策本身属于中观层次的政策，那么，产业政策究竟如何在宏观层面对经济增长产生影响？其间的运行机制和作用机理又如何？进一步，政府在微观层次上的目标又该如何界定？如果说政府干预的理由是市场失灵，那么什么样的政策是以"治愈"市场失灵为目标的？市场作为经济系统运行的基础性机制，属于微观层次，政府是否应将微观层次的竞争政策置于更优先的地位？

更复杂的问题在于，即使不存在政府失灵，政府的政策是否一定能够达成其预期目标？事实上，政策实施的效应还在很大程度上取决于其实施的过程，取决于政府机构的运行效率和作为政策实施对象的企业的反应。从逻辑上说，这就在相当程度上依赖于对政策效应的经验性评估，但从某种意义上来说，面对一个极其复杂的经济系统，政策效应的评估所具有的难度是超乎想象的。现有文献提供了大量政策评估的经验分析成果，但大多数的分析所能检验的可能只是将现实经济中所发生的某种变化与之前实施的某项政策相联系，并试图由此解释两者之间存在的因果联系，但这样一种类似于"局部均衡分析"的研究在多大程度上具有可信性，是值得质疑的。

基于系统论观点，经济系统是一个复杂系统，经济学也无法采用实验方法来展开研究，而所有经验研究都是事后的，作为其研究对象的政策及其效应都是无法复制的。特别是，对于发展中经济体来说，考虑到统计数据通常相对不足，数据的质量也常常难以保证，再加上经济计量分析的工具毕竟有其局限性，我们在很多时候就必须借助理论的力量来对政策效应给出合理的解释。

江小涓指出，"要理解和分析我国的产业政策问题，就需要在恰当的理论背景下，对我国产业政策的实际推行过程进行实证分析"（江小涓，1996，第3页）。产业政策是应用性的，而所有政策都有着深刻的理论背景，虽然通过实证分析可以为理论层面的争议提供依据，但却又难以构成最终的判断标准。

就简单的逻辑联系来说，在给出明确的概念界定的前提下，基于经济学理论，即可通过经验研究来对理论假说进行检验，从而给出产业政策是否有效的结论。但从上文所提出的种种问题来看，基于这一表面简单的逻辑联系来展开研究却面临种种困难，有些难点甚至显得很难克服。这么看来，把产业政策论辩视为一个谜团应该并不过分。那么，该如何解开这个谜团？事实上，一旦论及政策，就涉及作为其背景的经济学理论，这就需要从理论和实践的关系角度来展开分析，甚至涉及经济学对于现实世界运行的基本认识，而政策本身就是一种实践，且对经济系统的运行施加重要的影响。因此，我们需要首先将理论、现实和政策之间的关系梳理清楚，只有从这些基本认知出发，才有可能解开这个谜团，并尽可能给出能形成最大共识的结论。

1.2 理论、现实与政策

对于林毅夫来说，作为其产业政策论辩基础的是其创立的新结构经济学。"新结构经济学的三大支柱是，它包含了对一国比较优势的理解，这种比较优势受制于要素禀赋结构的不断演化；在发展的任一个阶段都把市场作为最优的资源配置机制；在产业升级过程中政府应该起到因势利导的作用"（林毅夫，2012b，第97页）。三个支柱中的第一个涉及比较优势概念和实证性解释，第二个和第三个支柱都涉及规范性判断，而所有三个支柱都以某种理论为支撑。

政府政策都是面对现实问题并为了解决现实问题的，政策背后通常有着理论的支撑，但理论本身来自对现实的抽象和提炼，政策的选择又在很大程度上来自历史经验。理论、现实与政策构成一个三角关系，两两相互依存，但依存的性质和程度却有着相当大的差异。

为了尽可能取得共识，我们需要就理论、现实和政策这三者之间的关系做概要述评，这是所有分析的基础，而更基本的是，这些都跟人类的认识论有关。

关于认识论

对于经济学来说，一个根本性的问题是：经济系统的运行是有规律的吗？社会科学无法进行实验，"人不能两次踏进同一条河流"，如果说，经济发展的任何成功经验都不可能复制，所有的理论结论也需要通过经验检验的话，这种规律在多大程度上具有普适性？

人类作为整体，其代际的知识传递使其对世界的认知不断累积不断进步，而作为个体，其对于客观世界的认识来源于两个方面：一是其自出生始即不断获取的经验；二是随着其不断提升的认知能力而产生的对世界进行抽象思维的结果。所谓经验，又可划分为两大类：一类是基于其自身体验的；另一类是从前人和他人的经验中通过借鉴而获得的。

人类认识论的第一原理应该是，世界是无限的，人类作为个体，或作为基于知识累积和传播的整体，对于客观世界的认识永远是有限的，是不可能获得对世界的全知认识的。对于个人，这首先源于其生命的时间限界，也源于其认知能力的限界；对于整体，则源于客观世界的无穷性和真理不可穷尽的哲学理念。

由此可得到人类认识论的第二原理，即由于人们天生具有的好奇心和对于客观世界获得全知的"野心"，人们会运用其所拥有的智力和相关能力来试图实现这一目标，而这样的话，抽象就成为一种必不可少的思维方式，而抽象思维的能力强弱，则在很大程度上决定人类对于客观世界真实存在的了解和把握。进一步，因不同个人在经验和抽象思维能力上存在的差异，也就使得个体之间在对于世界的认识上存在巨大差异。

对于人类的每一个体来说，其出生之初对于世界的认识都是一片空白，随着个体的年岁增长，由于其所处环境——家庭、学校、工作单位、社会——在诸多方面的差异，不同个体在对世界的基本态度上形成极其丰富的多样性。就认知态度来说，如果将极端主观和极端客观设为两个端点，则可形成一个连续谱，每个个体都处于该连续谱的某一个点上。但人类群体作为样本，其认知态度在这一连续谱上的分布并非正态的，可能大致存在较为接近极端主观和接近极端客观两端的两个峰值，与其对应的即人们大致认可的主观主义和客观主义两大"派别"。

于是，在人们的实践活动中做粗略划分，可以看到由此产生的两大类行动特征。主观主义者通常认定其自身的认知为真理，甚至当其行动并未产生预期后果时，仍拒绝修正其对世界的认知；客观主义者则更多采用不断修正认知的基本逻辑思维方式，相对来说，通过长期的积累和修正，其对于世界的认知应能更为接近真理。就此而言，不妨引用汪丁丁在提及培根的一个思想遗产——"正确推理+真信仰=好的科学"——之时所说："有偏见的人在运用归纳原理时，只看到自己愿意看到的，而无视自己的偏见不允许看到的，于是不能得到好的科学"（汪丁丁，2015，第243页）。可见，从主观主义到偏见仅一步之遥，对于经济学者来说，如果至少愿意将经济学作为一门科学来看待的话，主观主义应是其科学研究的大敌。

为此有必要再强调一下实证和规范这一对概念。

在社会科学研究中，"实证的"（positive）是回答"是怎样"的问题，"规范的"（normative）则回答"应该怎样"的问题[①]。就

---

① 也有学者采用"实然"和"应然"这一对术语。

理论体系的构建来说，实证研究应是规范研究的基础和前提，只有首先了解和把握了经济系统（及更广阔的社会大系统）是如何运行的，才可能给出规范角度的政策建议。后者以价值观为基础，因此，即使在对于实证问题的答案取得一致意见的情况下，对于同一个规范问题也必然存在各不相同的观点。就产业政策来说，如果对某一具体政策的实施效果都不能取得一致的认识，那么对于该不该实施这项政策的争论就是毫无意义的。

实证和规范之间的这一基本逻辑联系本属常识，但在大量文献中仍可看到，甚至个别著名经济学家也会有意或无意地混淆实证问题和规范问题。这种混淆很可能出于其个人的潜意识，但如果不对两者做出严格区分，我们关于产业政策——包括任何其他政策——的讨论也就很难保持学术上的严谨性，也就难以做到在逻辑上的自洽。这是我们特别强调这一经济学研究基本范式的理由[①]。

理论与现实

对于理论和现实的关系，在经济学领域，可以用尼古拉斯·卡尔多的"至理名言"加以归纳："卓有成效的理论必须来自对现实的直接观察，并经常受到这种观察的检验"（Wood，1987）。这或许与卡尔多曾经两次担任英国财政大臣的经历有关，但即使对于纯理论的研究者，如果期望其理论对于现实世界具有深刻的解释力并能够在学术界占有一席之地的话，这应该是一种基本要求。然而，有些学者可能更倾向于采取主观主义的态度，同时也或许基于其高度的自信，会在即使发生了理论未能符合现实，或理论的结论无法

[①] 张曙光指出了《新结构经济学》的一个"软肋"："在讨论政府的作用时，在很大程度上是作为应然问题讨论的，或者说是应然问题为主，应然问题和实然问题混在一起讨论的，实证分析和规范分析也很难区分，而且逻辑是跳跃的和混乱的。这也许是《新结构经济学》的最大缺憾，也是很多外国论者提出质疑的原因"（张曙光，2017，第246页）。

得到实践的验证的情况下，拒绝对理论进行修改。其"立足"的理由可能是多样的，有些理由确实可能成立，例如秉持经验实证主义理念的经验研究本身存在的局限性以及可能由此产生的误导，但更多的理由可能不过是基于其主观主义理念而难以成立。

林毅夫在面对其新结构经济学所受批评时明确指出，"如果理论不能帮助人们认识现象背后的原因，或是根据理论的认识所做的努力事与愿违，那么，就应该对理论进行反思，提出新的能够帮助人们更好地认识世界、改造世界的理论。实际上发展经济学自成为现代经济学的一个独立分支以来其理论进展也是按照上述逻辑演进的"（林毅夫，2014，第116页）。

汪丁丁认为，经济思想史"既是观念的积累，也是观念竞争的历史"。他将经济学的理论化过程归纳为四个步骤："其一，将实践者的观察和想象表达为'观念'……其二，从观念到'概念'，后者是有内部结构的……其三，从概念到'模型'，因为有内部结构，所以要素之间的关系可被观察乃至度量，于是有定量的关系，或由数学符号表达的关系即数学模型。……其四，从模型上升到'个别'。"而最后的第四个步骤，是他从马克思的"从抽象上升到具体"那里转换而来的（汪丁丁，2015，第220—222页）。

理论必然是抽象的，但一个社会大系统的复杂性在一定意义上是远超人类认知能力的。"社会现象的复杂性在于，远比自然现象更经常地，有许多原因同时引发许多结果，所谓'因果之网'，而不是'因果链条'"（汪丁丁，2015，第438页）。因此，当我们试图把握这一系统运行的规律的时候，就必须借助于抽象，而这种抽象又应该基于对现实的观察。但理论构建受到学者群体在认知、知识积累和价值观方面的各种影响，也受到该群体在社会中的地位的影响。理论有可能充分反映现实，能够很好把握经济系统运行的实质，但也完全可能脱离现实，仅仅成为一些经济学家职业发展的阶梯。就此来说，理论与现实联系的紧密程度有着很大的弹性。

理论抽象的一种重要方法，特别在经济发展研究领域中甚或可以视为一种具有核心地位的方法，应该是经验特征的提炼。这种提炼特别在考察经济系统的长期变化的时候具有更强的效力。但理论是否正确，则需要通过经验的检验。

马克·布劳格指出："不论在古代还是现代，检验经济学理论的最大困难都不在于进行可控实验，从而一劳永逸地证明理论是不可能的，最大的困难在于，由于缺乏适当的实验条件，经济学家（就这点来说所有社会科学家）在对一个假说进行证伪时确定的经验标准上不可能达成一致。更糟的是，他们常常在一种理论的基本特征上也存在意见分歧"（Blaug，1997，中译本第5页）。

政策与现实

首先，总体而言，政策应该是直面现实的。现实经济中呈现出各种问题，政府需要解决这些问题，或者出于其不同的政策目标，试图改变经济系统运行的方向、轨迹或速度，从而会动用其所拥有的权力，使用某些政策工具以实现其政策目标。就此来说，政策更多是由现实问题引导出来的。在政策与理论的联系、政策与现实的联系两者之间，后者具有根本性的意义。

但政策是由具体的人——官员——来制定的，在现实中，政策是否以解决现实问题为基本导向，就可能存在偏差。政府官员作为一个群体，从属于政府机构，而政府机构作为一类组织，其决策受到组织运作机制的影响。在很大程度上，政策是群体决策的结果，但又由主要官员负责，这样，主要官员的个人特性就发挥重要作用，而由于个人所处的政府机构的地位不同，所面临的激励环境不同，所拥有的权力大小不同，其政策目标就不同。在极端情况下，特别是当权力不受制约的时候，决策者可能将个人目标置于政府本该承担的社会目标和公共责任之上,再加上个人的认知能力可能存在问题,其对实际情况的把握也存在偏差,从而可能使得政策的制定从一开始就脱离现实。

政策与理论

理论需要提炼现实经济体系运作的关键因素及其之间的逻辑联系,但理论必然存在局限性,不可能将所有相关因素均纳入其体系之中。就此来说,政策建议在基于理论的同时,还必须在一定意义上超越理论,要将更多的现实因素纳入分析的视角。很多因素在理论体系中未必有其重要地位,但对于政策的实施及其效果却具有重要意义。在此意义上,政策都是"现实的",而理论可以是"非现实的"。

基于所构建的理论,可以针对现实经济问题提出政策建议,但政策是否切合实际,在很大程度上依赖于作为其基础的理论是否能够很好地把握现实经济系统的运作规律。然而,理论未必是包罗万象的,政策所针对的问题和试图给出的解决方案通常并不能从理论中找到现成的和完整的答案,这就带来政策本身的研究价值,以及政策研究的复杂性。

政策与理论之间的联系可能是三者中最为微弱的。尽管如博尔丁所说,"经济政策的原理就是经济学的原理"(Boulding, 1958, p.V),但那是就关于政策的理论研究而言的,而在实践中,关键在于,政策制定者的身份是政府官员,他们在制定政策的时候,虽然可能会听取一些经济学家的意见和建议,他们自身也可能具有财经专业的学习背景,但基于上述政策脱离现实的相同理由,他们所制定的政策也完全可能与经济学理论原理背道而驰。对于处于相对高位的政府官员甚至高层领导人来说,很多情况下,政治的考量也会大大超过经济维度的考量。就此来说,日本当年的情况是很能说明问题的。小宫隆太郎的经历是,对于"产业政策的基本作用"就是"弥补市场机制的缺陷"这一理念,"战后日本实际负责产业政策工作的官员和与他们立场接近的部分经济学者们,直到最近仍不肯接受上述基本观点(至少在正式文件中是这样)[①],并且拒绝利用……经济学概念,研讨产业政策问题。……在七十年代中期以前,学者们与业务官员之间一直很难就战后日本的产业政策问题进行对话"(小宫隆太郎等,1988,第6—7页)。

反之,当经济学家参与政策制定的时候,可能会发生更有意思的情况。如罗默所指出的,"我们面临的挑战是找到那些有更好的经济效果和更少的政治和制度风险的政府干预形式。然而,对经济学家来说,回避因这种分析产生的复杂的政治和制度问题一直是一种诱惑,于是,他们反向地从期望的政策结论去倒推一个简单的经济模型来支持它"(Romer,1992,p.66)。这具有一定的讽刺意味,但考虑到经济学家本身可能面临的激励环境,也并非不可理解,但这却完全无益于经济学和政策学的发展。

就此来说,尽管上述三种联系都是双向的,但在政策与理论的联系中,或许政策对理论的影响要远远超过理论对政策的影响。因此,我们将分析的重点放在政策与现实的关系上,而将另外两种联系置于次要地位。

1.3 产业政策研究的困境

基于上述理论-现实-政策三角关系的性质以及可能存在的偏

[①] 这里的"最近"是指小宫隆太郎等人编的《日本的产业政策》日文原版出版的1984年。

差，可以看到，产业政策问题的研究面临着困境。

产业政策研究的理论渊源

从某种意义上来说，产业政策甚至并不具有"合法身份"。事实上，在颇具权威性的《新帕尔格雷夫经济学大辞典》中，并不存在"产业政策"这一条目。那么，在经济学体系中，产业政策究竟具有怎样的地位？或者说，我们应该如何将产业政策放到整个经济学体系中去加以定位？

显然，从词义上来说，产业政策不是一种理论。产业政策是政策，因而只是政策体系中相对独立的一个类别。由此，如果要为产业政策"正名"的话，似乎首先需要追溯产业政策的理论渊源，或者说，需要从经济学理论的发展中去追溯其理论背景，以及产业政策得以提出和推广的理论基础。这对于我们分析产业政策的合理性及其立足的根由是非常必要的。要知道，任何一个略微涉足经济学甚至完全不懂经济学的人，都可以就政策问题发表"高见"，都可能在各种场合批评任何其他的不同观点而为其自己的建议辩护。当然，这并不意味着提出政策建议就必须说明其理论依据是什么，也并不意味着任何观点的提出都必须从经济思想史中去找到一个理论大家来为其提供依据。但如果我们试图将产业政策作为一个相对独立的研究领域，并试图求得其在经济学体系中的一席之地的话，那么，对其理论渊源的辨识和梳理就是绝对必要的了。

综观产业政策研究的大量文献，可以认为，主流观点是，产业政策的理论依据来源于产业结构经济学（按照狭义的概念界定，见后文），或者来源于产业经济学（按照广义的界定）。

但问题是，关于产业经济学或产业结构经济学在经济学理论体系中的定位，也并非没有争议。这可以说是一种乱象，而乱象产生的根源自然与经济学理论层面的纷争相关。理论本身来源于现实，这就与理论与现实的联系有关，而这又进一步涉及人们的认识论方面的观念。这就是我们一开始就要讨论人类认识论的理由。

产业政策效应评估的困境

根据科学哲学原理，理论可以被证伪但无法被证实，将此运用到对政策合理性的判断大致也是成立的。但对于产业政策的经验研究来说，由于经济现实的复杂性，几乎对所有单独的一项政策，都可能找到成功或者失败的案例。这就使得政策效应的评估对产业政策研究构成巨大挑战。

在一般意义上，我们可以将政策效应与政策目标进行对照，凡是政策的实施达成了政策目标的，就可以认为政策是成功的，反之则反是。但考虑到政策从制定到实施，这一过程的媒介是整个经济系统的运行，作为核心的至少是整个产业体系的运行，因而涉及诸多影响因素，因此，这种看似简单直接的逻辑联系是否真正构成因果关系是大可质疑的。事实上，政策的实施效果如何，不仅依赖于政策的制定是否科学，更在很大程度上依赖于政策在实施过程中是否能够不产生偏差，而这又在很大程度上依赖于一个行政体系的运作，不仅要看运作的效率，还要看不同层级的行政部门之间的信息传递是否准确，下级是否能够将上层的意图贯彻到位，还依赖于作为政策实施对象的企业的反应（如果政策是直接针对企业的话），等等。

从逻辑上来说，如果针对哪怕一项具体的产业政策，或者将产业政策作为一类政策，无论赞同还是反对的人都可以找到相关案例，那么，实证研究将何以作为对理论进行检验的证据？如果上述简单的因果关系都难以得到验证，那么，产业政策的效应究竟该如何评估，来获得可信的证据？

概念界定与理论建构的科学性要求

任何一种理论，如果要在理论丛林中得以立足，其基本前提是逻辑上的自洽。而逻辑自洽的基本要求，应该是构成理论基石的一些基本概念的严格界定。如若对基本概念的界定都无法形成共识，就不可能形成对整个理论的共识，或者说，至少不可能形成对理论的基本架构的合理性的共识。产业政策已成为经济学理论中一个相对独立的领域，因此，对这一基本概念的界定也就构成这一领域的研究基石。

基于上文概要梳理的产业政策概念界定，可以认为，不同的学者给出的界定之所以差异巨大，原因主要在于其各自采用的视角有所差异，也在于部分学者在研究的逻辑自洽上未能达到一些基本的要求。就概念界定达成共识，是破解产业政策论辩谜团的基础和前提，而要对概念界定达成共识，首先要对经济学的学科基本要求达成共识。

对于经济学者来说，最基本的共识应该是，经济学是一门科学。这是所有争论的最大前提。经济学属于社会科学中的一个学科，与人文学科最大的不同在于，经济学是一门科学。因此，关于此学科的各个方面的问题，都应从科学角度出发，需要按照科学的要求来对概念界定加以衡量。

对于这一论断并非没有人提出挑战，但所提出的问题并不是经济学要不要成为一门科学，而是按照经济学发展的状况，它是否达到了作为一门科学的一些基本要求。事实上，这种对科学性的质疑不仅涉及产业经济学，还涉及几乎所有的经济学理论。如果说，理论是对于现实的抽象，那么，这种抽象能否反映现实经济的本质特征，能否把握现实经济体系运行的关键因素及其逻辑联系？能否由此提炼出规律性的东西？具体到产业政策的理论渊源，可质疑的是，现有的产业结构理论是否很好地把握了经济系统在产业结构层面的特性和规律？

为了构成一个科学的理论体系，可能还需要满足更多的条件。汪丁丁在其讲义中提及许茨所建议的"任何社会科学理论必须满足的三项条件"，或许茨自称的三项"公设"是：① 逻辑一致性；② 主观解释；③ 充足性。其中，逻辑一致性这一要求可大致等同于逻辑自洽性，而所谓主观解释，"因为社会科学体系是基于常识的二次建构，所以，每一社会成员应当可以从自己的日常生活为这样建构的社会科学体系提供一部分主观解释，即符合主观感受的解释。如果一个社会科学体系完全不能获得任何社会成员的主观解释，那么，这一体系就是与它所由之而来的社会生活不相关的"。换言之，也就是完全脱离现实的。至于充足性，按照汪丁丁的理解，其要求是，"这样建构的任一社会科学体系，关于与它相关的这一社会成员的行为能够提供的解释或理解，至少对这些行为主体的日常生活而言，基于他们的常识，应当是充分地令人信服的"（汪丁丁，2015，第437—438页）。从理论建构所试图实现的目标而言，这几项条件应被视为社会科学包括经济学理论建构必须满足的基本要求。

由此，我们需要再次回到认识论。人类所赖以生存的地球是我们所有认识的源头，对于大多数人来说，所谓"主观感受"都来自其客观的生存环境，而"常识"则更多地还与其社会生活以及所属群体的既往经验有关。因此，要全面把握人类社会（包括其中的经济系统）的运行规律，就必须采用系统论视角。人类社会是一个系统，它从属于自然界这个更大的系统，而经济系统则是社会大系统中的一个相对独立的子系统。但这是一个复杂系统，因此，在探索科学的规律性的时候，我们切不可忘记人类认知的局限性。这里有必要特别强调，从认识论出发，在迄今为止的所有理论建树和政策研究中，人类认知能力的有限性或局限性有着关键意义。可以发现，很多政策的错误可能来源于这一点，而大量理想化的、力求实现远大目标的政策设计，则建立在作为设计者个人或群体对于人类认知局限性的无视之上，以至于所制定的政策（计划、规划）常常是严重脱离现实的，并最终导致政策的完全失败，导致重大的负面影响。

1.4 本书的研究逻辑与分析思路

面对困境，我们如何寻求一条解除谜团的路径？

本书基于以下几点基本认识来建构研究逻辑：首先，采用系统论视角，并基于这一视角来考察经济系统的运行，包括其框架、层次和运行机制；其次，采用必要条件追索为主的逻辑，在一定程度上摒弃主流的研究范式；再者，采用历史视角来展开对经济发展的经验研究。

基于系统论视角的产业政策概念界定

概念界定是所有研究的前提，因此我们在第 2 章首先对产业政策概念给出严格界定，而这建立在基于系统论视角的对经济系统、理论体系和政策体系的分析之上。

基于理论-现实-政策这一三角关系，对产业政策概念的界定离不开对理论和现实关系的把握，而经济学理论的现实基础就是经济系统，经济系统则是从属于社会大系统的一个子系统。

基于系统论视角，我们对理论和政策的研究都应采用系统观点。产业政策作为一项相对独立的政策，应从属于整个政策体系，这种政策体系的存在与任何一个经济体的政府政策是否完整、系统无关。政策体系的理论背景则构成一个经济学理论体系,这样一个理论体系应能充分而全面地反映人类经济系统的运行特征及其逻辑联系。为此,我们需要从最基本的经济学"世界观"出发,来考察现有的经济学理论体系与客观的经济系统之间的对应关系,由此对理论体系的学科划分合理性做出评价。

这里需要说明的是,虽然在实践中,特别是对一个具体的经济体来说,政策通常并不构成一个系统完整的体系,但这并不意味着政策体系的缺失。从理论与现实的关系角度来说,由经济学理论加以延伸,一个政策体系的存在就是一个自然而然的结果。这种政策体系是一种客观的存在,不会因为现实中的政府并不明确认识到或者并不按照一个整体的系统论的观点来制定和实施其政策而消失。

我们给出的产业政策界定是狭义的,甚至可能是所有概念界定中最为狭义的。这首先与政府的定位相联系。张维迎在给出产业政策定义时,明确地将一些政策排除在外。"政府在公共产品上的投资不属于产业政策,尽管对什么是公共产品,经济学家之间存在意见分歧。普遍性的政策也不属于产业政策,如统一的公司所得税不是产业政策,但扶持性的所得税减免属于产业政策。专利保护是知识产权问题,不属于产业政策。地区政策也不属于产业政策,尽管经常与产业政策伴随"(张维迎和林毅夫,2017,第 55 页)。而广义的界定则对产业政策研究带来重大的负面影响。如任继球所指出的,"这种将产业政策外延扩大,同时包含不同内涵的产业政策体系,给研究带来两个不可回避的问题:其一是功能性产业政策或普惠性产业政策的内容与竞争政策和创新政策存在部分重合,相当于将竞争政策和创新政策纳入了产业政策体系,使对产业政策的研究不能聚焦。其二是选择性产业政策和功能性产业政策发挥着完全不同的作用,甚至在某些时候是相悖的,会相互削弱。因此,在评价这些产业政策的效果时,会得出完全不一样的结论"(林毅夫等,

2018，第95页）。

经济系统层次划分与增长理论的局限性

阿尔弗雷德·诺思·怀特海说，"每个时代都在努力寻找恰当的分类模式，由它展开各个专门学问的研究。而每一个后起时代都发现前人的基本分类并不适用"（Whitehead，1938，中译本第133页）。这或许正是理论发展的基本规律。

经济系统可按照宏观、中观和微观划分为三个层次，大致对应于经济学理论体系中的宏观经济学、产业经济学（区域经济学）和微观经济学。其他经济学分支也大多与三层次中的某个层次存在对应关系。

经济理论较多采用归纳"典型化事实"的方法来试图对经济增长的经验事实给出解释，但实际上，由于增长理论研究的是经济系统的长期演变，而复杂系统中存在的因果联系的时滞性丰富多样，使得其研究面临巨大困难。此外，更重要的是，增长理论的研究通常秉承"还原论"的逻辑，来寻求增长的动因，但当我们只是根据宏观经济数据进行归约，实际上是无法推断微观层面所发生的事件的。也就是说，"还原论"实际上是无法成立的。而对于产业政策研究来说，"典型化事实"的归纳常常忽略了伴随着经济发展的产业体系特性的重要变迁，这使得增长理论实际上无法对现实中的增长发散的现象给出有力解释。

从某种意义上来说，现有理论的局限性来自其研究范式。传统的研究范式在很大程度上试图寻求一种"最优解"，即寻求建立能够对现实世界的变化给出充分解释的理论，从而给出能够实现政策目标的充分条件，但这实际上超越了人类的认知能力。因此，一种"次优"的解决方案是，追索实现目标的必要条件，并以此来为政策的制定确定主要的方向和着力点。

我们在《创新中国》（郁义鸿和于立宏，2019）一书中采用了"必要条件追索"这一研究范式。我们强调，对于中国的创新转型来说，按照绩效-行动-能力-激励这一必要条件链，如果要成功跨越中等收入陷阱，就必须实现从模仿式创新向自主创新的转型，而要实现这一创新转型，则最终必须实现创新激励环境的重大转变。

"必要条件追索"这一研究范式不同于传统范式，后者更关注于一系列推动经济增长和实现创新转型的条件，通常并不明确区分必要条件和充分条件。而事实上，就跨越中等收入陷阱这一目标来说，鉴于经济系统的复杂性，其充分条件绝不可能只是简单的一两条甚或四五条，要列出这样一个"成功列表"，即使是对于单个企业来说都几乎是不可能的，更遑论对中国经济的创新转型。强调必要条件，在一定意义上简化了论证的逻辑。因为，只要有一个必要条件无法满足，中国的创新转型就不可能实现。当然，必要条件很可能并不是唯一的，因而《创新中国》基于创新主线模型和由宏观到微观的分析逻辑，梳理了一个必要条件链条，即提炼出关键的必要条件所构成的链条来加以论证。

我们将这一方法运用到本书的论题中，相对而言采用更为简单的逻辑。一方面，我们需要将这一方法运用到经济发展的整个过程之中，即运用到发展的各个阶段，而不只是运用到中等收入陷阱的跨越。这使得问题的复杂程度明显增大，提炼由单个必要条件构成的链条具有更大的难度，在一定意义上甚至是不可能的。为此，我们将针对不同的环节分别来讨论其发展的必要条件。另一方面，特别是就产业政策论争而言，我们将更聚焦于保证产业政策有效性的必要条件。从政策的制定到政策的实施，要保证一项产业政策能够有效达成其目标，可能有若干个必要条件。我们需要从中提炼出关键必要条件。同样地，在更宽泛的含义上，就政府和市场的关系而言，我们将更为强调政府干预市场的必要条件。

相比于传统范式，在经济发展这一更为宏大的论题中，强调必要条件而非罗列充分条件,或许能够更清晰地梳理出政策指向的核心逻辑。

基于历史视角的经验分析

在经济发展的经验研究中,普遍采用的是跨国(地区)回归分析的方法。但这一方法存在的挑战和局限性在于,由于全球各个经济体之间在人口规模、地理环境、资源禀赋、政治制度、宗教和文化等诸多方面存在很大差异,而全球独立经济体的数量相对于大样本统计分析的要求则差距甚大,这就导致一种两难局面:一方面,为了尽可能取得较大的样本,就不得不将有着诸多差异的经济体整合在一个模型中进行统计检验,但如此一来,不同经济体之间需要被消除的差异性因素也就更多,而选择更多的控制变量则会损害统计检验的可信度;另一方面,如果样本量过小,则又难以从中提炼出具有普遍意义的发展的特征。

就钱纳里等试图从发展经验提炼出"标准模式"这一方法而言,为尽可能提炼出众多经济体发展的共性,需要将其个性化的差异尽可能加以消除,这本是统计回归方法在本质上的分析逻辑。但由此带来的结果是,样本数越大,其代表性就越差,就会有更多的经济体偏离平均值,也就是说,统计方差就会趋于增大。那么,由"标准模式"分析取得的平均值所具有的战略选择和政策制定的指导意义也就变得相对较差。

对此,罗德里克认为,"进行国家之间的回归分析和对单个国家的深入研究都有必要。任何没有得到案例研究证实的由跨国回归分析所得到的结果都值得怀疑。对于任何出自案例研究而与跨国回归分析结果相矛盾的政策结论也需要仔细审查。最终,为了把握现实世界究竟是如何运行的,我们就需要来自这两方面的证据"(Rodrik,2007,中译本第4页)。

就本书的研究来说，一方面，受限于研究的资源，我们无法展开全面的跨国（地区）回归分析，为此我们以个别经济体或若干主要经济体的案例比较分析为主，同时也将引用跨国（地区）回归分析的已有成果作为重要的补充和依据；另一方面，就研究的逻辑来说，我们则更倾向于采用提炼和辨识必要条件的范式，而采用这一范式展开研究，也可能更有利于将某一个经济体的发展分析置于其所处的环境之中，从而辨识关键的环境因素及其内在的禀赋因素对发展业绩的影响。

就禀赋特征来说，借鉴钱纳里等人的研究方法，我们可以对所有经济体进行类型的划分，以此来增强经验分析对象的可比性，而可比性是比较研究的基本要求。我们将所有经济体在去除了那些非常小国和处于社会经济不稳定状态（如长期战乱）的国家之后，划分为资源丰裕经济体、大国（地区）和小国（地区）这三种类型，并以此为基础来展开比较分析。而就历史性的环境因素来说，最重要的莫过于全球化和科技进步，相对而言，技术进步是长期中影响经济发展的最关键因素。我们在第3章完成了经济体类型的划分，继而在第4章将发展战略与全球化浪潮的历史相联系，来探索两者之间的因果联系，而发展战略对于产业政策的制定具有导向作用，这就将产业政策的宏观背景纳入了分析视野。同时，发展战略的选择在很大程度上取决于制度，从而也在相当程度上揭示了增长发散背后的深层次的制度原因。

基于历史视角的产业政策效应评估

产业政策主要在发展中经济体得到大量的运用，且主要运用于其试图赶超发达经济体的阶段。那么，就有必要特别关注：对于一个经济体来说，其不同阶段的发展具有什么不同的特征；而对于不同经济体来说，当它们处于同样发展阶段的时候，其面临的整体经济环境，特别是外部经济环境，又有着哪些不同的特征。这正是基于历史视角的研究的要旨。

就内部环境而言,发展中经济体在较低发展阶段中,由于多方面的原因,其市场体系本身是不完善的,或者说,存在明显的市场缺失。从表面上看来,这一点或许对金融行业来说更为明显,但对于企业面向长期成长的决策来说,其市场环境中存在的缺陷或许并不仅限于对其融资需求的供给不足。特别是,就整个经济体来说,能否成功实现一个企业的长期成长,企业家作为一项最重要的人力资源,有可能构成强有力的约束。同时,其他人力资源——创新人才、管理人才等,也都可能构成约束。而对于不少国家和地区来说,从更长期的视角来看,其制度较差的稳定性可能严重损害其经济增长,在这背后,又有着文化因素的影响。

就产业体系的演变来说,技术进步无疑是一项非常重要的因素,而对于发展中经济体来说,作为技术扩散的接受方,其技术吸收能力构成关键的制约因素。从发展的业绩来看,"拉美现象"与"东亚奇迹"相比,拉美国家掉队的关键原因究竟是什么?拉美国家的过早去工业化的缘由是什么?从宏观的增长绩效追索到产业层次的竞争力,最终需要归因到微观层次的企业竞争力。这是第5章所着力探究的内容。

协调失灵与政府干预的必要条件

在第6章,我们着重就经济系统的运行机制展开分析,以此来对政府和市场的定位问题给出答案。

要回答政府和市场定位问题,需要深入到经济体系运行机制的分析。现有理论大多以市场失灵作为政府干预的理由,但政府干预确实能够"治愈"市场的失灵则是倡导政府干预的必要前提。为此须分析政府干预对整个经济系统带来的影响,且需要考虑其短期效应和长期效应,而这些都建立在对经济系统运行规律的整体分析之上,特别是建立在对经济系统运行机制有效性的分析之上。

借鉴青木昌彦等提出的"市场增进论",我们强调,应将市场和计划理解为两种极端的经济系统的运行机制,而现实中存在大量的处于中间状态的混合机制。由此出发,我们可明确区分协调者和被协调者的不同角色,以及不同机制下企业和企业家所扮演的不同角色。事实上,在市场机制下仍存在企业内部的命令式的协调,因而,企业家除了作为"被协调者"对市场环境做出反应之外,还承担着其内部协调者的角色。而政府则总是承担协调者的角色,来对经济系统的运行进行干预。基于必要条件追索的逻辑,我们需要探究,导致计划体制和政府失灵的原因究竟有哪些,而政府要对市场进行有效的干预,又需要满足哪些必要条件。

发展阶段与产业政策的空间

基于历史视角的研究,必然得出的一个重要结论是:发展中经济体在其发展的初级阶段,与发达经济体相比存在诸多方面的不足,而这恰恰是决定产业政策有多大实施空间的环境因素。

事实上,在发展的初级阶段,市场通常是缺失的,也就是说,市场体系是不成熟和不完备的。此外,企业家资源以及企业经营所需的其他人力资源也是相对不足的。综合前文的讨论,可以认为,产业政策能否对经济增长产生正面效应,在很大程度上是与经济发展的阶段相联系的。一般而言,在发展的初级阶段,产业政策有着相对较大的空间,而随着发展水平的提高,产业政策的空间就趋于消减,于是政府就需要进行政策的转型,由产业政策为主导转向以科技政策为主导,而竞争政策则应贯穿于整个发展的过程之中。

需要特别指出的是,基于经济发展的经验,对经济系统协调机制的研究应明确区分两种不同的路径:一种是由计划体制转型为市场机制,这属于真正的转型发展;另一种则是由不发达成长为发达，这类经济体在发展的初级阶段就采用市场机制，但其市场体系则循着由不成熟走向成熟这一路径。这两种不同路径的发展对于产业政策的意涵有着很大差异，特别是对转型经济体来说，由于路径依赖的影响，其产业政策的实施更带有计划体制的烙印。这也就会在相当程度上对产业政策的空间产生影响。

基于财富的创造归根结底来源于企业的活力这一理念，需特别强调的是，如果政府确实将经济发展作为其所有政策的核心目标，就应将营造有利于企业活动和企业家精神发挥的营商环境置于政策的优先地位。通过营商环境的改善来实现微观主体的激励环境的改善，从而驱动各类经济主体的生产性活动的活跃和要素效率的提升，最终才可能实现经济的可持续增长。这是我们在第7章归纳得出的基本结论。

制度是根本，文化是基因，两者互为因果，对于经济发展来说，都是最重要的长期因素。虽然我们就此在多个方面做了一定的分析，但毕竟都还是较为初步的，这一课题值得展开更深入的研究。

2 经济系统、产业体系与产业政策的界定

为了对产业政策给出一个合理的界定,需要以系统观为基本视角。

经济学以经济系统的运行为研究对象,而这一系统是一个更广阔的覆盖整个世界的社会大系统的子系统。人是经济活动的主体,人的行为并不仅仅受其经济目的的支配,但经济学关注的主要是其行动在经济系统中产生的后果。

产业体系是经济体的生产体系,对于经济系统的结构特性具有关键意义。这一体系的变迁对于经济发展来说具有核心地位。

从本书的主题出发,本章将在建构一个经济系统认识框架的基础上,着重对经济系统的运行逻辑和产业体系的相关概念给出概要描述;在对政策体系和一些基本原则概述的基础上,给出产业政策的界定。

2.1 经济系统的基本架构

系统观是一种基本的世界观,构成人类对世界认知的基本架

构。"系统观点已经渗透于科学和技术的各种各样的领域中,而且成为必不可少的东西。它还进一步表现为科学思维的一个新范式"(Bertalanffy,1973,中译本第 1 页)。

我们的分析将一以贯之地采用系统论的视角。

社会大系统与经济系统

路德维希·冯·贝塔朗菲说,"我们提出一门新的学科并称之为一般系统论,它的主题是阐述和推导一般地适用于'系统'的各种原理",而"一般系统特性表现为不同领域的结构相似性或同型性"(同上,第 30 页)。一个关于系统的简单定义是"有相互关系的元素的集合",而"在一切科学领域出现的诸如全体、整体、有机体、格式塔(形态)等概念都说明我们终究必须按相互作用的元素的系统来思考。……如果不考虑叫法不一的适应性、目的性、寻的性之类,就无法理解生物,更不用说理解行为和人类社会了"(同上,第 37 页)。

基于一般系统论的视角,一个大系统可以被划分为若干个子系统,而任何系统所具有的基本特征之一就是系统的结构。系统是动态变化的,对于系统动态变化的刻画及其规律的把握构成对所有科学的根本性挑战。

对于作为一个整体的人类来说,其赖以生存的外部世界构成其所有活动的自然环境,可视为人类活动的外部系统;人类的活动从属于并受限于这一外部大系统,但人类的所有活动构成一个自成体系的相对独立的系统。人类的活动也对自然界产生重大影响,而反过来,自然界这一系统对于人类活动则构成一定的约束,在很多情况下更是刚性的无法打破的约束。人与自然的关系并非本书的研究对象,我们将仅在必要情况下就部分论题概要提及。

人类活动所处的系统被称为人类社会,这构成最大范围的社会大系统。这一大系统，当我们从各个不同角度对它加以观察和研究的时候，即可划分出经济、政治、社会、科技、文化、制度等多个子系统，其中的社会子系统是从狭义的角度来界定的，下文简称为社会系统，可明确区别于社会大系统。

对于人类的所有认知来说，这是一个客观存在。但人类系统与外部的自然界系统有着极其重要的本质差异，即在自然界这一系统中，在排除人类活动的情况下，其运行和变化是无目的的。如怀特海所说，"科学在自然界找不到个体感受，找不到目的，也找不到创造性"（Whitehead，1938，中译本第159页），而人类的活动都是有意识、有目的的①。而且人类的不同个体、族群和群体等在价值观、意识和行动目的等方面的表现极其多样且差异巨大，这就使得社会大系统及从属于其中的经济、社会、制度、文化等子系统都呈现出极为复杂的特性。

汪丁丁说，自20世纪90年代开始，他就采用一种"三维"框架——物质生活-社会生活-精神生活——来理解"任何观念、理论、人物乃至世间万物"，而"这一理论框架的最大优点在于，不容易丢失任何事物或事务的重要方面"（汪丁丁，2015，第11页）。经济学研究的对象是人类的经济活动，这主要对应于人类的物质生活，同时关注人类社会生活和精神生活所产生的"物质性"后果，这些后果可以用经济维度的指标来加以衡量，也可以采用技术指标来加以衡量，因而也应覆盖科技系统。人类的所有活动由其所有个体及其相互之间的联系所决定，无不受到每个行为主体的社会层面的制度、政治和精神层面的文化的影响。另一方面，鉴于科技发展相对于绝大多数行为个体来说，属于一个外在的、个人难以改变而只能接受的一项因素，科技系统可视为一个相对独立的子系统。因

---

① 需特别强调，如米塞斯所言，经济学作为一门关于人类行动的科学，所研究的对象只是人类的有意识的活动，而将人类无意识的行为排除在外。

此,对于经济系统来说,社会、政治、科技、文化和制度等各个系统均可被视为外生的。这种内生-外生的关系特别在短期视角下是可以成立的,而在长期中,科技的变化对于整个社会大系统都具有重大影响,制度、文化和社会也将对人们的行为产生影响,因此在长期演变的视角下,所有的变化都是内生的。

经济系统的三层次架构

系统的层次结构,即"一层一层地组合为层次愈来愈高的系统,是实在——作为一个整体——的特征,特别是生物学、心理学和社会学中的重要的基本特征"(Bertalanffy,1973,第69页)。对于经济系统来说,则具有一种三层次的架构,其中的三个层次——宏观、中观与微观——与迄今为止所构建起来的经济学理论体系有着很强的对应性。虽然从某种意义上来说,这未必就是对客观世界的最准确的描述,但基于至少两百多年来的经济学理论的建树,这构成我们讨论的不可替代的基础。

我们的研究对象以单个的经济体为主,每一个经济体都构成一个相对独立的经济系统,在一般意义上,可以用图2.1对这样的经

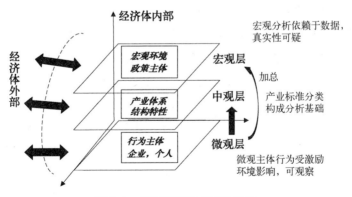

图2.1 经济系统的三层次架构

济体进行刻画。

经济系统的这一基本架构属于常识,但对这一架构中不同层次的特性及其相互联系则需做出若干说明。

首先,图2.1中左边的虚线表示一个经济体与外部环境之间的区隔线。作为一个相对独立的系统,其独立性取决于该经济体对外开放的程度。对于一个完全开放的经济体,其所有经济活动在内、外部之间不存在任何障碍,因此该区隔线并不实际存在;在另一个极端,一个经济体也可能是完全封闭的,那么这一区隔线应变为实线;在现实中,两种极端情况都不存在,但对外开放的程度则存在巨大差异。

其次,一个相对独立的经济系统的三层次架构,就其与经济学理论的关系来说,分别对应于宏观经济学、产业经济学和微观经济学[①]。需强调的是,从实证角度来说,这三个层次有着相当不同的特性。在微观层次,经济活动的主体是企业(作为生产者)和个人(作为消费者和劳动要素),这些主体的行动决定了整个经济体系中经济活动的数量和质量。对于系统状态及其演变的观察,在三个层次上有所不同。微观层次的观察主要针对各类主体的活动,因而大多是案例式的,而宏观层次和中观层次的观察则都是通过人为构造的测量指标的体系来完成的。因此,特别是在宏观层次上,将经济学家对于经济体的观察和研究比喻为医生对于人体的观察和研究应是相当贴切的。尽管现代医疗技术已经发展到可以通过CT(计算机层析成像仪)等仪器或血液检验等方法来对人体健康状况做出判

---

① 对于产业经济学的界定有着不同的理解,对此将在后文中再做讨论。在经济学文献中,采用这一三层次架构的研究相对较少,绝大多数经济学教材涉及微观-宏观及两个层次之间的联系,最新的有安东尼奥·安德里奥尼和张夏准指出的,"经济结构是由供求关系和宏观、中观、微观维度(macro-meso-micro dimensions)相互依存的复杂系统构成的"。(Andreoni and Chang, 2019)此外,中观层次也应包括区域经济学,但两者分析的视角差异很大,难以统一到同一个分析框架中。基于本书的研究目标,我们对区域经济问题基本不做讨论。

断,但无论如何,对于绝大多数检测手段来说,医生能够观察到的,仍然是各项指标,而非人体的实际运行状况。以血压测试为例,我们能够检测到的不过是血压计上的数字,而不是血压本身。

在宏观层次,经济核算的指标体系构成度量的基本架构,而建立在宏观经济学理论之上的其他各项指标——包括货币数量、通货膨胀率、利率、汇率等——则构成了我们观察和评估宏观经济运行状态以及给出分析和对应政策建议的主要变量。在中观层次,所有产业部门在整体上形成一个产业体系,而产业部门的划分则是人为的。产业分类虽然已有国际标准作为参照系,但各个国家(地区)也有各不相同的标准,且这种分类本身是处于变化之中的。关键在于,这种划分以人为的或主观的特征为依据,以人们对于产业发展(从最早的手工业开始到现代的复杂高科技行业)的认识为基础。这种划分是否能够充分反映产业演化的客观规律,是可以提出质疑的。无论宏观还是中观,所有经验分析都是建立在经济统计数据基础上的,而这些数据则都是由微观行动的结果加总而得到的。区域划分在一个经济体内部都是建立在行政区划的基础上,因而更明显地具有人为特征,且受到历史、文化、制度等各种因素的影响。

由此可知,在宏观和中观层次上,当我们通过各种指标来对经济运行状况做出判断的时候,是否能够真正反映经济现实,至少受到两大因素的影响:一是指标的制定是否科学,这类似于血压计的设计是否科学;二是指标的采集过程是否产生偏差,这类似于血压计是否出现故障甚至已经损坏。指标的科学性取决于指标设计者对于经济体系运行的关键变量的提炼是否科学合理,这在很大程度上受到理论的科学性的影响。可以看到,经济学不同学派在分析和研究的过程中,常常使用或者强调不同的指标,这反映了不同理论所关注的不同重点及其对于经济系统运行规律的不同理解。对于指标采集的偏差,则取决于一个经济体的统计系统的质量,包括是否建立了足够完善的行政机构来采集各项指标,也包括即使已经有了这样的机构,其运作是否有效,是否严格按照法律规定来获取数据、合并数据和上报数据。有些经济体虽然已经有了这样的行政机构,但其运作并不能独立于行政领导,而是受到各级政府领导者的主观意愿的影响。

这一特性对于经济学的经验研究带来相当大的挑战。一方面,所有的宏观经济和产业经济的经验研究都依赖于统计数据,而统计数据或不可得或不成体系,使得成系统的经验研究难以展开,这一点对于很多低收入国家(地区)而言尤为突出;另一方面,统计数据的准确性也可能存在缺陷,这就导致经验研究事实上是采用了不精确的"血压计"来进行测量,由此产生的对经济状态的判断也就存在误差。正因为存在这些问题,统计机构会间歇性地采用普查方法,如人口普查或工业普查,来尽可能获得准确的数据,但由于成本高企且具体实施中仍可能产生偏差,因此仍会影响数据的质量。

2.2 经济系统运行的逻辑

基于现有理论,我们对经济系统的运行规律是否已达成科学的理解,关于这个问题还有探讨的余地。在上述三层次架构之下,一个经济系统的运行具有怎样的规律?系统运行的状态归根结底由各类微观主体的行为所决定,那么,微观主体是如何决策的,其决策的结果如何反映到宏观和产业层次的系统运行?其短期和长期影响之间有着怎样的联系,更具有根本意义的是:行为决策本身是否有着明显的短期和长期的区分?

要对这些问题做出回答,首先需要对系统运行的基本逻辑做一个概述。

复杂系统运行的抽象

经济学作为一门科学，其得以立足的根本理由之一就是其所具有的逻辑上的自洽性。这一点对于任何一个学派来说都一样。这种逻辑上的自洽性首先要由经济学者思维上的逻辑性来保证，且首先体现在其对于经济系统运行的基本逻辑的把握上。经济系统是一个极其复杂的系统，而系统之所以复杂，就是因为在系统得以构成的不同因素之间存在极其复杂的因果联系。系统的复杂性体现在，这种因果联系具有一因多果和一果多因的特征；不仅如此，进一步而言，在由因致果的联系中，其时间上的滞后也是千变万化的，有些因果联系的时滞可能以天计，但有些则以月、以年计，甚至以十年、数十年计。

基于一般系统理论，对于复杂系统的抽象是首先将系统视为一种四维的"连续统一体"，并将其状态划分为静态和动态两类，而对于社会大系统又有其一定的独特性。肯尼斯·博尔丁指出：

> 每个系统都有两种形态，一种是静态，另一种是动态。静态是一个系统在瞬息间的情况。对这种情况的叙述，一定要抽象，因为我们无法利用任何文字的详细描述，即使是最简单的系统，也不容易办到。……想叙述极端复杂的社会现象，即使是短短片刻中的现象，都要采用高度的抽象方法。事实上，社会科学的主要工作，就是发展这些抽象的叙述。这种叙述，不但很有用，并且是我们最重要的资料。这里有一个基本原则：知识是资料按部就班地经过简化归纳而来的。换句话说，来自我们周围世界的资料，加以精简、摘要，即编列索引以后，就成为我们可以了解的知识。
>
> 一个系统的动态，包含一系列的连续静态，以及对这种连续形式的认知。我们对真正的世界，应该视为四元的连续统一

体,其中三元是空间,一元是时间。因此,动态只包含以这四元为系统的静态。动态的重要,是因为我们要在认知时空连续统一体以后,才能构成我们对未来的形象,同时,我们对未来的形象,经过我们认知时的决定过程,确定了我们目前的行为;我们所能决定的选择,都是属于未来的形象。我们虽然可以改变我们对过去的形象,但绝对不能对过去的事情做出决定。(Boulding,1970,中译本第4页)

然而,经济研究首先必须是实证的(positive),而基于现实世界的可观察性,人们不可能获得系统的"瞬间"图像。无论在经济系统的哪个层次上,要想将某个瞬间的状态完整地加以描述,是一项不可能完成的任务。经济学观察所借助的各种经济数据,包括微观层面的企业经营指标、居民消费活动指标,或者宏观层面的GDP及其增长率和中观层次的部门产出等,通常是以月度和年度为单位的。按照现行的统计体系,我们可获得的最高频的"图像"至多是月度的,不可能是按天的,更不可能是按小时的。虽然我们可以在头脑中特别是在理论模型中建构起一个"瞬间图像",但这对于政策研究来说,并不具有实践价值。出于上述考虑,我们可以将系统的所谓"静态"图像理解为以年度为单位的系统状态。

进一步,对于经济系统的复杂因果联系,不可能通过静态分析来加以揭示,而是必须对动态的事物变化过程进行分析。系统的动态演变可区分为短期变化和长期变化,其具体的时间界限的划分则因研究目标不同而不同。所谓短期,通常以不超过三年为宜;而所谓长期,则可能是五年、十年,甚至长达数十年或数百年。

不同层次之间的联系:由微观到宏观

基于三层次的架构,要理解和把握整个经济系统的运行规律,就必须对各个层次之间的互动联系及其逻辑加以阐述。对于这种联系的分析主要采用两个方向——或者是由宏观到微观,或者是由微观到宏观。

从一般系统论出发,贝塔朗菲指出,"较高的阶层一般以较低的阶层为条件(例如生命现象以物理化学层的现象为条件,社会文化现象以人类活动层为条件等等);但是每一种情况下各层之间的关系都需要阐明(试比较诸如开放系统的问题和作为'生命'显而易见的前提条件的遗传密码的问题,'概念的'系统与'实际的'系统的关系等等)"(Bertalanffy,1973,中译本第27页)。进一步,系统的"组合性特征不能用孤立部分的特征来解释。因此,复合体的特征与其要素相比似乎是'新加的'或'突现的'。然而,如果我们知道了一个系统所包含的所有组成部分以及它们之间的各种关系,那么就可能从组成部分的行为推导出这个系统的行为"(同上,第51页)。

社会学家詹姆斯·科尔曼认为,"与停留在系统水平的解释相比,系统行为以个体行为和倾向性为基础的内部分析被认为是更基本的解释,更接近构成系统行为理论,即提供对于系统行为的理解"(Coleman,1990,中译本第5页)。

路德维希·冯·米塞斯则强调:"不回到人类行动科学的逻辑基础,就无法充分把握经济学和社会学问题,即使这个问题看来是一个极为简单的表面考虑"(Mises,1976,中译本第9页)。因此,经济学作为关于人类行动的科学,经济系统的运行在最基本的层面上,由作为行为主体的人的行动所决定。

上述学者都强调微观层面的行为主体或其组成部分的行为对于整个系统行为的基础性作用。而对于系统的运行来说,从微观到宏观,有两种十分重要的机制值得特别关注:一种是"合成谬误"(fallacy of composition),另一种是"涌现"(emergence)。

在经济学中,对合成谬误的关注可能始于保罗·萨缪尔森1955

年出版的《经济学》教材。在该教材中,萨缪尔森引用逻辑学著作中的定义:合成谬误是一种谬误,"在这种谬误中,某一部分是正确的,单就这一点而言,也被断言对整体也是正确的"。萨缪尔森称其为"经济学中,一个最后应该有的警告",并提供了若干例子。例如:一个人可能由于善于寻找工作,或由于愿意接受较少的工资,而解决他自己的失业问题,但是全体的人未必能通过这种方法来解决他们的就业问题;个人在萧条时期企图多储蓄一些,可以减少整个社会的储蓄额,等等(Samuelson,1988,p. 14)。而根据莫里斯·菲诺基亚罗的考察,"至少从约翰·梅纳德·凯恩斯划时代的贡献开始,经济学家就倾向于把合成谬误视为经济推理中最糟糕的单一陷阱。他们还认为,揭示这一点是现代经济科学的最大成就。他们认为避免它是人们可以从这门科学中学到的最重要的一课"。事实上,"从理论的角度来看",关于合成谬误的研究"是逻辑和论辩理论的一个关键而完善分支的一个特殊情况"。菲诺基亚罗发现,在"历史和当代关于合成谬误的著作中出现了三个概念,这三个概念是截然不同的,但往往相互混淆:① 从前提中分散地使用一个术语,到一个结论中又使用同一个术语;② 从部分的某种性质推断到整体的同一性质;③ 从群体成员的某种属性推断到整个群体的同一属性"。与逻辑和论辩理论中的其他谬误相比,关于合成谬误在学术研究和琐碎的教材举例之间存在反差,尤其在经济学中更为明显。因而他认为,对现实或现实案例的实证研究是一项比较紧迫的任务(Finocchiaro,2015)。

合成谬误作为一种逻辑推断的误区,是我们在展开系统分析的时候必须警惕的,但更重要的是,它反映了系统运行机制的一个重要特性,即在微观层次上的个体行为绝不是相互独立的,而是有着紧密的相互影响。值得注意的是,宏观层次的统计加总都是事后的,即其结果是在这种互动发生之后而非之前,在此意义上,统计加总方法并没有错。

如果说合成谬误涉及的系统特性属于相对静态的话，那么，对于系统的动态变迁来说，源于演化经济学的"涌现"概念就显得更为贴切，因而也更为重要。

杰弗里·霍奇逊比较了力学和生物学的隐喻（metaphor）对于经济学研究的差异。"力学隐喻排斥了知识、质变和时间的不可逆性，使经济学陷入均衡系统的困境，其中不存在任何系统错误，也没有任何累积性的发展。……可替代的生物学隐喻的优点在于，它能够为经济生活的这些重要特征找到容身之处。"更重要的或许是：

> 生物学思想之所以与经济学相关的另一个极端重要的理由是，经济系统和生物系统都是极为复杂的系统，都带有繁杂的结果和因果关系，既包含了连续的变化，也包括极大的多样性。（Hodgson，1999，中译本第72页）

涌现和涌现的特性概念最早由英国生物学者劳埃德·摩根发明和使用。摩根指出，涌现这一概念来源于逻辑学，其具有"全新且不可预测的性质"，而由于新的关联连续地涌现，演化创造了整个系统的日益增长的丰富性和复杂性的谱系（Morgen，1927，p.3，p.203）。所谓涌现，按照托尼·劳森的解释：

> 当一个实体或者一种事像产生于某一较低的水平，并且受着该水平的特性的制约和决定，却又不能从后者中预知，那么这个实体或者这种事像就是涌现的。（Lawson，1997，p.176）

就微观到宏观层次的自下而上的联系来说，涌现这一现象应更能反映经济系统的复杂性本质。玛格丽特·阿彻更直接地指出，"我们能够对层次加以划分从而使用'微观'和'宏观'术语以界定层次之间的联系,是基于这样的理由,即涌现的特性即便是由前者产生的,却是关于后者而非前者的"(Archer, 1995, p.9)。

霍奇逊以本体论(ontology)、方法论和隐喻为三个标准,对演化经济学的种种理论进路进行划分,从而给出了八种可能的类别。根据本体论标准,可划分为接纳或不接纳新事像(novelty)两个类别;进一步,根据接受或反对还原论(reductionism),可划分为四个类别;再进一步,根据是否广泛使用生物学隐喻,就可划分出八种类别。霍奇逊心目中的演化经济学,是称为 NEAR 的演化经济学,即"接纳新事像并反还原论的(novelty embracing, anti-reductionism)演化经济学",它在上述八种类别中,将"生物学"或"非生物学"的均包含在内。在"生物学"类别下,霍奇逊列举了博尔丁、晚期哈耶克、霍布森、梅特卡夫、纳尔逊、温特和凡勃伦等经济学家;在"非生物学"类别下,则列举了康芒斯、多西和凯恩斯等。隐喻被作为第三个标准,其"首要原因在于,对具有本质意义的隐喻的使用常常是不自觉的或隐蔽的"(Hodgson, 1999,中译本第 130—133 页)[①]。

在这一划分中,所谓本体论被置于第一标准,其具体含义是指新事像,即"经济的演化过程包含着持续的或周期性出现的新事像和创造性,并由此产生和维持制度、规则、商品和技术的多样性"(同上,第 130 页)。显然,这与涌现直接相关,而涌现这一概念的使用则更突出强调了系统运行的机制,特别是由微观层次向上的对宏观层次的影响机制。

但对于经验研究来说,尽管在理念上和直觉上可以对涌现这种机制进行描述,却难以进行定量研究,甚至定性的研究也并不容易

---

① 霍奇逊指出,"20 世纪 60 年代以前奥地利学派的作品中很少提到生物学。是哈耶克在他生命的最后 30 年开始将生物学隐喻引入奥地利学派的经济学。……直到 20 世纪 80 年代末的著作中才看到了哈耶克对演化概念最为充分明确的表述"(Hodgson, 1999,中译本第 117 页)。他在这里特别提到的是哈耶克所著《致命的自负》的第一章"在本能和理性之间"。

去把握其客观的包括方向和强度在内的效应。

关键在于,当我们考察微观层次的个体行为的时候,绝不能从单个的或部分个体的行为直接做出关于宏观层次系统行为的推断。这种个体之间的互动或相互影响,对于经济系统的运行有着关键意义。特别是,当我们考虑制度和文化这两种长期因素对于系统演化的影响时,这种机制更具有关键意义。对此,我们将在后文中再做略为深入的讨论。

基于此,在一般意义上,借用所谓"整体大于部分之和"这句话,宏观经济分析所能够提供的对于经济系统整体性质的了解,是仅靠观察微观数据所无法获得的。这对于产业层次的分析也是成立的。

不同层次之间的联系:由宏观到微观

对于我们所讨论的不同层次间的联系来说,是否接受还原论是不同学派之间分野的关键标准之一。所谓还原论,"有时候持有这种观点,即整体只能完全在其基本的元素的层面上得到解释。更一般地,还原论则可以被定义为这样的理念,即一个复杂现象的方方面面都必须在一个水平(或一个单位)上得到解释。根据这种观点,除了基本的元素层面,更没有基于不同分析水平的突现的特性"[①]。而至少在霍奇逊写作该书的时候,"在社会科学领域,还原论仍然是引人注目的,并表现为方法论的个人主义。……与此相关的,是学界对寻找宏观经济学的可靠的微观基础的不懈努力"(同上,第131页)。

霍奇逊的 NEAR 演化经济学是反还原论的。他指出,若干哲学

---

① "涌现"的英文为 emergence,在该译本中被译为"突现"。我们更接受"涌现"这一译法,因为这种新的事像的出现通常都是渐进式的而非突然的。为尊重原译本,我们在直接的引文中仍采用"突现"一词。

家如怀特海等都曾主张,"现实由多水平的谱系所组成。在每一水平上都存在突现的特性,这意味着,对该层级的解释不能完全归纳到较低水平的现象上"(同上,第138页)。不妨将其引用的生物学家恩斯特·迈尔的话转引如下:

> 每一层级水平的系统都包含两个特性:它们作为整体而作用(好像是一个同质的整体一样),它们的特征不能(甚至在理论上也不能)从即便是最完整的关于组成元素的知识中推断出来,无论是单独看还是在其他局部联系中都是如此。换句话说,当组成元素聚合起来成为系统时,无法从组成元素的知识中预知的新的整体的新的特征突现了……新的整体的两个最有趣的特征可能在于,它们可能进而成为更高水平的系统的组成部分,它们也可能影响较低水平上的组成元素的特性(向下的因果联系)。(Mayr, 1985, p.58)

霍奇逊进而就"向下的因果联系"进一步阐述道:

> 一个水平上的元素和结构可以深刻地影响另一个水平的元素和结构的事实表明,没有一个单独的水平能够提供解释性的基础或基本单位。这挫败了还原论。包含着突现的特性的分层本体论排除了从一个水平到另一个水平的完全的解释性归约的可能。(Hodgson, 1999, 中译本第138—139页)

事实上,在不考虑指标本身的缺陷及其产生过程中的扭曲的情况下,可以将宏观指标视为"系统行为"的表现,但如果不能深入研究作为微观基础的个体行为,则宏观经济学将难以提供"对于系统行为"的深刻理解,也就难以为政策的制定提供建议。然而,当我们试图由所观察到的宏观变量的变化来分解为微观层次的行为的时候，却面临着巨大的难以克服的困难。

以主流的增长理论来说，其基本的理论进路在很大程度上就是秉承着还原论的逻辑，即根据宏观层面的经济绩效来归约到微观层次的主体行为。但问题是，从总体数据还原到个体行为这条路实际上是走不通的。也就是说，当我们只是根据宏观经济数据做出种种分析判断的时候，虽然我们知道它们是由个体数据汇总而成的，也确实反映了微观层面的主体行为的一些特征，但我们仍然不可能由此来推断微观层面所发生的事件。

但霍奇逊也强调，"在一开始就应该指出的是，这里并没有完全推翻向部分归约的一般观点。某种程度的归约到基本单位是不可避免的，甚至测量也是一种归约。科学的研究少不了某种解剖和对部分的分析"（同上，第136页）。在此意义上，现代增长理论所产生的成果为相关分析提供了坚实的基础。

微观主体、群体行为与经济学规律

从宏观经济学的角度考虑其微观基础问题，经济核算的基础是，宏观总量是对微观行为的结果进行加总得到的，且隐含假设各个群体——消费者、劳动者、企业——都具有行为一致性，即都采用代表性代理人的研究方法，且个体之间的相互影响都可忽略不计。而如果从市场加总的假设出发，则相当于假设所有市场的产品都是无差异的，且市场之间的相互联系也并不重要。事实上，在现有的理论框架中，这些相互之间的联系都无法被纳入模型中进行考虑。

在经济学理论中，一旦论及微观主体的行为，通常都是用一个具有代表性的个人作为分析依据的。但问题是，任何一个经济体中，消费者、投资者等主体的行为都是完全一致的吗？就宏观经济政策的分析而言，众所周知，理论结论是，央行的降息会刺激更多的投资，从而有利于经济的复苏或高涨。这一结论的微观基础就是投资者对降息政策的反应。如果并非所有投资者都会做出如此反应，那么，这个规律还成立吗？

从宏观层面观察，这个规律可能仍然成立，但实际上，这是因为经济体中大多数投资者做出了如此反应。换言之，所谓宏观经济的这种规律，并不要求微观层次的个体行为具有完全的一致性，所需要的只是在统计学意义上的成立，也就是说，只要大多数投资者做出如此反应，这个规律就可以成立。当然，此时并不涉及数量，而只涉及行动的方向，是加总之后的行动结果的方向。正如罗宾逊夫人所言："人类决定的研究涉及人类心理的研究，但是，经济学所需要的心理学背景是一种纯粹的行为主义心理学。当经济分析的方法进步得足以分析神经错乱和思路不清的结果时，也只有在它们产生统计上可以计量的效果的范围内，它才对它们加以研究"（Robinson，1933，中译本第 13 页）。

更重要的是，如艾伦·基尔曼所指出的，对于个体的最优化行为假设来说，可能产生的问题"似乎体现在一个长达数百年的经济学传统的一个基本特征上，即把个人视为独立于他人行动的个体"。由此，对于现代经济学理论来说，"如果我们要取得进一步进展，我们很可能要被迫地从具有集体行为一致性的群体的角度来建立理论。……我们可能不得不放弃那种应该从孤立的个体这个层次开始研究的想法"（Kirman，1989，p. 137-138）。

极而言之，一个系统的状态变化受到该系统中所有个体行动的影响，但较现实地说，除了在某些特殊情况下，少部分个体的行为可能产生如蝴蝶效应那样的影响力之外，系统状态的变化是由该系统中各种群体的行动所决定的，而这些群体则是由那些采取了共同行为的个体所构成的，且群体内的个体之间有着远比不同群体的个体之间更密切和具有实质性的相互影响。基于个体在认知水平和能力以及价值观等方面存在的各种差异，针对不同的决策问题，同一个个体，可能会从属于不同的群体。而当面临类似的决策问题，同一个群体的个体反应就可能有着相当高的一致性。就个人的身份特征来说，简单划分即产生消费者群体、劳动者群体这样的概念，但除了其在经济系统中承担的职能之外，更值得探讨的是，同样属于消费者，根据其消费行为的差异，我们需要进一步划分出不同的群体。

以储蓄行为为例，大致可以认为，不同年龄的消费者在储蓄行为上存在很大差异。由此，可以将消费费以高储蓄率和低储蓄率为标准划分为两个不同的群体。相对说来，美国的消费者因流行超前消费的观念且社会保障体系比较完善而属于低储蓄率群体，而在中国这一经济体内，高龄人群属于高储蓄率群体，年轻人则构成低储蓄率群体。

类似地，同样属于投资者，或同样属于企业家群体，当面对投资决策的时候，其行为也可能有着巨大的差异。

须强调，在真实世界中，即使在群体内部，这种行为的一致性从来不是也不可能是绝对意义上的，而只可能是统计学意义上的。也就是说，某个群体因其社会角色、出生年代、收入水平等某种特征上的共性，导致该群体中的大多数成员在某一行为上表现出很强的一致性。于是，在宏观层面，我们实际上略去了那些群体之外的个体，这些个体的相关数据被视为异常值，排除在统计的置信区间之外。这特别是从经验分析角度来说的。但当我们进行理论研究的时候，需要时刻保持这样一种意识，即理论结论都是建立在一个代表性个体能够反映所有个体行为的基础之上的，也就是说，实际上隐含的假设是，一个经济体中的所有个体在所论及的议题上具有行为一致性；或者说，理论结论只是在统计学意义上成立，一旦经济系统中的某些因素发生变化，使得原来的结论在统计学意义上不再成立，那么这个规律也就必须加以修正。

不同层次之间的联系：产业体系作为中间层

在微观和宏观层次之间，产业体系构成一个相对独立的系统。从供给侧来说，产业体系覆盖经济系统的所有部门，产业特性和产业结构的演变为我们完整而科学地解释整个经济系统的特性及其运行的规律提供了有益的视角和分析的工具。

在产业层次和宏观层次之间存在着基于统计指标的形式联系，由此可以写出作为系统运行结果的事后恒等式。这样，至少在形式上，这两个层次之间的联系是非常明确的，且构成了相关研究的基础。比如，一个经济体的宏观经济状态变化可以分解到产业层次的结构变化；反之，产业层次的结构变化也可以加总为宏观层次的总量变化，这种部门结构的变化构成宏观经济变化的产业基础。然而，一旦涉及系统运行的机制，以及大量因果关系的分析，则情况绝非如此简单。事实上，对宏观经济运行产生影响的重要因素可以并不影响产业变迁或者影响很小，反之亦然。

产业层次与微观层次之间的联系则要复杂得多，即使在形式上也是这样。事实上，由于大量企业采取多元化经营战略，其业务经常覆盖横向的或纵向的多个产业部门，因此难以将企业经营成果简单划归到一个产业部门内。这样一来，既然由企业层次无法简单加总为产业层次的变迁，其反向的由产业层次向企业层次的归约就更变得无法完成。但即便如此，部分的归约却是必不可少的。特别是，当我们分析系统运行机制的时候，微观层次的市场构成基本的分析对象。在理论上，可以明确界定单个市场的边界，而在现实问题如反垄断分析中，则通过一定的准则，在明确界定市场边界的前提下，也可以对市场结构和单个企业的市场势力给出判断。

采用托尼·劳森的话语，产业层次上的变化产生于微观层次这一较低水平，这种变化受到产业层次的特性的制约和决定，但它们并不能从微观层次的变化中预知,由此可以认为,产业结构的变迁这种事像就是涌现的。更有意思的是,再考虑上文所引恩斯特·迈尔的"向下的因果联系",可以说,由于产业层次所具有的特性,如产业结构的变迁,使得微观主体在行为决策中增加了一个除宏观层次的特性(例如经济周期性)之外的十分重要的决策变量,从而对微观层次的"组成元素的特性"带来重要影响。

2.3 产业体系及其演化

经济发展是一个长期过程。雅各布·维纳指出,"不管分析多么精确、多么详尽,如果它只是基于短视,它仍然只是……建在流沙上的一个建筑物"(Viner, 1958, p. 112-113)。这种分析视角的必要性,来源于系统本身的演变在长期中可能产生的与短期变化完全不同的特性。

在上述三层次架构下,一个经济系统在长期中将如何演化?对于本书的论题来说,更重要的是,处于中观层次的产业体系又将如何演化?我们将专注于系统的长期演变,并着重提炼在长期中决定系统演化的关键因素,以及这些因素之间的逻辑联系。我们并不对短期和长期做出精确的区分,事实上这种区分也很难满足科学性的要求[①]。

我们首先就整个经济系统的"静态"图像做一概述,这是产业体系的状态特性分析的背景。

---

① 在宏观经济学中,尤其是在现行的理论体系中,这种区分则是必不可少的。如格里高利·曼昆所言,"大多数宏观经济学家认为,短期与长期之间的关键差别是价格行为。在长期中,价格是有伸缩性的,并能对供给或需求的变动做出反应。在短期中,许多价格在某个以前决定的水平上是具有黏性的"(Mankiw, 2016, p. 289)。

经济系统的"静态"图像

经济系统的"静态"图像以宏观经济变量之间的关系为骨架。如上所述,我们所说的"静态"是指经济系统在一年中的运行结果。

众所周知,基于国民经济核算体系,需求侧的各部分支出加总即为当年总产出,成立恒等式:

$$Y = C + G + I + (X - M) \qquad (2.1)$$

式中,Y 表示当年的国内生产总值(GDP),即一年中该经济体生产的全部最终产品和劳务的价值[1],右端的各项支出分别为个人消费支出 C,政府消费支出 G[2],投资 I 和净出口 X-M,X 为货物和服务的出口,M 为货物和服务的进口。对应于不同的支出,其行为主体分别为个人、政府、企业和国外部门[3]。

这里需特别注意两点:

一是,国内颇为流行的总需求分析从支出角度将 GDP 分解为消费、投资和出口这三项,并称其为拉动中国经济增长的"三驾马车",这在很多情况下产生了误导。由于不将其中的消费进一步明确区分为家庭消费和政府消费,因此就可能将政府消费也误认为是拉动经济增长的重要手段之一。事实上,政府消费不仅包括转移支付和政府负担的义务教育、公共卫生等公共品支出,而且还包括了

---

[1] 我们主要讨论实际经济增长,故均采用实际量,不考虑不同质产品存在的加总问题,也不考虑通胀问题。

[2] 根据国家统计局的指标解释,政府消费支出是"指政府部门为全社会提供的公共服务的消费支出和免费或以较低的价格向居民住户提供的货物和服务的净支出,前者等于政府服务的产出价值减去政府单位所获得的经营收入的价值,后者等于政府部门免费或以较低价格向居民住户提供的货物和服务的市场价值减去向住户收取的价值"。参见 http://www.stats.gov.cn/tjsj/zbjs/201912/t20191202_1713058.html。

[3] 宏观经济学教材大多将家庭作为消费主体,但从主体行为的角度来说,以个人为分析单位更合适。

国防支出和其他未必合理的公共开支在内,而这些都是政府政策实施的结果。政府作为行为主体,事实上并不创造财富,但政府政策对企业和个人的经济活动产生重要影响,因此需从政策角度来分析这些公共支出。虽然从经济统计意义上这并不能算错,但从经济增长的理论以及对政府政策的制定来说,则存在严重误导。这里暂不展开。

就此可以做一个比喻。研究者在对经济系统进行观察的时候,就像手里拿着一个透镜,这个透镜可能是凸透镜,也可能是凹透镜。尽管我们都希望拿着的是平透镜,但往往由于认知上的原因,使得研究者很可能实际上有意无意地拿了凸透镜或者凹透镜。这一点是特别值得警惕的。

二是,所谓投资,在国民经济核算意义上是指资本形成,包括固定资本形成总额和存货变动两部分。这与日常所说的投资并不是同一个概念。容易引起误解的是,消费者购买住房不过是已形成的固定资产所有权的转移,并不构成固定资本形成,因此家庭部门的投资所占份额很小,可以忽略不计。就投资主体来说,按照国家统计局对"全社会固定资产投资总额"的指标解释,"按登记注册类型可分为国有、集体、联营、股份制、私营和个体、港澳台商、外商、其他等"。其中的国有投资主要由政府政策决定,在政府大量参与经济活动的情况下可能占据相当大的比重。关于投资的另一个可能的误区是,大量的投资项目并不在一年之内完成,特别是对重化工业来说,一个项目可能需要三五年甚至更长时间才能完成。统计上并不是在投资项目完成之后一次性计入固定资产形成,因此,在年度统计中,当年的固定资产形成仅构成其总投资额的一部分。这一点对于宏观经济的供给侧分析更为重要。

经济增长理论所关注的正是经济系统的供给侧,而产业体系则构成供给侧的实质性主体。

经济长期增长分析采用生产函数为基本工具。总量生产函数可表述为

$$Y = AF(K, L) \quad (2.2)$$

式中，K 和 L 分别代表资本投入和劳动力投入，A 代表技术水平。为了强调人力资本对增长的重要作用，可以将总量生产函数重写为

$$Y = AF(K, L, H) \quad (2.3)$$

式中，H 表示除了一般劳动力之外的人力资本投入。

为了将宏观经济的增长表现与微观主体的行为决策联系起来，通常将一个年度的资本存量和人力资本存量表述为投资行为的函数。这里需要强调的是，对于任何具体的企业来说，其某一年所拥有的资本存量是过去若干年进行投资的结果，简单假设投资周期为五年的话，投资总额将在这五年之内分摊到每一年的资本形成，从而构成这些年 GDP 的组成部分。而就人力资本来说，其积累则依赖于劳动者个人对接受教育的选择和企业对培训的投入。由此，我们可以分析微观主体在资本投资和人力资本投资上的行为对宏观经济增长的决定作用，特别是对产业结构的变迁带来的影响。

产业体系及其结构特性

产业政策的实施对象是产业，基于系统论的视角，产业政策分析的主要对象是产业体系。产业体系是由所有产业部门整合而成的一个体系，而产业体系的结构特性则是其处于中观层次所特有的，也是其相对于宏观层次和微观层次来说，对于经济系统运行所具有的独特性质。

关于产业体系的正式定义来自西蒙·库兹涅茨：

> 产业体系（industrial system），即生产体系，它建立在对不断增长的技术潜力广泛利用的基础上，而这种潜力则由新增的经检验知识和最广泛意义上的现代科学所提供。这是一个需要也必须伴之以对社会特征的一些有限选择的体系。例如，如

果没有最低限度的人口和劳动力的识字率,就不能有效地实施;它的规模经济要求较先进的经济单位(公司等)的非家族的、非个人的组织形式;它导致了历史上前所未有的城市化程度;等等。进一步,该体系受其自身的动态约束,自18世纪下半叶产业体系出现以来,其有用知识和技术潜力的存量在相继的时期中以明显改变的速率在不同的重点领域不断扩大。(Kuznets,1959,p. 165)

库兹涅茨强调了一个产业体系变化的技术动因和某些社会特征。在本书的系统框架下,实际上论及了可观察的中观层次结构及其影响因素,也论及了产业体系的"静态"图像及其动态演变之间的联系。基于系统论观点,我们需要从对产业体系及其结构的刻画着手,更明确地对其特性进行梳理,进而辨识影响这一体系不断变化的关键因素,并分析其间的逻辑联系。事实上,从库兹涅茨到霍利斯·钱纳里等众多展开经验分析的学者,也包括对经济发展和结构变迁进行理论研究的学者,其研究的深层次框架都具有类似的结构,但从理论的发展和研究的深入来说,对这样的框架给出清晰的描述还是非常必要的[①]。

[①] 龚绍东(2010)认为,"现代产业体系"(modern industrial system)是"中国语境下的一个新概念,在现有的全部经济学理论体系中没有……这样一个专有概念"。国内对此的研究"自2007年党的十七大后骤然兴起,……迄今文献集中在内涵界定、意义阐释、构架描述、实现途径及发展对策等方面,尚未形成准确统一的共识"。而从分析的逻辑来说,首先需要明确的是对产业体系的概念界定,在此基础上,才能对该体系的现代性加以讨论。张耀辉(2010)"把产业体系看成生产活动主体构成及其相互间的关联关系,这些关联关系决定着完成社会生产任务的方式并影响着全社会,特别是经济主体的行为方式"。这一界定未对经济系统的层次性做出区分。龚绍东(2010)的定义是:"产业体系是人类经济活动的载体,是人类创造并容纳一切经济活动并不断演进的大系统。迄今为止的产业体系主要指第一、第二与第三产业的构成。"但三次产业的划分过于粗糙,不足以刻画产业体系结构的一些基本特性。张耀辉(2010)又指出:"传统产业体系与现代产业体系的分水岭不仅体现在经济主体结构和主体行为的变化上,更表现在产业活动方式、关联关系、政府作用及其环境约束的改变上。"这与国内大多数研究存在的问题是类似的。基于上文给出的三层次框架,可以发现,国内关于产业体系的大多数研究,都未能对中观层次的可观察的系统表现和微观层次的主体行为加以区分,也未能明确地从长期视角来区分系统的"静态"图像和动态演化。

产业体系由所有产业部门整合而成，其部门结构就形成该体系所有特性的基础。对于结构，库兹涅茨的界定是，所谓结构，"是指由相互关联的部分组成的相互耦合的框架，每个部分都有独特的作用，但都被用于一组共同的目标"（Kuznets，1959，p.162）。作为产业体系组成部分的各个部门都有着"独特的作用"，而在部门划分的基础上，从需求和供给的多重维度进行考察，即可得到一个产业体系的需求结构、产出结构、增加值结构、就业结构、资本投入结构和技术结构等等。部门相互之间的"关联"和"耦合"则是相当复杂的，由此构成产业间关联的网络，也可就此得到中间投入的相关结构。在开放条件下，可考察商品和服务的进出口结构，考察外商直接投资和对外投资的结构，考察人才引入和流出的部门结构，等等。究竟着眼于上述哪些结构，取决于研究的目的，但一些基本的结构，如产出结构、增加值结构、就业结构和贸易结构等，则是几乎所有研究都需论及的。

我们首先对产业体系的部门划分给出形式表述。

从宏观层次出发，可以将生产函数运用于产业层次，完全类似地可给出按产业部门的分解。假设经济体被划分为 N 个部门，则事后的加总存在以下统计意义上的平衡关系：

$$Y = A \sum_{i=1}^{N} Y_i \qquad (2.4)$$

整个经济系统投入的固定资本、一般劳动和人力资本也同样可以分解到各个产业部门：

$$K = A \sum_{i=1}^{N} K_i \qquad (2.5)$$

及

$$L = A \sum_{i=1}^{N} L_i \qquad (2.6)$$

$$H = A \sum_{i=1}^{N} H_i \tag{2.7}$$

而各个部门的生产函数则为①

$$Y_i = A_i F_i(K_i, L_i, H_i) \quad i = 1, 2, \cdots, N \tag{2.8}$$

基于上述形式表述，可以获得一个产业体系的"静态"结构图像，以这一图像为基础，可以对产业体系的结构特性进行评估。这里需特别强调的是，所谓结构图像，是指类似于产出的部门构成或国内生产总值的部门构成等基于定量指标的明确结果，可称为"结构状态"，这一结构状态可以从多个维度进行考察，而所谓"结构特性"，是指对于一个结构状态的某一个层面或者其整体的一种判断，而这种判断的测量标准常常并不是十分清晰的。这种判断常常只能是相对的，因而只有在建立起作为比较的基准的条件下，才可能具有较强的科学性②。

在微观层次上，所有企业都从事一项或多项经济活动，并按照一定的统计规则被归属于某个产业部门。因此，要分析这种"由下向上"的联系常常会受到困扰，但对于偏重理论的研究来说，简单假设任何企业只从事某一个部门的经济活动即可。

---

① 基于本书的研究目的，我们始终将劳动投入区分为一般劳动与人力资源两大类。

② 就所谓"现代产业体系"来说，其"现代性"是一个历史性概念，但也是一个相对模糊的概念。这与分析者所处环境的历史时期直接相关，因此，发达国家的产业体系是否具有"后现代"性，可能是一个有趣的问题。问题是：这种比较的基准如何建立才是合理的？龚绍东以"典型结构形态"作为样本，通过远溯到农业文明时期的分析，提供了一个非常长期的分析视角，但即使突破三次产业划分的边界而提出"智慧产业"的概念，恐怕仍不能充分反映产业体系在如此长时期中的演化的本质。相比之下，以"新"为标签来刻画产业体系的特征就更无科学性可言，而将"动态演进"作为现代产业体系的特征则属于一种认识论的谬误（芮明杰，2018），因为无论是否"现代"，没有一个产业体系不是处于动态演进之中。

产业体系的部门划分

产业体系的部门划分可因研究目的的不同而采取不同的方案，但作为国际比较的基础，国际标准产业分类具有重要地位。

目前最新的《所有经济活动的国际标准行业分类》（以下简称《国际标准行业分类》）第 4 版（International Standard Industrial Classification of All Economic Activities，ISIC Rev. 4）是由联合国经济和社会事务部统计司于 2009 年修订公布的。作为一种国际基准，该标准分类为国际比较提供了有力工具。更重要的是，对于产业体系的演化来说，这一行业分类标准本身的演化可以提供一个参照系，而最新的修订则更充分地反映了新的经济活动的变化趋势[①]。

按该标准，所谓产业，"定义为主要从事同样或类似种类的生产性经济活动的所有生产单位的集合"。进一步，这一定义"是建立在以生产为导向或供应为导向的理论框架内的，该框架根据经济活动的相似性——考虑到投入、工艺、生产技术、产出的特点及产出的应用等，将生产单位分成各个具体行业"。考虑到经济现实，则如罗宾逊夫人所说："一种产业是生产一种商品的任何一群企业。这样一种产业和现实世界中的产业也许不是完全一致的。但在有些场合下，现实世界中的某一商品在各方面都和它的最接近的代用品有显著的区别，生产这种现实世界的商品的现实世界的企业将符合

---

① 该标准行业分类的第 1 版于 1948 年正式通过，之后在 1958 年、1968 年、1989 年和 2002 年分别修订完成了修订本第 1 版、第 2 版、第 3 版和第 3.1 版。修订本第 3 版和第 4 版对服务活动的类目划分更为细致，以反映世界大多数国家这一经济部门的增长。如该文件所说，在其修订本的第 3 版印发以来，"许多国家的经济结构发生了史无前例的变化。新技术和组织之间新分工的出现创造了新的活动类型和新的产业形式"，其最新的修订正是为了"更好地反映已经发生变化的结构和分析需求"。目前《国际标准行业分类》中共含 21 个门类，进一步分为 88 个类、238 个大组和 419 个组。与修订本第 3.1 版相比，详细程度的提高大大增加了这些类别的数目。最新的修订本第 4 版引入了新的门类 J：信息和通信，还建立了新的门类 E：供水；污水处理、废物管理和补救活动。

这样一种产业的定义,足以使我们从这种技术意义上说的关于产业的讨论具有某种意义。"(Robinson,1933,中译本第 14 页)

在此基础上,一个产业体系,就是由所有产业部门整合而成的一个相对独立的系统①。产业分类体系来自经济现实,其多年来的修订反映了现实产业体系的演化趋势,因而可以说,《国际标准行业分类》为我们对产业体系的描述和刻画提供了坚实的基础。

制定《国际标准行业分类》的一个原则是,"不论工作是由动力推动的机械还是手工进行的,也不论是在工厂还是在家庭内完成的;现代与传统并不是《国际标准行业分类》的标准"。也就是说,作为一套标准,其分类依据是经济活动本身,而非该活动的"现代性"。就此来说,我们应在一套完备的体系标准基础上,再来分析不同经济体的产业体系的特性,分析发展中经济体与发达经济体之间的差异和差距。根据联合国文件,《国际标准行业分类》"用于界定和划分这些类别的定义及限定类别的原则及标准……是建立在产品、服务及生产要素投入、生产工艺及技术、产出特点及产出的用途等基础之上的",而"在较高的层级上,建立便于分析的类别时,产出的特点及用途更为重要","在最为详细的分类层级上,在界定各个组时,更优先考虑生产工艺及技术"。对于产业体系的刻画,应以不同产业在整个体系中所承担的功能为基础。

就产业体系的结构来说,目前最粗略的是按照三次产业划分所形成的结构。从历史的视角看,三次产业分类的产生就是人类经济活动不断丰富的结果;从人类经济活动的特性来说,也就是人类分工不断深化的结果。

关于就业人口在三次产业间分布的变化,最早是由英国经济学家柯林·G.克拉克进行了研究。在其出版于 1940 年的专著中,克拉克发现,随着经济的发展,就业人口将从第一次产业向第二次和

---

① 《国际标准行业分类》的分类覆盖了所有经济活动,其中每一层级的所有类别都必须是非此即彼、相互排斥的,因此符合类别划分的完备性要求。

第三次产业转移。

但事实上,将经济发展按照初级阶段、次级阶段和第三阶段进行划分的想法最早是由阿伦·费希尔所提出。在1939年的论文中,费希尔解释了提出该想法的初衷:"发明'三次生产'(tertiary production)这个词的最初目的是建议某种框架性考虑,可能可以回答非常重要的问题:在我们历史上的这个阶段,加快经济发展的速度在什么方向是可取的?"为此,"似乎有必要把注意力集中在那些确实能给消费者带来额外直接满足的活动上,但这些活动通常不会轻易进入习惯于只考虑初级和次级生产的人们的头脑中。'三次生产'是为了实现此目的的一个标志"(Fisher, 1939)。

就部门分类来说,第三次产业基本上等同于服务业。有意思的是,在经济学发展过程中,服务业并不那么受到重视,甚至被认为并不创造财富和价值。亚当·斯密在其巨著《国富论》中说:"有一种劳动,加在物上,能增加物的价值,另一种劳动,却不能够。前者因可生产价值,可称为生产性劳动,后者可称为非生产性劳动。制造业工人的劳动,通常会把维持自身生活所需的价值与提供雇主利润的价值,加在所加工的原材料的价值上。反之,家仆的劳动,却不能增加什么价值。"相对于制造业的劳动,"家仆的劳动,却不固定亦不实现在特殊物品或可卖商品上。家仆的劳动,随生随灭,要把它们的价值保存下来,供日后雇佣等量劳动之用,是很困难的"(Smith, 1776, 中译本第303—304页)。马克思则继续对生产性劳动和非生产性劳动加以区分。由此可见,在那个年代,当服务业在整个产业体系中的地位十分弱小时,伟大的经济学家也可能受到历史环境的约束而存在一定的局限性[1]。

---

[1] 有必要对政府的活动做专门解释。在《国际标准行业分类》的第84类中,确实包括通常由公共管理机构进行的政府性活动,如法律及相关法规的执行和司法解释、在此基础上的项目管理、立法活动、税收、国防、公共秩序和安全、移民服务、外交事务、政府项目管理等。注意,这里所称是"政府性活动"而非生产性活动。特别是,如公立医院这样的机构,其性质仍是企业而非政府机构。

鉴于《国际标准行业分类》不仅提供了关于产业体系研究的经验基础，且对产业体系的理论研究也具有重要价值，而目前我国采用的产业标准分类跟《国际标准行业分类》仍存在一定的差异，我们将这两种分类标准做一个简单的比较，并按照三次产业的划分加以归类。我们仅按大类进行比较，具体如表2.1所示。

表 2.1　国际标准行业分类与中国标准行业分类的比较（按门类）

三次产业划分	联合国《国际标准行业分类》	中国《国民经济行业分类》
第一产业	A 农业、林业及渔业	A 农、林、牧、渔业
第二产业	B 采矿和矿石	B 采矿业
	C 制造业	C 制造业
	D 电、煤气、蒸汽和空调的供应	D 电力、热力、燃气及水生产和供应业
	E 供水；污水处理、废物管理和补救活动	
	F 建筑业	E 建筑业
第三产业	G 批发和零售业；汽车和摩托车的修理	F 批发和零售业
	H 运输和储存	G 交通运输、仓储和邮政业
	I 食宿服务活动	H 住宿和餐饮业
	J 信息和通信	I 信息传输、软件和信息技术服务业
	K 金融和保险活动	J 金融业
	L 房地产活动	K 房地产业
		L 租赁和商务服务业
	M 专业、科学和技术活动	M 科学研究和技术服务业
		N 水利、环境和公共设施管理业

续表

三次产业划分	联合国《国际标准行业分类》	中国《国民经济行业分类》
第三产业	N 行政和辅助活动	
	O 公共管理和国防；强制性社会保障	S 公共管理、社会保障和社会组织
	P 教育	P 教育
	Q 人体健康和社会工作活动	Q 卫生和社会工作
	R 艺术、娱乐和文娱活动	R 文化、体育和娱乐业
	S 其他服务活动	O 居民服务、修理和其他服务业
	T 家庭作为雇主的活动；家庭自用、未加区分的物品生产和服务活动	
	U 国际组织和机构的活动	T 国际组织

资料来源：联合国经济和社会事务部统计司（2009）；国家统计局《国民经济行业分类》（GB/T 4754—2017）。

在部门划分的基础上，基于对各个部门在整个经济系统中所承担的职能的判断，可以给出产业体系的功能图，如图2.2所示。

在图2.2中，由左向右，中间的箭头反映了生产的基本流程，即从产品取自自然的初级生产到对产品进行加工的制造业再到服务业，但这里将采矿业也纳入第一大类中，因为采矿业的产品同样取自自然；中间的大类是制造业，可进一步细分为初级产品、中间产品和消费品；最后的第三大类则是服务业，但将其中的金融业单独列于图的上方，而将公共基础设施行业分离出来列于图的下方。事实上，服务业的覆盖范围相当宽泛，其中的不同行业所承担的职能差异巨大，因而有必要加以更细致的划分。有些学者将服务业划分为生产性服务业和生活性服务业，不失为一个有意义的视角，但不少服务业同时提供生产性和生活性服务，故这样的划分仍嫌粗糙。

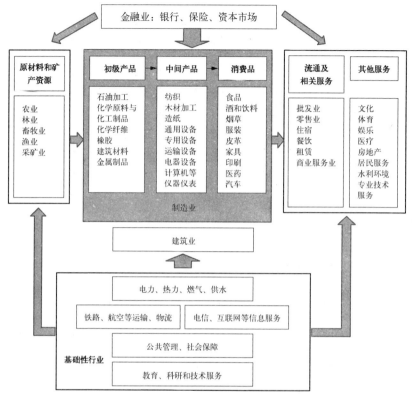

图 2.2 产业体系各部门职能分工

产业体系与产业间关联

在三层次架构下,演化经济学强调了向上和向下的联系,两者都处于微观和宏观之间,从而忽略了处于中间层次的产业体系。增长经济学也有类似的局限性。但从系统运行的角度而言,由产业体系这一层次出发,同样需要分析向上的和向下的联系,特别是,此时产业体系内部的部门之间的联系使得这种分析更为复杂。

论及产业间联系,最重要的研究方法是投入-产出分析法,也可以称为投入-产出经济学。这一方法由瓦西里·里昂惕夫（Wassily Leontief）所开发，其思想渊源按里昂惕夫本人所说，是来自一般均衡理论，也有学者将其与弗朗索瓦·魁奈（F. Quesnay）的经济表相联系，但如杨治所说，该方法"在经济学基础理论上同魁奈的重农主义理论无缘。因此，只是在以表式这一共同的手法去描述社会再生产过程这一点上，具有继承性"。而"在现实上"，投入-产出经济学与缘起于凯恩斯的国民收入理论也"存在着相当密切的关系"。波兰经济学家奥斯卡·兰格（Oskar Lange）认为，里昂惕夫的产业间联系理论是马克思再生产理论的发展，但杨治则指出了两者之间在表式上的明显区别（杨治，1985，第130—136页）。

产业体系是经济体系的主体，特别是从供给侧来说，所有物质产品和服务都由产业来提供。部门间联系分析的前提是对部门的明确划分，从上文所提及的标准行业分类越来越细致化这一趋势可知，当部门被划分得越来越细，部门间的联系也就显得越来越复杂，投入-产出表的复杂程度也就越来越高。而所有这一切，都可以从亚当·斯密的分工理论中找到渊源。事实上，越是原始的经济，其分工越是粗糙，而随着经济的发展，分工不断细化，也就产生越来越多的相对独立的部门。不仅如此，由于消费者的需求随着收入水平的提高而不断多样化，再加上科技的进步，使得产品的种类也日益增多，因此，发达经济体与发展中经济体相比，产业体系的部门间联系就变得复杂得多[①]。

对于我们的论题来说，由此可以得到的重要结论是：产业间联系的复杂程度与经济发展水平高度相关。如里昂惕夫所发现的，"在投入-产出表中，工业和系统其他主要部门之间的交易模式表

[①] 本书并不准备就产业间联系展开全面的经验分析，因而不拟给出基于产业间联系的产业体系的形式模型。读者可参见杨治（1985）、里昂惕夫（Leontief, 1986）和钱纳里等（Chenery, Robinson and Syrquin, 1986）相关文献。

明，经济越发达，其内部结构就越像其他发达经济。此外，从一个经济体到另一个经济体，这些内部交易与系统外部总活动之间的比率——从很大程度上由技术决定的意义上讲——是相对恒定的"。里昂惕夫比较了美国和英国的投入-产出表，发现两国之间产业体系这一结构特性高度相似，又比较了以色列（当时还是发展中国家）、埃及和秘鲁的投入-产出表，发现相比之下，这些发展中国家投入-产出表中的部门间交易矩阵就相对较"空"，即部门间交易的种类较少，规模也较小。就此可以认为，"发展的过程本质上在于安装和构建一个近似于发达经济体的美国和西欧的系统"。当然，由于对外贸易的影响，"两个国家可以显示相同的或至少非常相似的国内最终需求模式，但却有非常不同的生产模式"（Leontief，1963）。

基于三层次的分析架构和微观主体行为决策对整个经济系统演变的基础性作用，对于投入-产出表所反映的这种特性的演化机制，也需要从微观主体的决策行为中去加以解读。就此，我们将在第6章和第7章讨论产业政策的制定和实施时再做进一步阐述。

产业体系结构特性的演化

一个产业体系由多个部门构成，其结构特性就是通常简称的产业结构特性，本书在同等意义上使用这两个概念①。对于产业结构，出于不同的视角，可考察部门的产出结构、资本和劳动投入结构、技术结构、资源消耗结构，以及部门间联系的结构，等等。以部门统计数据为基础，这些结构都是可观察的，以年度为单位，我们可

---

① 很多文献在使用"经济结构"这一术语的时候，常常混淆宏观层次的结构跟产业层次的结构，这显然不利于问题的讨论。部分学者在使用"产业结构"这一概念的时候，并不涉及产业间联系，因而在一般意义上，产业体系的结构特性比产业结构这一概念具有更完整的覆盖范围。关于产业结构转变的理论概述，可参见郁义鸿（2000，第2章）。

以将所有这些观察所见理解为一个产业体系的状态,或其"静态"的图像。但由于投入-产出表的编制相当耗时,通常采用间隔数年才编制新表的方法,因而不容易获得产业间联系的连续"静态"图像。但投入-产出系数通常比较稳定,因而对于长期分析还是能够提供较强的数据支持。

对于产业体系的运行来说,每一个维度的结构后面有着各自不同的关键影响因素。为此,需要区分影响不同维度结构变化的不同因素,并分析作为其综合作用结果的整个产业体系的演化逻辑。

库兹涅茨指出,"在技术和社会因素的共同作用下,必须强调的一点是,在任何时代,增长不仅仅是整体上的变动,还应包含结构的转变。即使这种增长的冲动是由重大技术创新带来的,每个社会在采用这种技术时必须调整现有的制度结构。这意味着社会组织的巨大变动——新制度的产生和旧制度的逐渐淘汰。各种经济组织和社会集团的相对地位将发生变化。各个社会如果要实现创新所提供的潜力,相应潜力的变动会遇到客观需要的制度调整问题。这方面的困难可能在事实上影响着时代创新全部利用的期间长度"(Kuznets,1966,中译本第5页)。

郁义鸿运用马克思再生产原理,在多部门划分的基础上,对产业结构转变与经济发展的动态演变提出了一种理论框架。郁义鸿将产业结构转变的动态机制归纳如下:

> 这种机制具有一种循环特性。以人均收入为起点,随着人均收入的增长,消费结构将发生变化;消费结构的变化导致生产结构的转变;生产结构的转变导致投资结构的转变并由此带来资本存量结构的转变,同时导致技术创新结构的转变;资本存量的变动与技术进步导致各个部门要素比例的变化,并由此决定各个部门的劳动投入,决定整个经济的就业结构;就业结构的转变决定分配结构,从而反过来决定消费结构的转变。对

于开放经济，以上所述的循环机制并不会受到实质性的影响，但各种结构的转变将增加一个重要的影响因素，即对外贸易和资本流出及流入的影响。（郁义鸿，2000，第107页）

这一动态机制建立在可观察的变量关系之上，但上述归纳未将产业间联系纳入在内，而这种联系的变化是随着技术的变化而变化的。上述归纳是一个可验证的假设，但鉴于动态关系的滞后效应之复杂，要加以验证并不容易。不仅如此，长期影响因素如社会、制度和文化等均未被纳入这一动态机制的分析之中，从经验研究角度来说，其可观察性也较弱，如何加以定量化是一个巨大的挑战。

产业体系的结构特性在产业体系的演化中占据核心地位，而这种结构特性的变化主要由作为微观基础的经济活动所决定，在本书的社会大系统框架下，在长期中，社会、制度和文化等关键因素的影响都在很大程度上体现在经济主体的行为决策中。

2.4 政策体系与产业政策的概念界定

为了对产业政策给出合理界定，需要采取系统论视角。鉴于经济系统的复杂性，政府所面对的问题也是复杂多样的，而政府可采用的政策工具相对来说却是比较有限的。在问题和对策之间存在一定的对应关系，而当政府试图选择最优对策的时候，这种对应性即构成其方案选择的备选集。这里既有政策背后的理论依据问题，也有政策在过往实施过程中遇到的经验问题。在理论-现实-政策这一三角关系中，政策是以理论为指导的，同时也必须得到经验研究的支持。

政策体系与理论体系的对应性

我们先从理论体系与政策体系的对应性出发,来探讨政策体系的构成。

就经济学思想的发展来说,马克·布劳格指出,"经济思想史不过是努力理解建立在市场交换基础之上的经济运行的历史。但是,鉴于被接受的原理总是关系到市场经济的分析,而这些经济的结构随着时间的推移已经发生了重大的变化,所以,在每一个时代都要用不同的概念和分析方法来说明这些变化"(Blaug, 1997,中译本第4页)。经济学作为一个理论体系,整体上已经覆盖了经济系统演变的所有相关论题,但其不同的分支各自侧重于经济运行的不同侧面,要求所有分支均覆盖短期或长期演变的所有问题显然是不合理的。在一般意义上,每一个经济学分支在其理论研究的基础上,可以就其关注的某个侧面提出相应的政策建议,因此,对应于经济学的理论体系,可以对应地给出相对清晰的政策体系。

经济学学科体系的划分反映了其理论体系的框架。就此来说,美国经济学会《经济文献杂志》(*Journal of Economic Literature*)所创立的经济学文献 JEL 分类系统提供了权威的参照。JEL 分类系统采用树杈式体系,以一位英文字母标示一级分类,继而对每一个一级分类进行一位阿拉伯数字的二级分类和进一步的两位阿拉伯数字的三级分类。JEL 一级分类体系如下:

A 经济学总论和教学;B 经济学思想流派和方法论、非主流经济学;C 数理和数量方法;D 微观经济学;E 宏观经济学和货币经济学;F 国际经济学;G 金融经济学;H 公共经济学;I 卫生经济学、教育经济学和福利经济学;J 劳动经济学和人口经济学;K 法与经济学;L 产业组织;M 工商管理与企业经济学、市场营销学、会计学；N 经济史；O 经济发展、技术变迁和增长；P 经济制度；Q 农业经济学和自然资源经济学、环境经济学和生态经济学；R 区域经济学、房地产经济学和运输经济学；Y 综合分类；Z 其他专题。

可以发现，这一共20个一级分类（A-R，Y-Z）的划分实际上是基于不同的考察维度的，既包括理论的，也包括研究方法论的，还包括了针对实践的工商管理的 M 类。更有意思的是，产业经济学并非一个相对独立的学科，正因为此，国内很多学者将产业经济学等同于产业组织理论[①]，而将产业结构问题的研究归属到发展经济学，也就是 O 类之中。国内关于经济学的学科划分也存在类似的现象，但国内目前已将产业经济学作为二级学科归属到应用经济学一级学科之下。

这使得我们将政策体系与经济学理论体系对应起来的意图变得难以实现。

按照数学中集合论的集合划分要求，一种理想的划分应该是将一个集合中的所有元素分割到覆盖了该集合全部元素的互不交叠的子集（或"单元"）中，也就是说，这些子集关于被划分的集合是既无遗漏又相互排斥的。为了尽可能达到这一要求，我们不妨再考察一下对产业经济学学科划分的一种理解。

宫泽健一在1975年出版的《产业经济学》中（第11页）对产业经济学主要领域的划分如图2.3所示。

由宫泽健一的这一划分可以看到，越是接近于微观，产业越是细分，越是接近于宏观，则产业越是粗分。事实上，对于部门这一术语所对应的产业细分的程度，并不存在一个统一的标准，而是因研究目的而异。就该示意图所涉及的理论划分的对应层次来说，产业组织理论对应于较微观的层次，产业结构理论对应于较宏观的层

---

① 参见于立（2002）的评论。

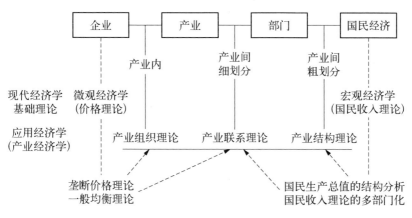

图 2.3 产业经济学主要领域示意图

资料来源:转引自杨治(1985,第19页)。

次,产业联系理论则处于两者的中间层次。而基于我们的三层次总体结构,我们将产业组织理论置于微观层次,将产业结构和产业联系理论均置于中观层次。事实上,这是由这些理论所研究的对象的特性决定的。产业组织理论主要研究单个市场的竞争问题,虽然也涉及纵向关系,即产业链上下游之间的竞争问题,但其涉及的主要仍然是单个市场之间的联系,而非较全面的多个产业之间的联系。作为其理论基础的产业组织理论也完全是由微观经济学衍生而成的。而产业联系理论和产业结构理论研究的对象都是产业层面的,且两者的论题之间有着十分紧密的联系,特别是,当我们把所有产业视为一个产业系统加以考察的时候,两者是不可分离的。因此,将两者同置于中观层次应较为合理。

基于对经济系统三层次架构的基本认识,并结合图 2.2 的产业部门职能分工和图 2.3 对于产业经济学领域划分的理解,我们可以从一个单一的维度出发,从 JEL 的分类中抽取部分类别,来大致确定其对应的经济系统的层次,并由此构成对应的经济政策体系。

最明确的对应关系是,E 类——宏观经济学和货币经济学及 F

类——国际经济学对应于宏观层次；D 类——微观经济学和 L 类——产业组织对应于微观层次。G 类——金融经济学研究一类市场，相对偏于微观层次；H 类——公共经济学和 R 类中的房地产经济学和运输经济学对应于不同的部门，相对也偏于微观；R 类中的区域经济学属于中观层次，但不在本书讨论范围之内。比较下来，尽管 O 类——经济发展、技术变迁和增长是偏于宏观的，但考虑到上文中论及的产业结构变迁与经济发展和技术变迁之间的紧密联系，可以将产业政策与该类理论加以对应。比较国内的学科划分，虽然产业经济学与产业政策之间似乎存在直接的对应关系，但因产业经济学实际上包含了产业组织理论，故导致这种对应关系存在交叉。

由此可见，仅以经济学理论与政策之间的对应关系来对经济政策进行划分，还难以构建一个合理的政策体系，为此还需考虑政策本身的特点。

政策划分的原则和政策体系的构建

首先需明确什么是政策，进而界定什么是经济政策。

引用博尔丁的定义："'政策'一词一般指的是指导针对特定目的的行动的原则。"但仅用"原则"一词或许并不全面，"因此，任何政策研究都应该关注三件事——我们想要什么（目的），我们如何得到它（方法），以及'我们'是谁，也就是说，有关的组织或团体的性质是什么"（Boulding，1958，p.1）。日本经济学家渡部经彦和筑井甚吉在定义政策的基础上给出了经济政策的界定："政府的追求一定目的的行动称为政策，而这种政策与一个社会的经济侧面有某种关系时，就称之为经济政策。"丸善直美则定义了经济政策和经济政策学："经济政策是作为政策主体的政府或者其代理机构采用各种经济手段以实现其政策目标的经济行为。对这种意义上的经济政策的目标和手段的关系，以及其与政策主体的关系加以阐明的系统的知识和理论便称为经济政策论或经济政策学。"①

丸善直美强调知识和理论的系统性，符合本书采用的系统论观点，其界定所涉及的政策目标、政策工具（手段或措施）和政策实施的行为主体可视为经济政策系统研究的三大要素。从概念界定来说，前两者是主要的，而政策的行为主体更多涉及政策的实施，但一旦论及政策的实施，其涉及的论题就要加以扩展。从政策目标的制定及政策工具选择的科学性和合理性的要求来说，关于政策的系统研究中至少还必须纳入政策实施的效应分析，而为此需要考虑政策效应评估的方法论。

政策研究的复杂性首先在于目标和手段的多元性和多样性。阿格尼斯·贝纳西-奎里等概要区分了经济政策的目标、工具和制度。经济政策的目标有很多，且有时是相互矛盾的，大致包括：提高人们的生活水平、实现充分就业、维持物价稳定、实现收入的公平分配、减少贫困，等等；经济政策的工具也有很多种，除了宏观层面的货币政策、财政政策和两种工具的组合之外，还包括一系列的微观经济工具：规则（从合同条款、破产到具体部门的法规）、对家庭和企业直接或间接的税收、补贴、社会转移支付和竞争政策等；再者，"制度直接影响市场均衡和政策工具的有效性"。具体来说，"产品、劳动力、资本市场的组织（如破产法、劳动合同法、收购法）或经济政策决策框架（如预算流程、中央银行章程、汇率体系、竞争规则等）的持久特性被称为制度。其外延还包括一些非公共机构，例如工会，它虽然是私人协会，但影响着劳动力市场的运行"（Benassy-Quere et al.，2010，中译本第8—9页）。

从政策目标及其政策实施的效应来说，其对应性应该构成政策体系及其划分的第一原则，而这种对应性则需建立在上文所述的四维框架（三维空间加上时间演化）的基础之上。就三维空间来说，

---

① 均转引自杨德明（1987）。

在短期或中期内，所有的政策都是内生的，而从长期来说，则制度也构成内生变量。因为制度"不是永恒的，会演变、被改造或消失。但是，制度也有一定的持续性，在政策决策的传统分析中，制度就可以被视为是给定的"（Benassy-Quere et al.，2010，中译本第9页）。这里所说的"传统分析"应被视为属于短期或至多中期的分析，从历史经验来说，制度对政策的制定与实施主要是长期影响，但在特定时期却可能产生重大的转折性影响，而对于政策的划分来说，应视为深层次的因素，可不作为直接因素加以考虑。

对于政策体系的构建，安德里奥尼和张夏准提出了一个"政策包矩阵"（Policy Package Matrix）或简称"政策矩阵"，形成了一个完整的分析框架，并用以分析不同政策之间的联系，具体如图

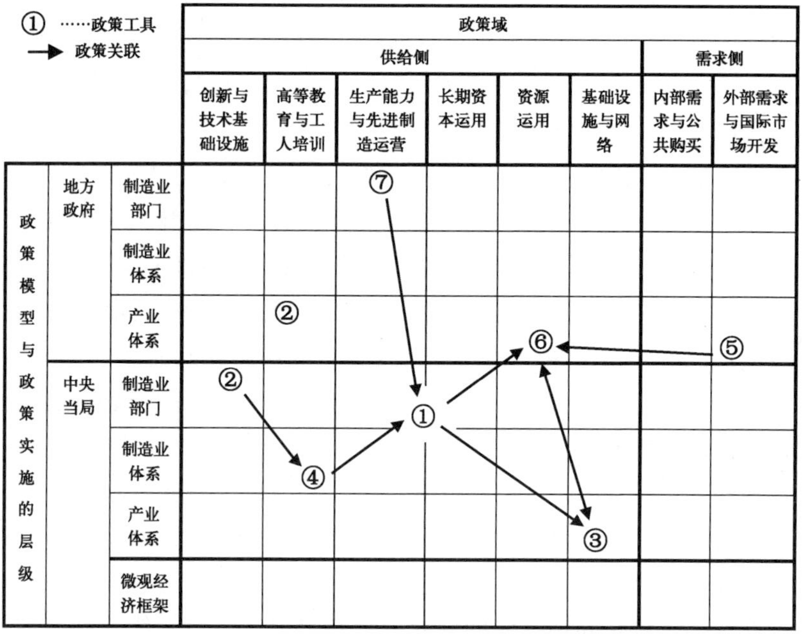

①……政策工具 ➡ 政策关联			政策域						
			供给侧					需求侧	
			创新与技术基础设施	高等教育与工人培训	生产能力与先进制造运营	长期资本运用	资源运用	基础设施与网络	内部需求与公共购买	外部需求与国际市场开发
政策模型与政策实施的层级	地方政府	制造业部门			⑦					
		制造业体系								
		产业体系		②						
	中央当局	制造业部门	②					⑥	⑤	
		制造业体系			④	①				
		产业体系					③			
		微观经济框架								

图 2.4 政策包矩阵

资料来源：由 Andreoni（2017）图 9.1 略加修改而成。

2.4所示。该矩阵的横轴列出了产业政策的一些关键领域，根据所使用的政策工具的性质，划分了供给侧和需求侧两个政策领域；纵轴则涉及政策治理和政府干预水平，它区分了中央当局（国家或联邦）和地方政府（地区或州）这些不同行政层次的政策主体。这样，每一个政府当局都可以针对不同的政策领域，在不同的层面进行干预，可以针对一个特定的部门，也可以针对几个相关的制造业部门，或整个产业体系（Andreoni and Chang，2019）。

基于本书的三层次架构，实际上这一政策矩阵聚焦于产业体系，并在这一框架下做了更细致的层次划分，将制造业体系单独分离了出来。该矩阵又将供给和需求加以结合，有着更强的系统性。不仅如此，该矩阵还在一定程度上向上扩展到了宏观层次，同时也向下扩展到微观层次。

由此可见，我们需要从政策体系与经济体系的运行之间的对应关系出发来考虑政策体系的构建，这种对应关系更为直接。就三层次的架构来说，宏观经济政策和微观经济政策分别对应于宏观层和微观层，对应于中观层次的应该包括产业经济政策和区域经济政策。另外，对应于国际关系的则是对外经济政策。就粗略的划分来说，这在表面上不存在什么冲突或混淆。但现实中存在的问题是，很多政策的实际效应并不因其名称而形成那么明确的分隔。如对于宏观经济政策来说，无论是减税或者增税政策，还是公开市场操作，无论如何总是会落实到具体的企业和产业上，从而对微观层次和中观层次都产生影响。反之，微观层面的市场准入政策或所有制改革政策，同样会在中观和宏观层次上带来一定的影响。要解决这一难题，需要从基本的政策理论出发，首先梳理出政策划分的原则。

从政策目标出发，确定政策划分的基本原则，而在此原则下，首先需要按照不同的层次进行划分。

综览文献，目前对于宏观层次和微观层次的经济政策界定有着广泛的共识，但对产业政策的相关讨论则并不充分，也远未达成共识。就宏观经济政策来说，主要包括财政政策、货币政策、贸易政策、增长政策等；在微观层次，基于产业组织理论，大致可区分为反垄断政策或竞争政策和规制政策两大类。

在宏观层面，经济的稳定运行应该是政策的基本目标，自凯恩斯经济学问世以来，财政政策和货币政策或两者的组合均以此为主要目标。虽然财政预算包括中央政府和地方政府的预算及社会保险预算，可能同时实现分配、再分配和稳定三大功能，但"财政政策通常指其稳定职能，因而可将财政政策定义为一系列有关税收和公共支出的决议或规则，其作用在于平抑经济周期波动，保证失业率接近均衡值，避免通货紧缩或者通货膨胀压力的积累"（Benassy-Quere et al., 2010，中译本第 117 页）。贸易政策对应于国际经济交往，涉及关税和贸易配额等的制定，虽然其具体规定必然涉及具体的产业，但总体来说，将贸易政策纳入产业政策的范畴是不合理的。

在微观层次，反垄断或竞争政策的目标是维护市场的公平竞争，规制政策则针对自然垄断或安全、环境等方面的问题进行规制，前者为经济性规制，后者则属于社会性规制。这些都与产业发展和中观层次的产业结构变迁无关。

科技政策的目标是推动技术进步，提升一国的技术水平和科研能力，而技术能力和水平都是以一个个的企业为主体来衡量的，在此意义上，科技政策主要涉及微观层次的经济活动。科技政策适用于所有产业，但不同行业之间在技术密集度和不同时期技术进步的潜力和速度上存在差异，因而在不同时期可能产生不同的行业选择，但将其作为产业政策的一部分也并不合理。

产业政策对应于中观层次，但在目前文献中，广为接受的是广义的界定，因而其所涵盖的范围相当之大。较为典型的如马里奥·西莫里、乔瓦尼·多西和约瑟夫·斯蒂格利茨所采取的产业政策广义界定，其覆盖的范围包括：创新和技术政策；教育和技能培育政策；贸易政策；有针对性的产业支援措施；部门竞争力政策；竞争和规制政策（Cimoli, Dosi and Stiglitz, 2010, p. 107）。如此广义的界定带来的弊病是，所谓产业政策与其他政策之间存在大量的交集从而难以明确区分。特别是，产业细分的程度可存在很大差异，使得产业政策与竞争政策之间的界限因此而变得非常模糊。那么，在无论是理论上的学科划分还是政策间的分类都未能给出明确的范围界定的情况下，我们如何来判断这类政策究竟是否有效？在无法判断某一类政策的有效性的情况下，又如何讨论是否应该采用这类政策？可以说，产业政策之争之所以无法得出令人信服的结论并达成共识，这就是主要根源之一。

然而，产业政策与宏观层次的目标的联系仍然是我们需要考虑的一个重要因素。从广义的政策概念出发，可以将发展战略视为宏观层次的主体政策，这一点特别对发展中国家具有重要意义。实际上，"发展"这一概念相比"增长"所涉及的问题要广泛得多，因此发展战略也就覆盖更广的范围。在给定发展的核心目标的前提下，发展战略中与产业体系相关的主要涉及进口替代和出口导向的选择，而这就直接对产业政策的制定提供指导。但需强调，进口替代或出口导向并不是产业政策，而是宏观层次的战略选择。

产业政策的概念界定

本书对产业政策采用狭义的概念界定。

我们认为，所谓产业政策，是指政府采取的以扶持特定产业的发展为目标的选择性政策措施，这里的特定产业主要包括制造业及与制造业的发展密切相关的信息和通信业及技术开发服务业。

与所有其他界定相比较，我们的界定可能是最为狭义的①。从政策目标来说，我们明确是"以扶持特定产业的发展为目标"，也就是说，我们将偏向于宏观层面的整体经济发展、经济增长和社会目标均排除在外；从政策工具来说，我们的定义只将选择性措施包括在内，而将功能性措施排除在外。

我们不赞同采用广义的产业政策界定，是基于以下几点理由。

首先，从政策目标来说，如果采用广义的概念界定，那么，所有有利于产业发展的政策都属于产业政策，且这里的产业可将所有产业均包括在内，如此无所不包的话，产业政策的外延就没有了边界，也就使得产业政策成为无处不可用的标签，为政府对所有市场的干预提供了一种似是而非的"理论"支持。

其次，或许也是最重要的理由是，如果采用广义的概念界定，将使得对政策效应的评估变得无法把握，只有在狭义界定的情况下，对政策效应的评估才可能是切实的和可验证的②。因此，我们将选择性政策包括在内，而将功能性政策排除在外，因为功能性政策着眼于为企业的经营提供更好的商业环境，是面向所有产业和所有企业的，要对功能性政策效应做出评估，就是一项不可能完成的任务。如果不能对政策效应进行评估，就无法对政策的必要性和合理性给出判断，又如何讨论任何政策的制定？所以，只有在采用尽可能狭义的概念界定的情况下，政策效应的评估才具有更强的可行

---

① 据林毅夫和孟加所言，"魏斯（Weiss）认为，把这个术语扩展得太广，使得它在概念上不太有用。他还建议应专门集中于制造业，因为制造业在增长中具有特殊作用，且在产生高水平和生产率增长（至少在发展的相对早期阶段）和外部性方面有更大的空间"（Lin and Monga, 2013）。但林和孟加漏失了引文出处，故转引于此。我们的界定与魏斯的界定基本一致。对照上文引用的西莫里、多西和斯蒂格利茨的界定，大致对应于其"贸易政策"和"有针对性的产业支援措施"这两类。

② 对于产业政策效应的可验证性，我们将在下一章再做具体论述。由于经济学并非实验科学，政策效应的评估只有通过比较分析才可能获得最具有说服力的证据，但不同经济体之间的可比性不可能很高，因此，这里的可验证性其实并不是太强，只能是相对而言的。这是所有经济政策分析的内在的无法突破的局限性。

性，其结果也才具有更高的可信度。

再者，从政策工具来说，采用广义的概念界定，就将大多数政策工具都囊括到"产业政策"标签之下。或许除了最为"纯粹"的宏观经济政策如货币政策中的降准降息或公开市场操作之外，其他甚至如财政政策中的税收减免通常也并非针对所有企业，那是否也该归属于产业政策之中？同样地，如果将微观层面的竞争政策也归属于产业政策的范畴，那么，产业政策就将几乎所有的经济政策都囊括在内了。从政策体系构建的角度来说，这显然不是一种科学的做法[1]。

就此来说，我们所界定的产业政策在一定程度上与很多学者讨论的产业结构政策相重合，但也仍存在一定的差异。

按照杨治的定义，"所谓产业结构政策，就是要将已有的产业结构推向具有更高经济效益的产业结构的国家经济政策"（杨治，1985，第35页）[2]。那么，以政策目标而论，产业结构政策应该有着相对清晰的结构目标，通常应该是指部门结构的目标，较粗略的是指三次产业结构，较细致的应指各个部门的结构。较典型的如日本最早提出的高加工度化和重化工业化。但即使采用筱原三代平提出的"收入弹性基准"和"生产率上升率基准"进行测算，或者参考更为先进的国家的产业结构作为依据，恐怕也难以给出非常明

---

[1] 林毅夫和孟加从实践角度出发，认为应采用宽泛的界定。他们认为，"虽然从纯概念的观点来看，缩小工业政策的定义和范围的理由可能是有用的，但在实践中很难执行，因为大多数国家干预不能完全限于具体的政策领域"（Lin and Monga, 2013）。但实际上，从政策目标和具体政策之间的对应关系要求来说，只有在明确了产业政策及其在政策体系中的地位之后，才可能科学地来制定有效的政策，并尽可能实现不同类别的政策之间的协调，以避免产生相互的冲突和效应的抵消。在现实中，一个政府机构在推出一项具体政策的时候，如果连该政策会对哪些行业产生影响都说不清楚，那就只能是盲人摸象，瞎打误撞。

[2] 日本产业结构审议会将产业结构政策定义为"为向最佳产业结构（即为实现经济增长和填平同发达国家的差距所最理想的产业结构）接近，所需实施的政策。换句话说，就是确定产业结构发展的方向，同时为实现这一目的确立必要的政策和经济机制"（转引自杨治，1985，第80页）。

确的甚至是定量的关于未来产业结构的目标。以近年来中国所推进的以战略性新兴产业发展为目标的产业政策为例，尽管可以大致确定若干个领域，但考虑到技术革命和创新本身所具有的高度不确定性，这样的政策目标也只能是方向性的。

然而，当我们以整个产业结构的变动方向或者产业升级为目标的时候，政策的制定和具体实施就必然需要将措施落脚到某一个或几个产业上。就此来说，产业结构政策就将本书所定义的产业政策包括在内。但是，如果以整体的结构变动或升级为目标，由于很多政策并不以具体的产业为指向，但却都可以产生这样的效应，那么对政策的外延就难以给出明确的限制。而就政策效应的评估来说，以某种产业结构为目标的政策制定，理应给出一个明确的定量的结构指标，而这在现实中几乎是无法操作也并无太大实际意义的，这种目标设定即使在计划体制下也只可能是粗糙的或者非定量的。再者，简单地将所谓产业结构"高级化"作为目标，只能是一种抽象的设定，事实上，要对产业结构在整体上进行所谓是否"高级"的度量，既无意义也不可能①，因此这一目标的具体化必然要落实到一些具体的产业部门发展上。就此来说，"产业结构政策"这一术语本身的科学性也是值得质疑的。

最后，需要对具体的部门范围给出说明。

小宫隆太郎指出："人们在论及产业政策时所说的'产业'，大体是指工业，即制造业，不包括农业、建筑业、服务业和交通部门。"但因日本通产省管辖范围的理由，又将能源行业纳入在内，同时"将那些与狭义的'产业'即制造业的发展有密切关系的领域包含在产业政策对象之中也许更为合适。如服务业中的计算机软

---

① 按照赫希曼的归纳，"当代工业化进程"的特征之一是，"现代工业技术与工业化前的甚至新石器时代的技术长期共存"（Hirschman, 1958, 中译本第114页）。发展中国家的这种"二元性"几乎无一例外地存在，可见所谓"高级"产业结构的概念是过于模糊而难以度量的。

件、电气通信的某些方面、某些产品和物资的流通等"。而"矿业却很难确定"(小宫隆太郎,1984,中译本第3页)。我们的界定与其大致相似,但我们将采矿业、建筑业、几乎所有的生活性服务业、大部分生产性服务业和涉及政府服务的国防等产业均排除在外。我们认为,部门范围的界定并不应以人们论及的或政府机构的管辖范围为依据,而是应以产业政策目标的战略导向为依据。如上所述,在宏观层面,一个经济体的发展战略为产业政策的制定提供了目标导向,而发展目标落实到产业层次上,通常并不涉及我们所排除的那些产业。这与各个部门在产业体系中承担的职能直接相关。或许对于被排除的产业来说,农业是一个例外,因为很多经济体可能将农业的发展也纳入发展战略之中,但在相当程度上,农业发展的问题与二元经济理论相关,可视为工业化进程推进的一项必要条件,但对工业化本身不具有关键意义。同时也因本书的篇幅所限,我们宁可将农业排除在外。

此外,还需特别指出的是,我们将基础设施行业排除在外。这与政府的职能界定有关:基础设施属于公共品或准公共品,通常其建设属于政府的基本职能,因而不应被纳入产业政策范畴。综览相关文献,可以看到有不少学者有意无意地将政府针对公路、铁路和通信部门发展的政策也作为产业政策加以讨论,这是混淆了政府的不同职能。对此我们将在第6章再做进一步分析。

在上述界定的基础上,不妨对日本的产业政策先做一个概要分析。

如查默斯·约翰逊所言,"产业政策有两个基本组成部分,与经济的微观和宏观两个方面相吻合:前者日本人称为'产业合理化政策',后者称为'产业结构政策'"(Johnson,1982,中译本第28页)。而以日本通产省1957年的《产业合理化白皮书》为依据,产业合理化具体涉及的都是与微观层次的企业经营措施和经营环境相关的问题,包括:① 企业的合理化,涉及新技术采用、质量管理和企业管理的完善等；② 企业环境的合理化，包括水陆运输和产业区位；③ 整个行业的合理化，涉及行业机构如卡特尔的建立；④ 产业结构的合理化，以达到国际竞争的水平。这第四条只因为"产业结构"的概念当时尚未出现而被列入，1960年之后就被移除（Johnson，同上）。而前三条中，第一条是为了提高企业管理的水平，第二和第三条所涉及的则都属于产业组织范畴。

在本书明确区分经济系统三个层次的框架下，显然，所谓产业合理化政策属于微观层次的政策，不应被纳入产业政策的范畴。日本于1931年通过又于1933年修订实施的《重要产业统制法》"视1925年中小企业协会为其典范，然而它加强了政府对这些协会的控制，并将它扩展到大企业中去"。结果在指定的26个"重要产业"中组织了卡特尔，包括造纸、水泥、钢铁和煤炭等行业，但财阀们"明确表示，它们对以中小型企业行业协会为形式的卡特尔不那么感兴趣，它们感兴趣的是通过企业合并减缓竞争，减少竞争者的数量"（Johnson，同上，中译本第111—112页）。可见，这些法案及其实施改变的是产业竞争格局而非产业结构，且即使政府加强了对行业协会的控制，其具体机制也完全不同于行政控制的手段，其产生的效应也取决于跟行政控制不同的影响因素。

就产业政策的实施来说，时任日本通产省企业局副局长高岛节男归纳了三种方式：行政控制、民间协调和间接引导（Johnson，同上，中译本第31页）。但从行为主体的角度来看，民间协调的行为主体并不是政府，将其纳入政策范畴有明显的错位之嫌，间接引导的实施主体其实也是企业而不是政府，因此，真正可纳入产业政策范畴的只有行政控制这一类。

3 典型化事实、类型划分与发展型式

在理论-现实-政策这一三角关系中,就理论与现实的联系而言,关键在于理论是否能够深刻把握现实经济系统的运行规律,而对于政策与现实的联系来说,能否辨识现实问题的本质,从而提出有效的政策,则构成巨大的挑战。

在宏观层次,经济增长理论通过对现实的抽象,并基于演绎来提出假说。针对经济系统的长期变迁,增长"收敛"假说被证伪,表明基于宏观绩效的表现并仅仅探究其微观基础的研究逻辑难以对经济发展的实绩给出全面有效的解释。特别是,面对众多发展中经济体丰富多样的增长路径,如果不能结合产业体系的结构变化,就无法深刻把握经济发展的规律。

在三层次的经济系统架构中,产业体系处于中观层次,其演变与宏观层次和微观层次都有着密切的联系。我们从产业体系与宏观层次的联系入手开始分析。这是一个由上而下、从宏观到微观的逻辑思路,但本章将只完成从宏观到中观的产业层面的讨论,并特别就现有理论是否很好把握了经济发展的特性和演化规律提出质疑。事实上,增长理论的一种研究主线是:通过对"典型化事实"的提炼,试图归纳出成功实现经济发展的若干关键因素。但是,一方面，这些文献大多忽略了产业体系演变的"典型化事实"，这就忽视了产业体系演变对于经济发展所具有的重大影响；另一方面，就关键因素的影响来说，大多数文献并不区分成功发展的充分条件和必要条件，因而其关于因果联系的分析难以给出明确的结论。

关于产业结构转变的经验研究成果主要来自库兹涅茨和钱纳里等人，但在他们之后，全面的跨国（地区）比较分析已较为罕见，因此对于 20 世纪 90 年代中期之后的经验，我们只能从相对零散的文献中做一些归纳。库兹涅茨和钱纳里等人的经验研究是建立在对经济系统的一个完整分析框架基础之上的，而对于产业政策的分析来说，更值得借鉴的是由钱纳里等人所强调和采用的辨识"发展型式"的研究逻辑。这一研究的逻辑基础是对不同经济体的共性因素和重要的差异性因素的辨识，从而在保证较强的可比性的前提下，发现导致发展绩效不同的关键因素。因此，无论是对宏观层面的分析，还是对产业政策效应的评估，首先根据一些基本的禀赋差异对分析对象进行类型的划分，应该是较为有效的分析思路。

在类型划分的基础上，对于不同类型经济体的比较分析就有可能揭示出产业体系演变的基本趋势及其关键影响因素，这就要求对产业体系及其结构特性给出严谨的界定。这些都构成产业政策比较分析的基础。

3.1　经济发展及其"典型化事实"

以长期视角来看，经济学需要对不同经济体的发展实绩的差异给出解释，因此我们从增长理论关于"收敛"假说被证伪着手。

相对说来，"增长经济学适用于经济发达国家，而发展经济学适用于不发达国家"（Hirschman，1958，中译本第 25 页注 1），但两者的研究对象都是经济系统的长期变迁问题,且从学者群体来说,两者之间的划分也并非界限分明的。从增长理论的一些规律出发,可提出长期中各个经济体的增长趋于"收敛"的假说,但最终发现,现实中并非如此。于是需要追问:原因何在?

增长理论的"收敛"假说

威廉·鲍莫尔指出,在经济史学家中有着一种以趋同现象为中心的悠久而杰出的传统,而关于增长收敛的想法至少可以追溯到格申克龙1952年的著作,尽管后者并未明确地提出所谓"收敛"假说。鲍莫尔提及摩西·阿布拉莫维茨(Abramovitz, 1986)演讲中论及的一个主题:在工业化和经济发展方面属于后来者的经济体,其加速增长的力量导致了人均产出水平趋同的长期趋势(Baumol, 1986)。

鲍莫尔采用麦迪逊的数据展开经验分析,发现在一个世纪中,几乎所有主要的自由企业经济体与发达经济体之间的距离都更为接近,而且一个经济体在1870年的生产力水平与其自那以后的平均生产率增长率之间存在很强的负相关关系。而二战后的数据表明,趋同现象甚至延伸到处于中等收入水平的经济体和中央计划经济体,但较贫穷的欠发达经济体却并未形成这种趋势。此外,在过去的一个世纪,美国的生产率增长率一直保持惊人的稳定(Baumol, 1986)[①]。

[①] 鲍莫尔的研究采用的是安格斯·麦迪森(Maddison, 1982)的数据,对16个国家自1870年以来的生产率增长进行回归。之后,德隆对其研究提出质疑,指出其"使用的是现在富裕且已成功发展的国家的事后样本。根据麦迪森的选择,那些没有收敛的国家被排除在样本之外,……因此,鲍莫尔的回归几乎保证了趋同"(DeLong, 1988)。导致这一错误判断的原因之一在于统计数据的可得性,事实上,如伊斯特利所指出的,"那些容易获得历史数据的国家恰恰是今天的富裕国家。只有在富国,经济史学家才能进行长期的收入统计"。而"更重要的是,这个故事说明了为什么在经济学说史上大家长期认可国家之间收入会趋同"。而且,"即便是麦迪逊的样本也存在类似的选择误差,因为其中只包括了8个今天世界银行认定的贫困国家,这还不到样本总数的1/3"(Easterly, 2002, 中译本第59—60页)。

然而，在更细致地考察了二战后 30 年（1950—1980）的增长实绩之后，鲍莫尔认为，在 72 个经济体中存在 3 个不同的"收敛俱乐部"，其中在 1950 年拥有高收入水平的那些经济体，在这 30 年中的增长率是最高的，而中央计划经济体和中等收入经济体的增长实绩则弱于高收入俱乐部，更差的是那些贫穷的欠发达经济体，它们明显地并未能参与到这一增长过程中（Baumol，1986）。由此可以说，事实上，鲍莫尔所发现的并非收敛，而是发散。所谓收敛，只是高收入经济体之间的一定程度的趋同，而更重要的是低收入经济体和发达经济体之间的进一步发散。

对于究竟是收敛还是发散，不妨做一下直观的考察。在过去的将近 50 年间，相比高收入经济体的人均收入水平，发展中经济体的差距究竟是增大了还是缩小了，其幅度又有多大？根据世界银行的人均收入水平分组，图 3.1 显示了高收入、中高等收入、中低等收入和低收入经济体 1960—2018 年的人均 GDP 增长轨迹。

在这四组经济体之间，我们可以看到非常明显的人均收入水平

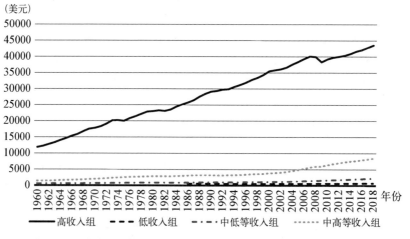

图 3.1　人均收入四分组人均 GDP 增长的比较（2010 年不变价美元）
资料来源：世界银行"世界发展指标"。

的发散。如果以高收入组人均收入为基准,那么在1960年,中高等收入和中低等收入组的人均GDP分别是其11.6%和4.8%,到1986年,低收入组的人均GDP仅达到其2.1%(该组此年之前的数据缺失);到了2008年,较低收入的三个组人均GDP占高收入组的比例分别为中高等收入组19.4%、中低等收入组5.2%、低收入组1.7%。虽然中高等收入组和中低等收入组的占比略有提高,而低收入组的占比反而有所降低。

即使是按照购买力平价来衡量,情况也未见得有多少改善。表3.1反映了1990—2018年的占比变化。可以看到,虽然高中等收入和低中等收入组的比例上升更为明显,但差距仍然十分巨大,而低收入组的占比仍然有所降低。

表3.1 不同收入水平之间差距的变化

	1990年		2018年	
	人均GNI	占高收入比例	人均GNI	占高收入比例
高收入组	18 123	100	50 986	100
中高等收入组	3 311	18.3	18 649	36.6
中低等收入组	1 784	9.8	7 608	14.9
低收入组	872	4.8	2 361	4.6

资料来源:世界银行"世界发展指标"。
注:按购买力平价(PPP)衡量的人均GNI(现价国际元)。

基于如此巨大的收入水平差距,按照这样的速度,中高等收入组和中低等收入组要赶上高收入组将是遥遥无期,更不用说低收入组与高收入组的差距还在扩大。也就是说,增长"收敛"的假说已被发展的现实所证伪。

增长理论的局限性

"收敛"假说被证伪这一事实表明,经济增长理论有着明显的局限性。郁义鸿和于立宏（2019，4.2.2节）指出，"增长之谜"之所以未能得到圆满解答，原因包括以下几个方面：一是，理论模型要求简化和抽象，但很多模型只有在其构建的假设前提条件都得到满足的情况下才能成立；二是，相比于短期的经济周期研究，长期增长理论研究的更大困难来自因果联系的时滞性。按照时序，因在果先，但一个作为原因的事件出现之后需要多长时间才会导致作为结果的事件出现，却是千变万化的；三是，仅限于宏观层面的研究无法揭示微观层次的动因；四是，宏观加总指标在度量上的困难不易克服；五是，从政策研究的角度出发，现代增长理论难以给予政策制定者以实践指导。就本书所关注的产业政策来说，更无从由此得到什么具体的政策含义。

增长理论发展的初始动机应来源于对现实经济增长现象的解释，但理论必须做出合理的抽象假设。罗伯特·索洛在其开创性论文中一开始就说："所有的理论都建立在不完全真实的假设上。这就是它成为理论的原因。成功理论的艺术在于做出不可避免的简化假设，使其最终的结果不是很敏感。一个'至关重要'的假设就是令结论确实敏感地依赖于其假设，重要的是，这样的假设应该是相当现实的。"（Solow，1956）

有意思的是，如伊斯特利所说，事实上，"索洛从未讲过他试图研究不同国家之间的收入差别，他的研究对象仅仅是美国的经济增长，而其增长率在长期内是保持稳定的。他没有在任何文章中研究过贫困国家，实际上他从未将自己的理论模型应用于除美国之外的其他国家"。因此，如果要将其理论用来解释跨国差异，"下列假设必须得到满足：所有的国家都拥有相同的技术和技术进步率。这个假设背后的逻辑是：如果一个国家发生了重大的技术进步，没有理由认为这一技术不在其他国家得到应用"（Easterly，2002，中译本第52页）。

目前更被广为接受的概念是"条件收敛"。菲利普·阿吉翁和彼得·霍伊特认为，新古典增长模型作为"任何经济增长研究的出发点，……仍然是有用的，因为这一模型关于资本积累如何影响国民收入、实际工资以及实际利率的分析，无论是在技术进步外生还是内生的条件下都是有效的"（Aghion and Howitt，2009，中译本第19页）。对于所谓跨国收敛，"由于其假定的生产函数的性质，从而对于这个问题的回答是肯定的"。这是一种（著名的）条件收敛，即"只要两个国家具有相同的技术（由生产函数和人均效率单位的路径决定）和相同的决定资本积累的基本因素（储蓄率、折旧率以及人口增长率），这种人均 GDP 的差异将会随时间的推移而消失，反之却不成立"（Aghion and Howitt，2009，中译本第25—26页）。但问题是，对照发展中经济体和发达经济体的具体状况，这两个条件都并不成立，也就是说，两者的技术并不相同，其决定资本积累的基本因素也存在很大差异。

基于三层次的经济系统架构，决定经济系统运行的驱动力量在于微观层次的主体行为，但早期增长理论完全着眼于宏观层面的增长因素分解，基于演化经济学的反还原论理念，它难以归约到微观层次的企业行为和微观运行机制。之后的内生增长理论试图朝着这个方向努力，并深刻地发掘技术进步和知识积累的基础性作用。索洛模型将技术进步作为外生变量来处理，也没有"确定现实世界中真正持续增长的机制。……忽视技术进步的增长故事既不符合历史，也不可信……的确，对总生产函数的计量估计证实了我们的怀疑，即对物质资本、人力资本和其他可累积因素的回报远非恒定不变"（Grossman and Helpman，1994）。事实上，经济增长理论研究的是长期问题，而技术进步本就是长期增长的关键影响因素之一，将其作为外生变量处理就构成了理论假设的一个悖论，而相关的假设也必定经不起经验检验。内生增长理论将技术进步内生化，来深入解释经济增长的机制，这可以说是突破这一悖论的一种努力。

罗默提出了"一个带有技术变革的单部门新古典主义模型，并对其进行了扩充，对技术变革的根源给出了一个内生的解释"（Romer，1990），后续文献对技术进步和创新的内生性从微观层面给出了大量论述和分析（例如 Grossman and Helpman，1994），就此来说，增长理论已经深入到了微观层次的经济系统运行机制。但经济主体的激励仍未构成其研究的核心问题。再以格里高利·克拉克对于"大分流"的原因分析为例，相对而言，其分析主要停留在宏观加总意义上的"马尔萨斯机制"，其所归纳的第三个原因——劳动力质量的差异——涉及微观层次，但对于导致这种差异的原因，直到其专著出版的 2007 年，他认为"目前还没有令人满意的答案"（Clark，2007，中译本第 333 页）。但他一方面说，"在现代世界中，社会环境对人们的工作态度和合作程度的决定作用被经济体系进一步放大了，这使得各国的财富差异前所未有地拉大"（同上，第 335 页），另一方面，他又并不接受制度作为关键影响因素的观点。这不能不说是自相矛盾的。

从增长机制的角度来说，源自索洛（Solow，1956）的新古典增长模型并不考虑部门差异，实际上将不同类型的经济活动聚合成一个单一的代表性部门。在新古典模型中，增长依赖于储蓄、物质资本的积累和人力资本的积累，通过开发新产品和新工艺进行创新，这样的宏观模型完全无法反映发展过程所伴随着的部门结构的转变。而在发展经济学中，自威廉·阿瑟·刘易斯（Lewis，1954）提出二元经济模型之后，古斯塔夫·拉尼斯和费景汉（Ranis and Fei，1961）将其加以扩展，将现代部门明确地与传统农业部门加以区分，并假设两者之间在经济运行的逻辑上存在明显差异。这可以说从本质上体现了发展过程中结构转变的特性。

然而，二元经济模型仍不能充分反映部门结构转变的全貌。众所周知，产业结构变化的研究起源于三次产业划分及相应的配第-克拉克定律。但这一定律论及的是就业结构而非产出结构的变化。就业结构变化反映劳动要素投入的结构性变迁，固然重要，但就产业体系的结构特征来说,产出结构具有核心地位。

就本书的研究对象来说,虽然在增长理论中也出现了"多部门"分析模型,但实际上增长理论并未真正将部门之间的差异纳入分析框架之中,因而不足以提供产业结构演变和产业政策分析的依据。

增长的"典型化事实"

通过对"典型化事实"(stylized facts)的提炼来归纳出经济学规律是一种重要的研究逻辑。通常认为,这一研究方法起源于尼古拉斯·卡尔多。卡尔多对20世纪的经济增长所归纳的六大特征被称为"卡尔多典型化事实"①,它具体包括以下六点:

(Ka 1) 劳动生产率以可持续的速度增长;

(Ka 2) 资本-劳动比率以可持续的速度增长;

(Ka 3) 实际利率或资本回报率保持稳定;

(Ka 4) 资本产出比率保持稳定;

(Ka 5) 资本所得和劳动所得在国民收入中的比例保持稳定;

(Ka 6) 发展快速经济体的增速差异较大,差距大约在2%~5%(Kaldor, 1961)。

在卡尔多的归纳结果发表将近50年后,增长与发展委员会对13个实现了快速增长的成功经济体归纳了"五个惊人的相似之处"②:

(Cg 1) 充分利用了世界经济;

(Cg 2) 保持宏观经济稳定;

(Cg 3) 具有很高的储蓄率和投资率;

---

① 汪丁丁认为,这一术语显然与韦伯的社会科学方法论的核心概念"理想类型"(ideal types)有着密切联系(汪丁丁,2015,第45页)。

② 增长与发展委员会即 Commission on Growth and Development,下文简称 CGD。委员会主席为诺贝尔奖获得者迈克尔·斯宾塞(Michael Spence)。林毅夫称该报告为"里程碑式的研究成果"(林毅夫,2012b,第90页)。

（Cg 4）让市场来分配资源；

（Cg 5）有坚定的、可信的、有能力的政府（CGD，2008，p. 21）。

查尔斯·琼斯和保罗·罗默考虑到"经济学家们现在期望经济理论应该指导我们去思考那些曾经被排除在外但难以被正式模型所捕获的重要问题"，又归纳了"新卡尔多事实"：

（JR 1）通过全球化和城市化实现的市场化程度的提高；

（JR 2）增长加速——进入21世纪以来，人口和人均GDP的增长均得以加速；

（JR 3）人均GDP的增速随着与技术前沿的接近而降低；

（JR 4）较大的收入与全要素生产率（TFP）的差异；

（JR 5）全球性的按劳动平均的人力资本的显著增加；

（JR 6）相对工资的长期稳定（Jones and Romer, 2010）。

琼斯和罗默将原先被排除在外的内生状态变量纳入了他们的模型。这些变量包括思想、制度、人口和人力资本，它们已成为增长理论关注的核心因素，而实物资本则被边缘化（Jones and Romer, 2010）。

可以看到，增长理论对典型化事实的归纳只停留在宏观层次上，并将其与微观层次的若干关键因素相联系。从总体来说，经济增长理论对于中观层次的结构变迁采取了完全无视的态度。

13个"典型经济体"的发散经验

增长与发展委员会（CGD）2008年所发表的研究报告是以13个经济体的成功发展业绩为依据的，这些经济体在二战之后实现了以超过7%的增长率持续增长25年以上。十分有意思的是，到了2013年，世界银行发布的另一份报告也发现正好有13个经济体成功跨越了"中等收入陷阱"，其依据是这些经济体1960—2008年的发展业绩，但这13个经济体与前一份报告的名单却差异颇大（世界银行和国务院发展研究中心联合课题组，2013）。事实上，两份名单中共同出现的经济体只有五个，它们是日本、韩国、新加坡、中国台湾和中国香港，其他各有八个经济体是并不相同的。也就是说，只有日本和亚洲"四小龙"是既实现了以超过7%的增长率持续增长25年以上，同时又能成功跨越"中等收入陷阱"的。由此可以得到的一个重要结论是：

即使实现了超过25年年均7%以上的高速增长，也并不能保证该经济体能够实现可持续的长期增长。也就是说，甚至中期内的高速增长也并非实现赶超的充分条件。

进一步，我们给出这些经济体最近的增长实绩，以强化以上结论。将增长与发展委员会的成果（CGD，2008，p.20，Table 1.13）扩展到最新年份，我们对这些经济体在1960—2005年和2005—2018年这两个时间段中的增长实绩进行比较，结果如表3.2所示。

表3.2 增长与发展委员会13个成功经济体增长实绩的比较①

经济体	高速增长周期**	人均GDP（2010年不变价美元）				
		1960	2005	1960—2005年均增长率	2018	2005—2018年均增长率
博茨瓦纳	1960—2005	408	5 687	6.03%	8 031	2.69%
巴西	1950—1980	3 417	9 535	2.31%	11 026	1.12%
中国内地	1961—2005	192	2 732	6.07%	7 753	8.35%
中国香港*	1960—1997	3 381（1961）	27 689	4.90%	38 782	2.63%
印度尼西亚	1966—1997	690	2 524	2.92%	4 285	4.15%

① 因数据原因，表5.1以2010年不变价美元取代原表中的2000年不变价美元，且未包括中国台湾。

续表

经济体	高速增长周期**	人均 GDP（2010 年不变价美元）				
		1960	2005	1960—2005年均增长率	2018	2005—2018年均增长率
日本*	1950—1983	8 608	44 394	3.71%	48 920	0.75%
韩国*	1960—2001	944	18 568	6.84%	26 762	2.85%
马来西亚	1967—1997	1 354	7 974	4.02%	12 120	3.27%
马耳他*	1963—1994	3 746（1970）	19 603	4.84%	28 594	1.46%
阿曼	1960—1999	2 350（1965）	17 632	5.17%	15 797	-0.85%
新加坡*	1967—2002	3 503	40 499	5.59%	58 248	2.84%
泰国	1960—1997	571	4 338	4.61%	6 362	2.99%

资料来源：世界银行"世界发展指标"。

注：* CGD（2008）报告中确认已达到工业化水平的经济体。

** 在该周期中 GDP 增长率达到年均 7% 以上，因数据可得性原因，中国香港、马耳他和阿曼以相近年份的数据替代 1960 年数据，具体年份见该栏中括号。

由表 3.2 可以看到，在增长与发展委员会分析的时间段之后，在 2005—2018 年这 13 年间，这 13 个成功经济体的经济增长表现各异。虽然总体看来似乎呈现出进一步收敛的趋势，但仔细考察则未必如此。在当时已被认定为发达国家或地区的五个经济体中，日本的增长相对停滞，马耳他的增速也较缓慢，其他三个经济体——中国香港、韩国和新加坡——则仍保持了较高速的增长。实际上，按照世界银行的划分，阿曼当时已进入高收入俱乐部，但其在后来这段时间的收入水平却趋于下降，增长率是负的。比较发展中经济体的业绩，中国内地独占鳌头，而巴西则明显滞后，其增速甚至低于马耳他。如以巴西为例，就很难得出增长收敛的结论。

考虑到这 13 个经济体在基本禀赋状况上存在着巨大差异，增长与发展委员会以此为样本来提炼具有共性的增长驱动因素能够为政策制定提供什么启发呢？如果说可以供其他发展中经济体借鉴，那么，该委员会所归纳的"惊人的相似之处"所包含的那些因素中，究竟哪些条件能够保证增长的成功？是这五个条件放在一起就构成了成功增长的充分条件吗？这个结论恐怕很难成立。那么，从必要条件的分析来说，这些都构成必要条件吗？或者只是其中的某几条是必要条件？

有一点或许特别值得关注。事实上，就理论研究与经验事实之间的关系而言，卡尔多所强调的并不是简单的理论假设"必须建立在抽象的基础之上"，而是对于"与经验所记录的经济过程的特征相适应"的抽象类型的选择。在卡尔多看来，当在两种竞争性的理论方法之间进行选择时，各自的支持者都"应该从对事实的总结开始"，而这都与所面临的研究任务相关（Kaldor, 1961）。这里将其所称"抽象类型"理解为理论模型所覆盖的范围可能是合适的；就此来说，或许是基于对理论模型数理化特征的强烈偏好，增长经济学家都无意将其模型的类型向中观层次的结构转变进行扩展。

经济增长——人均收入水平的持续上升——构成经济发展的核心，也是实现发展目标的必要条件，但如果试图对经济发展的政策提供建议，在没有对具体国情和一个经济体的特性进行分析的情况下，恐怕难以给出有效的"药方"。而考虑到经济发展必然伴随着结构变动这一基本事实，要对现实中的增长发散给出有说服力的解释，就必须将产业体系结构特征的变迁纳入分析框架之中。

结构变化的"典型化事实"

摩西·赛尔奎因指出，"研究结构性变化的一个明显原因是，它是现代经济增长的核心。因此,它是描述这一进程和建立任何全面发展理论的基本要素"(Syrquin,1988)。钱纳里则指出,"经济发展可以看作一系列相互关联的经济结构变化,是经济持续增长所必需的。它们涉及需求、生产和就业的构成,以及贸易和资本流动的外部结构。整合起来,这些结构性变化定义了经济体系由传统向现代的转变"(Chenery,1979,p. xvi)。也就是说,结构变化是实现持续增长的必要条件。库兹涅茨强调,"如果不去理解和衡量生产结构中的变化,经济增长是难以理解的"(Kuznets,1971,中译本第114页)。而且他具有更广阔的视野——"不仅在经济方面,而且在社会体制和信仰方面,都需要进行一些结构性改革,没有这些改革,现代经济就不可能增长"(Kuznets,1971,中译本第348页)。

在1973年的诺贝尔经济学奖获奖讲演中,库兹涅茨归纳了现代经济增长的六个方面的特征:

(Ku 1)在发达国家中的人均产量高增长率和人口高增长率;

(Ku 2)生产率的增长率是过去增长率的很大倍数;

(Ku 3)经济结构的快速变化,主要包括劳动力从农业转移到非农业部门,进而从工业转移到服务业;生产规模的变化,以及相应的从个人企业转向非个人组织的经营;其他如消费结构、国内供应和国外供应的相对比例等方面的变化;

(Ku 4)密切相关并非常重要的社会结构和意识形态也改变得非常迅速,包括城市化和教育与宗教的分离等;

(Ku 5)发达国家借助不断增强的技术力量,向世界其他地方扩展;

(Ku 6)现代经济增长对整个世界都产生了影响,但在占世界人口四分之三的国家中的传播还是有限的(Kuznets,1973,中译本第23页)。

在上述六个方面的特征中,就产业体系来说,最重要的是第三个特征(Ku3),而经济发展的过程总体上就是工业化的过程,在工业化过程中，制造业的发展则具有核心地位。一个十分重要的观点是，"制造业是生产率增长的主要驱动力。与其他行业相比，制造业提供了更多的机会来积累资本、利用规模经济、获得新技术，以及更重要的，促进嵌入的和非嵌入的技术变革。因此，制造业不仅生产率水平更高，而且生产率的动态性也高于其他行业，因此资源向制造业的转移蕴含着静态和动态的结构变化红利"（UNIDO，2013，p. 22）。

上述观点获得了重要的经验证据。联合国工业发展组织一项对131个发展中国家在2000—2005年发展状况的研究表明，经济增长与制造业增加值的增长具有相关性（UNIDO，2009）。亚当·希尔迈和巴特·韦尔斯帕根以88个发达经济体和发展中经济体为对象，对它们在1950—2005年长达55年间的长期发展进行了更为复杂的分析，结论显示，制造业的份额与经济增长呈正相关，而且这种影响在较贫穷的经济体更为明显，"扩大制造业在GDP中的比重，是更为快速的经济增长和经济发展的关键"（Szirmai and Verspagen，2015）。

基于上述经验证据，联合国工业发展组织2013年的报告按区域整理了分组经济体的人均GDP年均增长率和GDP中制造业份额年均增长之间的关系，结果如图3.2所示，两者之间呈现明显的正相关。

图3.2中所示的两个群组具有典型意义。其一，东欧国家作为转型经济体在一个较短时期间（1995—2007）的发展也符合这一规律：较快的经济增长与相当快速的制造业份额的上升相伴随；其二，一个相反的情况主要体现在拉美经济发展中，其制造业份额呈现下降趋势，因而其经济增长的速度也令人失望。

可以看到，库兹涅茨是在一个相当全面的系统框架中来展开经验研究的。基于本书所概括的社会大系统分析框架，我们将首先聚焦于产业结构变迁及经济系统中的关键因素，而将制度、社会和文

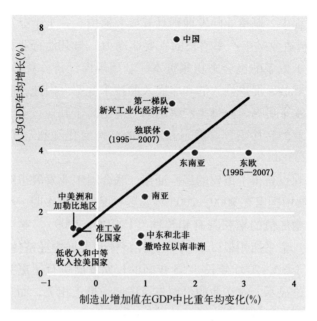

图 3.2 经济增长与制造业增加值在 GDP 中
比重的变化（1970—2007）

资料来源：UNIDO（2013, p. 23, Figure 1.5）。

化等因素放到后文中再加以讨论。

相对而言，钱纳里的经验分析更为专注于经济结构的变化。但对于产业政策分析来说，或许更重要的是，与"典型化事实"的归纳有着异曲同工之妙，钱纳里等采用"发展型式"的概念来对不同经济体的结构变迁进行类型的划分，并由此辨识导致不同类型经济体在结构变迁上存在一致性和差异性的关键因素，其中也包括发展战略的选择。从政策体系的角度来说，产业政策应以宏观层次的发展战略为导向，由此可能对产业政策方向的制定提供指导。对于产业政策效应的评估来说，"发展型式"的分析也提供了一种有效的方法，事实上，一项政策的效应究竟如何，在国际比较的视野下，需要尽可能以某种基准模式为比较的基础，而同一类型的经济体的发展经验应能提供最具可比性的比较对象。

3.2 产业政策研究的方法论

钱纳里和赛尔奎因指出：

> 跨国比较在理解经济和社会发展过程方面起着重要作用。为了从单个国家的历史经验中引出一般结论，我们必须用某种方式把它与其他国家的历史经验进行比较。通过这种比较，能够识别出发展的一致性特点，并使有关其原因的不同假说得到检验。(Chenery and Syrquin, 1975, 中译本第 11—12 页)

对于政策分析来说，"比较分析对制定和评价发展政策具有同等的重要性"(Chenery and Syrquin, 1975, p. 3)。从政策体系出发，我们将发展战略视为宏观层次的重大决策，而产业政策应是以发展战略为导向来加以制定的。在社会大系统中，经济系统的变迁受到环境因素的影响，而对任何一个具体的经济体来说，其本身所具有的特性，特别是外生决定的自然资源的禀赋有着根本性的影响，因此，发展战略的决定首先受到禀赋特性的制约，同时还受到外部经济环境的影响，从长期来说，则又受到其制度和文化的影响。

发展经验研究的方法论

钱纳里等指出，"注重生产结构的比较研究，必须把握整个经济的内在联系的性质，尤其是有关中间产品及最终产品使用流程的性质"(Chenery, Robinson and Syrquin, 1986, 中译本第 174 页)。

因此,一个全面系统的分析框架对于发展型式的提炼和分析构成必要的基础。但即便如此,在这样一个系统分析框架的基础上,对于经验研究来说,一方面受限于统计数据的可得性,另一方面,研究的方法论也有着重要影响,从政策分析的角度来说,后者或许更具重要性。

首先,就经验研究的目的来说,不同学者有着大致相同的基本共识。拉尼斯就此列举了以下四项:① 更好地了解发展中社会成功增长的原因和障碍;② 导致经济体间业绩差异的原因;③ 因自然约束所形成的不可转移性因素;④ 与人造环境的技术和政治层面相关的可转移性因素(Ranis, 1984)。

为了达成上述目标,迄今采取的研究方法大致可区分为两类:一类是"型式比较的经济计量方法"(econometric comparative patterns approach),另一类是"比较历史方法"(comparative historical approach)。第一类由钱纳里主导,第二类方法则主要体现在刘易斯(Lewis, 1954)、费景汉和拉尼斯(Fei and Ranis, 1964)等的研究中①。这一划分由拉尼斯提出,且拉尼斯自认这种划分略有夸张,"随着时间的推移,钱纳里严谨的计量经济学比较模式方法和后者更为随意的实证比较历史分析方法之间逐渐趋同,而库兹涅茨从一开始就处于两者之间"(Ranis, 1984)。

但事实上,如果以研究的理念为背景来加以比较,这两类方法论的区分或许更为重要。

虽然就具体方法来说,在某种意义上,库兹涅茨的工作(例如其1966年的文献)更多地依赖于"目测"(eyeballing)的统计数据,而不是钱纳里等更复杂的回归分析(Ranis, 1984),但他们的

---

① 赛尔奎因将类型划分的方法分为两类,其中第一类采用纯粹的统计方法(如聚类分析)把样本划分为较为同质的群体,他将拉尼斯所区分的这两类方法归为同一类,即"更多地依赖于理论论证和先验判断"的方法(Syrquin, 1988),但其所列的第一类方法似乎很少出现在文献中,应基本可略。

理念是相当类似的,即:在长期的经济发展中,不同经济体之间存在一些重要的共性因素,因而可以通过分析加以提炼,进而给出具有普遍意义的规律性的结论。

因此,型式比较的经济计量方法试图寻找一种发展的标准模式。就此来说,"关键的问题是,为什么我们期望找到一致的模式?"赛尔奎因认为,"最好和最彻底的答案"来自库兹涅茨(Syrquin,1988)。

库兹涅茨指出:"在考虑现代经济增长即自18世纪中期或后期以来的增长时,对跨国[①]因素(那些对世界潜在的共同因素)、国家因素(那些从个别国家的内部结构和增长模式中观察到的)与国际因素(那些在我们研究各国家单位之间的交互中呈现的因素)加以区分似乎是有用的。"这三大类因素中,跨国因素"是那些与现代经济增长的特征最直接相关的因素",因而也是对提炼标准模式最为重要的因素。在跨国因素中,库兹涅茨又提出了三项更具体的关键因素,其中居首位的就是产业体系(industrial system),其次是人类的需要、抱负和提高生活水平的愿望,最后则是在组成民族国家的过程中所体现出来的共同的信念和利益。第二类国家因素导致民族多样性,主要包括国家的大小、地理位置、自然资源禀赋,以及最重要的历史遗产。至于第三类国际因素,"鉴于不同国家的共存和它们之间接触的可能性,必然存在着合作与冲突、商品的和平交换、支配和剥削性侵略行为,而最重要的是知识与模仿、吸引与排斥的关系"(Kuznets,1959,p.164-166)。

跨国因素的存在为寻找和提炼具有一致性的发展型式提供了支撑。库兹涅茨强调的"关键点"是,"如果没有重大的跨国因素,就不会有各国经济增长中具有重要意义的共同特征,也就几乎没有必要进行比较研究"(同上,p.170)。类似地,钱纳里将这些称为"普遍因素",以区别于更多变的"特殊因素"。基于对所有经济体

---

① 库兹涅茨所说的"国""国家",应理解为包括地区。下同。

类似的需求和供给条件,钱纳里归纳了五项普遍因素:① 共同的技术知识;② 相似的人类需要;③ 进入相同的进出口市场;④ 资本积累随着收入水平的提高而增加;⑤ 随着收入的增加而产生的广义的技能的增加(Chenery,1960,p.626)。

另一方面,由于存在第二类因素,使得不同经济体因其在人口规模、自然资源禀赋和地理位置等诸多方面的差异而形成并不完全一致的发展模式。因此,比较历史方法论者更为强调不同经济体之间的差异。"它拒绝承认每一个国家都是独特的,因而其过渡增长经验不具有普遍性和可转让性的主张。但它也对从暴露在闪光灯下的国家数据点中得出一般增长结论的努力持怀疑态度。"因此,尽管"无论从什么角度出发,这两种方法现在都明确假定,发展中国家的各个子集之间有一种有意义的家族性的类同,使它们具有其他不发达国家不一定具有的某些独特性",但"接受这种类型方法并不意味着没有认识到这样一个事实,即就算在任何一个亚族内部,国家之间也可能而且通常存在着重要的、有益的差异"(Ranis,1984)。因此,在一定意义上,所谓比较历史方法论更倾向于对个别经济体采用案例研究式的比较分析,而不是大样本的统计分析[①]。

在一定意义上,上述两种方法具有互补性,但钱纳里等人的经验研究相对走得更远。他们采用"标准模式"这个非常重要的概念,并构成其研究方法得以确立的基础。我们不妨简称之为"标准型式研究法"。总体来说,这一研究方法的运用具有两面性[②]。

一方面,为了获得尽可能丰富并具有普遍意义的发展经验,就需要从尽可能多的经济体的发展实绩中去获得尽可能多的信息,并以此为基础来提炼出一定的规律来,为其他经济体和后续的发展政

---

① 方法论的选择在相当程度上受到数据可得性的影响。大量不发达经济体的数据只是在二战之后才逐渐积累起来,从而使得大样本的经验研究成为可能。

② 如钱纳里等在1986年的一项研究中,首先在每个收入水平上对同平均需求和平均贸易模式相应的方程求解,求得的一组解用来说明工业化的标准模式,进而再对每个特征进行国别或地区间比较(Chenery et al.,1986,中译本第70页)。

策的制定提供借鉴。就这一点来说,"标准型式研究法"有着其坚实的逻辑基础。另一方面,鉴于现实中众多经济体之间存在的各种差异,包括其各自的特殊禀赋、发展的不同阶段、所面临的不同的外部经济环境和科学技术环境等,其各自的发展实绩有着非常丰富的多样性,即使同样的工业化,也有着不同的实践路径。对于这一点,钱纳里也是十分清楚的。他说:"不同国家的结构转变绝没有一个统一的模式,因为结构转变要受一个国家的资源禀赋、初始结构以及它所选择的发展政策的影响。在极端的情况下,可能发生同微小增长甚至无增长相伴随的大规模的结构转变。"(Chenery et al.,1986,中译本第56页)

采用"标准型式研究法"进行经验分析,实际上就是要尽可能提炼出众多经济体的共性,而将其个性化的差异尽可能加以消除。这是统计回归等方法分析逻辑的本质。由此可知,经验分析所选择的样本量越大,这些样本之间的差异通常也就越大,需要被消除的差异性因素也就越多。反之,如果样本量过小,则统计检验的可信度通常也就越差。这样一种两难局面在国际比较中更显突出,因为全球的经济体数量尽管数十年来有明显增加,但跟统计检验所要求的大样本要求相比还是差得很远;而与此同时,全球经济体之间在人口规模、地理环境、资源禀赋等各个方面又都存在很大差异。为了不损失样本数,通常就不得不将差异巨大的经济体放在一起来展开经验分析,但这就导致检验所得平均值具有的代表性相对较差,因为可能有太多的经济体偏离平均值,也就是说,统计方差太大。那么,这一平均值无论对于后来者的战略选择还是政策制定的价值也就变得相对较差。

正因为这一点,钱纳里和赛尔奎因在1975年的研究中提到,如果不受到样本数量的限制,"一个显而易见的办法,是把这些国家按其结构上的若干重大差异进行分类,然后推断各组的不同型式"。但是,"显然,国家样本只能分到一定有限程度,否则细分的优点将被由此引起的样本过少而抵消"（Chenery and Syrquin, 1975, 中译本第 80 页）。

本书后文将展开的经验分析将采用样本群平均值比较并与个体偏差的分析相结合的简单方法，这样做部分是受限于样本数量，但主要的理由或许可以用库兹涅茨的下面这段话来加以说明：

> 为研究增长而提供的经济资料，很可能存在着有利于较发达国家和更近代时期的显著偏向。这意味着：即使把可取得的资料全部利用起来，也不可能对一定时期的增长过程或发展全程内的国际差别得出一个完全的、不偏不倚的图景。鉴于资料提供上的这些限制以及所研究的结构（特别是小国的）对许多特定因素（每一种都对分析上发生关系）的敏感性，由此得出的分布范围，就不可能运用以设定方差的某些一般特征为基础的正规统计方法来有效地进行研究，而必须对个别单位和特定组类进行连续的考察，因为从更为简捷的正规方法中所获得的结果，其中可能发生的错误是不易辨认的。（Kuznets, 1971, 中译本第 126—127 页）

就本书来说，这与我们对产业政策效应分析的讨论也有着直接的联系。

产业政策研究的逻辑

对于产业政策研究来说，方法论的选择甚至更具有关键意义。

以"林张之争"为例。林毅夫引用了查尔斯·舒尔茨（Schultze, 1983）所说的话："政府制定产业政策的第一个问题是，在事前我们不知道如何判定一个产业结构是优胜的产业结构。我们没有一套经济标准来确定一个国家应该发展哪些产业，也没有标准来确定哪些老产业需要保护或重组",因而就"有必要根据比较优势理论和后发优势理论,以及……产业政策实践所得出的成败两方面的经验,整理出一套可以用于指导产业政策设计的基本原则"(林毅夫,2012b,第153页)。于是,林毅夫对产业政策的制定提出了一种"增长甄别法",其实施要点包括六个步骤,其中第一个步骤是:"发展中国家的政府可以确定一份贸易商品和服务的清单。这些商品和服务应满足如下条件:在具有与本国相似的要素禀赋结构,且人均收入高于本国约100%的高速增长国家中,这些商品和服务的生产已超过20年"(同上,第154页)。林毅夫强调,"对于发展中国家实现产业升级和多样化并利用后发优势来说,这是最重要的原则"(同上,第154页注33)。由此,或许可以说,钱纳里等人归纳的标准发展型式恰恰为林毅夫的这一优势产业备选方案的确定提供了备选清单。

对此,张维迎提出了批评。张维迎不厌其烦地列出了按当年汇率计算或按购买力平价计算,在1980年、1990年、2000年和2010年比中国的人均GDP高出80%~100%的国家,发现在满足收入差距的众多经济体中,没有一个国家可能成为中国效仿的对象,因为要素禀赋差异太大。而在考虑到人口或土地面积这两个要素禀赋的条件下,印度的人均GDP低于中国,美国、加拿大、日本和韩国的人均GDP高于中国太多,而俄罗斯的经济增长则并不成功。因此,实际上中国没有可效仿的对象[①]。张维迎正确地指出,这一"增长甄别法"的错误在于,林毅夫"把经济增长和产业结构转变看成是一个完全线性的演化,……但全球化和技术进步决定了产业发展不是线性的"(张维迎,2018,第33—35页)。安德里奥尼和张夏准也质疑这是一个"完全任意的标准","经验证据表明,成

---

① 林毅夫的回应指出,张维迎忘了另一个条件,即需维持二三十年的快速发展(林毅夫等,2018,第44页)。但在附加这一条件的情况下,就更没有可效仿的国家了。

功的跳跃远比增长甄别法所建议的要雄心勃勃——例如，当韩国在〔20世纪〕60年代中期进入钢铁行业时，美国的人均收入是韩国的2 000%"（Andreoni and Chang，2019）。

当我们将钱纳里等提供的标准发展模式作为参照系的时候，另有一个值得注意的问题：就他们所完成的研究来说，应如何将政策的影响与一个经济体的禀赋条件之间的逻辑联系加以明确的分析？

拉尼斯指出，一个很有争议的问题是，"政策上的差异应该是类型划分环境的一部分，还是应该是内生的。……在增长中对预期的结构变化模式的偏离，将在很大程度上归因于性质的不同，即客观经济环境的不同。但在现实世界中，随着时间的推移，偏离'正常'的行为，无论朝着哪个方向发展，都与政府政策是否适应或阻碍基础性的经济力量有关"（Ranis，1984）。就此来说，不同的方法论有着并不相同的处理方式，也就反映了不同的研究逻辑。

产业政策以产业部门为实施对象，以系统论观点来看，我们不仅需要考察一项政策对某一个部门的影响，基于产业体系中复杂的产业间联系，我们还需要考察这一单个部门的发展对整个产业体系的影响。考虑到统计数据的可得性，以及作为经验研究基础的理论的抽象性，我们能够分析而且能够有效地对产业政策的效应进行评估的只能涉及产业体系的一些关键结构特性。

由此，一个系统完整的产业政策效应评估可按照以下步骤来展开。第一步，确定一个产业体系的若干关键的结构特性，以此作为产业体系变迁的分析依据；第二步，对所有经济体进行类型的划分；第三步，对于任何一个经济体，按照其所属类型，以该类型的"标准发展型式"为参照，对其产业体系的变迁路径做出总体评价，这一评价主要体现在其发展的绩效与该类型的平均绩效的比较上；第四步，选择该经济体所采用的关键产业政策，分析该政策对其所实施的具体部门发展的影响，进而分析对其产业体系变迁的影响。

按照上述步骤展开分析，有几点是需要加以说明的。

首先，对于产业体系的结构特性，在大量理论分析和经验研究的基础上，可以归纳出一些关键指标，但总体来说，限于本书的篇幅和数据的可得性，同时考虑到研究的目的，我们将尽可能选择最关键的一些变量加以分析。

其次，需要明确区分发展战略与产业政策。

对钱纳里等来说，"对结构改革的大量兴趣主要来自其对发展政策的可能影响"（Syrquin，1988）。钱纳里和赛尔奎因在1975年的专著中则指出，"对结构变化确定一种较一致和全面的描述，使我们能够识别奉行类似发展战略的国家。一种发展战略的选择不仅受经济结构特点，而且受政府的社会目标和使用各种政策工具的意愿的影响。……通过对奉行类似发展型式的国家进行比较，才能获得更有效的质量标准，并能对相似条件下的国家所选择的政策进行比较"（Chenery and Syrquin，1975，中译本第12页）。因此，相对而言，钱纳里等的发展经验研究首先是与宏观层次的发展战略问题直接联系的，而发展战略与产业政策并不属于同一个层次。发展战略对产业政策的制定提供指导，而产业政策则是为发展战略服务的，是发展战略实施的主要工具之一，但两者之间也并不一定存在一一对应的关系。这一点取决于政府的具体运作，因而不同的经济体之间可能呈现出较大的差异。考虑到不同经济体之间存在的差异涉及诸多方面，钱纳里等人采用的标准发展型式的研究方法为我们提供了很好的借鉴。

再者，政策属于外生变量，因而在对经济体进行类型划分的时候，应避免以政策作为划分的标准。

在1975年的文献中，钱纳里和赛尔奎因将不同经济体按照1965年的人口数以1 500万为限区分为大国和小国，进而将小国按初级产品出口导向和工业品出口导向区分为两种不同类型，具体说来，对小国的这两种类型的区分是以发展的业绩为依据的，而导致业绩差异的不同战略——进口替代或出口导向——则取决于宏观层面的政策选择。虽然"从经验角度看,很难把发展政策的影响同构成结构特点的条件分开,在极端情况下——诸如存在丰富的自然资源,结构在很大程度上决定着政策"(Chenery and Syrquin, 1975,中译本第79页),但在可能的情况下,区分结构本身和政策的影响应该是研究所追求的目标。

他们得到的"一般性结论是,在过渡国家的发展计划和政策中,可以找到这里观察到的4种基本型式的相对应点。尽管预期资源配置与实际资源配置之间有时存在巨大差别,这4组里各组中较为成功的国家的经验说明了每一种战略所特有的机会和问题"(同上,第127页)。但问题是,如拉尼斯所指出的,这里对小国的两种类型之间的区别并"不那么清楚"(Ranis, 1984)。钱纳里自己也说,这种差异是在"缺乏令人满意的自然资源禀赋的直接衡量标准"的情况下使用的一种间接衡量标准(Chenery, 1979, p. 22)。更关键的是,"钱纳里充分意识到,他在这里使用的是资源禀赋的内生结果,而不是禀赋本身,这意味着他的类型学更直接地与政府政策联系在一起"(Ranis, 1984)。

相对而言,库兹涅茨更明确地将一个经济体的国情因素与政策影响加以区分。比较历史方法论者因大多采用时间序列数据来展开个案分析,因而也可更清晰地对政策的影响进行辨识。

最后,对于资源禀赋的概念需要加以明确。

对于一个经济体的资源禀赋的界定在此具有基础性意义,因此需特别加以说明和强调。林毅夫认为:

> 分析经济发展的起点是经济的禀赋特征。一个经济的禀赋特征在任何给定时间是给定的,但会随着时间推移而变化。按照古典经济学的传统,经济学家一般认为,一国的禀赋仅由土地(或自然资源)、劳动力和资本(包括物质和人力资本)构

成。这些实际上是要素禀赋，……土地都是外生给定的，而自然资源的存量是固定的，发现也是随机的，例如矿产资源。从理论上说，也应将基础设施作为一个经济的禀赋的一部分。基础设施包括硬件（有形的）基础设施和软件（无形的）基础设施。硬件基础设施的例子包括高速公路、港口、机场、电信系统、电网和其他公共设施等。软件基础设施包括制度、条例、社会资本、价值体系，以及其他社会和经济安排等。（林毅夫，2012b，第20页）

对基本概念的廓清需从"禀赋"一词的基本含义出发。按汉语词典释义，禀赋应指人所具有的智力、体魄、性格、能力等素质或者天赋，亦作"秉赋"，因此更倾向于生而拥有的东西。而在剑桥英语词典中，endowment 的基本含义也是"天赋；天资；才能"。因此，所谓禀赋，应指先天所拥有的东西，应与后天通过其他因素的影响而生成的能力或其他资源加以尽可能明确的区分。虽然随着个人的成长或经济的发展，大量先天的天赋之质得以强化或提升，但更重要的是，特别是对经济发展来说，如基础设施等，包括无形的制度和社会资本等，均非先天所有。对任何一个经济体来说，这恰恰是将其先天资源与因政策影响而形成或产生的后天资源加以区分的关键。

因此，在一般意义上，对于经济发展问题的研究，应将天赋资源作为外生变量加以看待，并构成政策制定的决策因素或边界条件的重要组成部分。当然，这些条件并非绝对固定，包括土地边界从历史角度来说都不是一成不变的，矿产资源也可能因发现新的储藏而突然增加，但将决策的环境因素与决策本身加以混淆，就无法对两者之间的逻辑联系展开科学的分析。

为此，在下文中，我们将严格区分一个经济体的自然资源和非自然资源，并将前者称为禀赋资源，主要包括土地、矿产、地理位置和人口。就此还需说明的是，人口数量在严格意义上也受到政策的影响，人口生育率也会因经济条件的改变而改变，但从研究的合理性与可行性角度出发，我们仍将其作为禀赋资源看待，仅在少数特殊情况下分析政策对人口数量的影响。而在论及要素的时候，则又需区分要素禀赋和要素利用之间的区别。以土地为例，总体来说，该项资源是天赋的，但一个经济体是否能够有效利用其土地作为要素来投入生产，则受到政策、制度甚至文化因素的影响。在人口数量给定的情况下，人力资源数量及其使用效率同样如此。对于资本则更无所谓"天赋"之说。

基于此，可以认为，林毅夫将基础设施视为一个经济"禀赋"中的一部分可能产生误导。事实上，所谓硬件基础设施属于政府公共投资的成果，而所谓软件基础设施则又将制度的、社会的、文化的等种种不同影响因素搅和在了一起。在这样的逻辑框架下，就很难明确分析政府公共投资对改善营商环境和经济运行效率的作用，更不可能对制度和文化对经济发展带来的具有时滞效应的影响加以区分。

3.3 经济体类型的划分

对一项具体的产业政策做出评价是一件相当具有挑战性的事情。近年来流行的一种方法称为"反事实"研究，其逻辑是：假设某项政策没有实施或者采用了其他的不同政策，一个产业的发展将呈现怎样的路径？但问题是，经济政策的效应从来无法通过实验方法来加以验证，因为历史无法改变。在严格意义上而言，研究者所设想的"反事实"场景，只有在所有其他条件均保持不变的情况下，才可能成为现实场景的参照系。但这不仅无法实现，也是无论多么精细的统计方法都无法解决的问题。因此,相对来说,更具有可行性的方法还是以一个现实中的对象作为参照物,来分析政策效应,而这一方法的有效性则依赖于所参照的对象是否具备高度的可比性。

如钱纳里和赛尔奎因所说,"多数发展理论暗含地把各国按其结构特点(劳动剩余经济、初级产品出口国)或发展战略(进口替代、外向型、外援辅助)加以分类。虽然这种理论在分析发展特点时有用,但为了评价发展政策,需要把它同结构变化的更广泛经验评估相结合"(Chenery and Syrquin,1975,p.64)。可见,从经验研究以及政策效应评估的角度来说,明确地对作为发展中经济体的分析对象进行类型划分是十分必要的。

正如赛尔奎因所说,"发展的平均型式是一个有用的起点。它们提供了一个初始参考点,强调转换的均匀性。其他各种因素对资源配置有系统的影响,而对结构变化的时间和顺序的影响大于其总体性质"(Syrquin,1988)。也就是说,在充分考虑了时间和顺序的情况下,对于发展的总体战略的比较研究,可以将发展的平均型式作为参照的基准。

以可比性为首要原则,要确定任何一个经济体的参照对象,并提炼可作为分析基准或者政策效应比较基准的"标准型式",就需要对不同经济体进行类型的划分,而基于上文强调的对禀赋资源和其他非自然资源的严格区分,类型的划分应以禀赋资源的差异为依据。为此,我们将所有经济体划分为以下三种类型:资源丰裕经济体、大国(地区)和小国(地区)[1]。

---

[1] 钱纳里和赛尔奎因比较了两个维度的分类:一是以涉及发展水平的因素为主要依据,二是以对国际经济的参与为主要依据(Chenery and Syrquin,1975,第80页)。但从逻辑上来说,一个经济体的对外开放程度和贸易结构特性在很大程度上是由其禀赋资源的结构所决定的,同时也受到政策(特别是发展战略)的重大影响,因此,从基本的禀赋特征出发而不是从结构转变的结果出发来进行分类,有利于更明确地分析各类因素的影响。

以下对这几种类型的经济体进行界定，并概要讨论其发展问题的特性。不过，首先需将不具可比性的一些特殊经济体排除在外。

不具可比性的特殊经济体

在所有经济体中，有两类经济体跟其他经济体之间基本上不具备可比性：一类是人口数量非常少的"非常小国"，另一类是由世界银行划定的"脆弱和受冲突影响的国家"。

库兹涅茨和钱纳里等人的经验分析都将大量非常小的国家排除在外，但其界定的标准却并非一成不变。

库兹涅茨将人口数量少于200万的称为"非常小的国家"，在比较分析中将这样的小国排除在外。"因为像这样小的国家的经济增长是难于独立的。……在现代经济世界中，极小国家的卫星地位使其经济增长记录和其他国土较大、依赖性较少的国家的经济增长记录相比较时，在分析上就显得不合适"（Kuznets, 1971，中译本第23页）。但在同一专著中，当分析国民生产总值的部门结构变化的时候，他排除了人口少于100万的所有其他国家，但却保留了毛里求斯，原因是"在样本中欠发达的非洲国家太少了"。而"鉴于有严重依赖性的小国生产结构的不稳定性质，把它们删除看来是有正当理由的"（Kuznets, 1971，中译本第120页）。钱纳里和赛尔奎因在1975年的文献中，把1960年人口低于100万的国家排除在外（Chenery and Syrquin, 1975，中译本第20页），而在1986年的研究中，则略去了1970年时国民生产总值不足20亿美元的小国，这里所采用的标准或许跟其将研究对象设定为准工业国家和地区有关（Chenery et al., 1986，中译本第91页）。

世界银行则将150万人口作为区分的界限。"小国面临独特的发展挑战。由于它们的人口少（即这些国家拥有150万或更少的人口和经济基础），特别容易受到外来冲击，如自然灾害和气候变化。

114

由于经济机会有限和大量移民，它们往往面临能力限制。"为此，世界银行特设了一个"小国论坛"（The Small States Forum，SSF）作为重要的高层对话平台，专门讨论如何帮助解决这些小国的特殊发展需要。但实际上 SSF 并不包括所有那些非常小的国家，它由 50 个成员国组成，除了 42 个按人口定义划分的小国之外，还包括了 8 个面临类似挑战的国家，其中仅牙买加的人口较多，其他 7 国在若干年前人口均少于 150 万①。

考虑到发展是一个长期过程，对于经验研究来说，以发展较初始的阶段为出发点加以分析更为合理，并考虑到尽可能与库兹涅茨和钱纳里等人的研究具有更高的可比性即兼顾在他们之后的新的发展状况，我们设定以 1980 年人口 150 万为限，低于该限界的列为"非常小国"，这些国家在后文的经验分析中将被排除在外。

按此标准，全球有非常小国 80 个，其中目前已进入高收入俱乐部的有 36 个，占比 55%；属于中高等收入组和中低等收入组的分别有 18 个和 11 个；属于低收入组的则一个都没有。

第二类不具可比性的国家是具有高度的制度和社会脆弱性的国家。这些国家或因制度原因导致其政治秩序相当脆弱，如钱纳里和赛尔奎因在 1975 年的研究样本中所剔除的若干个"受到政治扰乱"的国家；或因长期处于战乱之中，从而严重影响了其经济发展。对大多数经济体来说，这些国家并不具有可比性。因此，我们将其排除在经验分析样本之外。

可供参考的是世界银行数据分类中划分出的单独一类——"脆弱和受冲突影响的国家"。在世界银行 2020 年的研究报告中，以 ACLED 和 UCDP 数据中每 10 万人冲突死亡人数大于 10，且 ACLED 冲突死亡人数大于 250 和 UCDP 冲突死亡人数大于 150 为标准②，

---

① 参见 https://www.worldbank.org/en/country/smallstates/overview。
② ACLED 和 UCDP 均为相关研究项目的缩写，参见 Corral et al.（2020）。

筛选出"高强度冲突国家";进而在剩余国家中,以略为降低限值的标准筛选出"中强度冲突国家";进一步在剩余国家中以"国家政策和制度评估"得分、联合国维和行动及难民人数指标为依据,筛选出"高度的制度和社会脆弱性国家"。

属于高强度冲突的国家有7个,包括:阿富汗、中非、利比亚、索马里、南苏丹、叙利亚、也门;属于中强度冲突的国家有9个,包括:布隆迪、布基纳法索、喀麦隆、刚果(金)、伊拉克、马里、尼日尔、尼日利亚、苏丹;具有高度的制度和社会脆弱性的国家共21个,包括小国和非小国两组,其中小国7个,为科摩罗、密克罗尼西亚联邦、基里巴斯、马绍尔群岛、所罗门群岛、东帝汶、图瓦卢;非小国14个,包括刚果(布)、厄立特里亚、冈比亚、几内亚比绍、海地、黎巴嫩、利比里亚、缅甸、巴布亚新几内亚、乍得、委内瑞拉、津巴布韦等(Corral et al., 2020, p.90, Figure C.1)。

资源丰裕经济体

在剔除了上述两类经济体之后,我们的分析对象共包括113个经济体[①]。我们将这些经济体划分为三大类型:资源丰裕经济体、大国(地区)和小国(地区)。

所谓资源丰裕经济体,是指其自然资源禀赋具有独特性,这就对其经济增长的模式产生了重大影响。自然资源的丰裕程度属于基本禀赋状况,因而可以此为标准将其与其他非资源丰裕经济体区分开来,作为单独一类经济体来进行比较研究。

库兹涅茨在比较国民生产总值的部门结构的时候也把这类经济体排除在外,理由是:"它们的生产结构显著地受到单一的、主要

---

① 世界银行数据中不包括中国台湾,我们将仅在数据可得的情况下将其纳入比较对象。

地是外在因素（例如石油或单一的矿产储藏）的影响。在这种情况下，相应细分部分（如矿业与采掘业）的巨大份额必然意味着其他细分部分和部门的不正常的过小的份额。"因此，"任何国家只要其矿业及采掘业的份额由于例外财富而上升到超过 10% 的都被删除了。同样的规则也应用到少数其他国家"（Kuznets，1971，中译本第 120 页）①。

就因资源丰裕带来的对增长的负面影响来说，增长与发展委员会报告指出，"这个被经济学家称为'荷兰病'的问题并不是不可克服的。丰富的自然资源并没有阻止几个国家——博茨瓦纳、巴西、阿曼、印度尼西亚、马来西亚和泰国——进入我们的 13 个成功故事榜单。博茨瓦纳的经济增长开始于钻石发现之前，并在钻石发现之后持续增长。许多中等收入和发达经济体也从容应对了资源激增。问题不在于资源本身，而在于如何处理收益（或'租金'）"（CGD，2008，p. 80）。

然而，比较一下博茨瓦纳和增长与发展委员会所提到的其他成功经济体就会发现，它们之间在发展的基本条件上存在相当大的差异，因此，如果不加以区分，可能难以鉴别出影响发展业绩的关键因素。以人口数为例，尽管将人口数设限为 150 万有一定的理由，但几十万甚至上百万人口数的差异，对一个经济体的工业化路径和资源配置战略未必具有实质性的影响。对于如巴西、印度尼西亚、马来西亚和泰国来说，其人口数达到了高得多的水平，而其资源丰裕的程度则不足以产生如小国那样对经济增长提供有力支撑的程度，因而它们所面临的挑战与其他大多数"正常"经济体几乎是完全类似的②。

---

① 在库兹涅茨的该项研究中，因矿藏资源被排除的是伊拉克、南非、赞比亚、玻利维亚和委内瑞拉，因运河被排除的是巴拿马，因战争影响被排除的是阿尔及利亚、柬埔寨和越南，因政府的巨额补贴和阿拉伯难民被排除的是约旦。

② 有些文献采用人均资源拥有量作为影响因素进行比较分析，似乎可以解决这个问题，但该方法可能难以顾及资源开发行业的规模经济性的影响。

参考世界银行 2020 年报告（Corral et al., 2020）的界定标准，采用其"自然资源租金占 GDP 比重"为指标，选择自 1970 年以来该比重平均超过 10%的经济体作为资源丰裕经济体，进而剔除上述两类不具可比性的国家，我们确定了 22 个经济体属于资源丰裕类型，具体包括：安哥拉、阿塞拜疆、玻利维亚、智利、阿尔及利亚、埃及、埃塞俄比亚、几内亚、伊朗、哈萨克斯坦、蒙古、莫桑比克、毛里塔尼亚、马来西亚、俄罗斯、沙特阿拉伯、塞拉利昂、多哥、土库曼斯坦、乌干达、乌兹别克斯坦和赞比亚[①]。

大国（地区）

以人口数量来区分大、小国（地区），是经济发展经验研究中普遍采用的做法，其理论依据是，对于人口大国（地区）来说，其国内（地区内）市场较大，因而规模经济性可能成为其发展的最为有利的因素，而因这种有利条件所获得的利益对于小国（地区）来说是难以企及的。

问题是如何设定人口数量的限界。钱纳里和赛尔奎因在 1975 年的研究中，"经过对人口在 1 000 万至 2 000 万之间的各种选择进行测定之后，大小国家[②]以 1960 年人口为 1 500 万为划分线"。如果把这一限界提高到 2 000 万，会有四个国家被移出大国（地区）组，但"这一点对回归结果不会产生很大影响"（Chenery and Syrquin, 1975, 中译本第 83 页）。在他们 1986 年关于准工业国家和地区的研究中，大国（地区）的标准则修改为 1970 年超过 2 000 万人口（Chenery et al., 1986, 中译本第 121 页）。

库兹涅茨也研究了国家大小对产业结构特性的影响。"一个国

---

① 符合这一标准但属于非常小国的有阿拉伯联合酋长国、加蓬、科威特（1980 年人口近 137 万）和卡塔尔四个国家，已被剔除。

② 包括地区。下同。

家的大小对对外贸易在生产总值中的比重有重大影响时，也就形成国外供求对国内产值结构的影响。国家的大小也可能决定其合理的经济规模，从而形成国内的生产结构而不管对外贸易的影响怎样。""为了保证每一类别都有足够的案例"，库兹涅茨选定以1000万人口作为分界线。同时，他也注意到，对于那些"真正的大国，即人口在5000万左右的国家"，在其分组后的经验数值中，"其趋向是群集在按人口平均产值的变动范围的两端。……实际上，没有一个真正的大国处于两端之间"（Kuznets, 1971, 中译本第133—135页）。由此看来，在对大国进行更细致的区分之后，有可能会发现"真正的大国"作为一个独立的类型也是具有经验意义的。

经济发展是一个长期过程，站在当下的时点上对发展的历程进行分析是一种回顾性质的研究，对经济体进行类型划分应尽可能以发展历史中某个时点的状况为依据，也就是说，应尽可能采取发展初级阶段的眼光来进行审视。为此，同时考虑到与经验研究文献之间的对接，我们采取钱纳里和赛尔奎因等采用的标准，即1960年人口在1500万以上或1970年人口在2000万以上的归为大国（地区）。有意思的是，两者筛选出的国家（地区）是完全一致的。

按此标准，并去除了资源丰裕经济体之后，列入大国（地区）的共有26个，包括：阿根廷、孟加拉国、巴西、加拿大、中国、哥伦比亚、德国、西班牙、法国、英国、印度尼西亚、印度、意大利、日本、韩国、墨西哥、巴基斯坦、菲律宾、波兰、罗马尼亚、泰国、土耳其、乌克兰、美国、越南和南非。已被归入资源丰裕经济体的埃及、埃塞俄比亚、伊朗和俄罗斯这四个国家不计在内。

小国（地区）

在划分出上文的类型之后，剩下的归为小国（地区）类型的共有 65 个经济体。

增长与发展委员会报告指出，对小国（地区）这一类经济体，"它们的案例本身就很有趣。但它们也有助于阐明规模在增长战略中的作用，以及区域一体化的潜力，即由分散的政治单元组成一个更大的经济集团"（CGD，2008，p.78）。从经验来看，小国（地区）的发展型式确实更为丰富多样。

在上述划分的基础上，在每一类型的经济体中，都存在高收入、中高收入、低高收入和低收入等不同发展水平的差异，我们将不同类型经济体的个数列在表 3.3 中。考虑到全面性，我们将未纳入分析对象的非常小国、冲突和脆弱国也列在表中。

表 3.3 不同类型经济体样本数分布

	非常小国	冲突和脆弱国	资源丰裕经济体	大国（地区）	小国（地区）	总计/样本数
高收入	41	0	2	10	26	79/38
中高收入	21	7	7	9	18	60/34
中低收入	12	13	7	7	13	47/27
低收入	2	17	6	0	8	31/14
总　计	76	37	22	26	65	217/113

注：冲突和脆弱国中有 9 个是非常小国，其中，中高收入组 2 个、中低收入组 5 个、低收入组 2 个，分别在总计数和各收入组中加以扣除。

因大国（地区）类型中没有属于低收入组者，故每个类型再按收入分组区分的话，我们的研究对象共划分为 11 个样本群。以样本数论，最少的是高收入资源丰裕经济体，仅 2 个，最多的是高收入小国（地区），共 26 个。在被排除的两个类型中，非常小国的低收入群仅包括 2 个国家，而冲突和脆弱国中则没有一个进入高收入组，达到中高收入水平的也仅 7 个国家。可以认为，非冲突和社会非脆弱性是实现经济发展目标的必要条件。

3.4　不同类型经济体的发展型式

在对经济体进行了类型划分之后，我们试图为每一种类型大致归纳出一个标准发展型式。一个发展型式应能反映发展过程的几乎所有方面，就结构变化来说，应能反映产业体系结构特性的所有重要变迁，但限于本书的篇幅，我们将主要对需求方面的影响进行探讨，并与发展战略的选择相联系。这绝不意味着供给侧的生产率提高作为一种结构特性并不重要，也绝不意味着两者之间没有联系。

我们对标准型式的刻画主要建立在钱纳里和赛尔奎因 1975 年和 1986 年的研究成果的基础上，并尽可能结合其他相关文献，利用较新的可得数据来反映近几十年来的发展状况。所获得的标准型式可以为后文的讨论提供一个比较的基准。

工业化过程及制造业的核心地位

当下的发达经济体基本上都已完成了工业化过程，但我们的分析以发展中经济体为对象，对于发达经济体，也主要关心在它们的发展过程中——也就是工业化过程中——所发生的结构变迁。为此，需要首先说明，我们的分析是以工业化过程为中心的。

制造业的发展在工业化过程中具有核心地位。赛尔奎因指出，"工业化是结构变化的中心过程"（Syrquin, 1988）。钱纳里等也指出，"在经验和理论的基础上，我们可以断言，实质上一个制造业比重迅速增长的时期的存在是结构转变的一般特点"（Chenery et al., 1986, p.350）。我们对产业政策的分析也将以制造业为核心，对非制造业的政策仅在必要时提及。事实上，如果将迄今为止的经济发展视为工业化过程的话，特别是以目前的发展中经济体的发展和发达经济体曾经的工业化阶段为主要的分析对象，那么这一假设应是合理的。

就不同部门在产业体系中所承担的职能来说，农业或第一产业在发展的较高级阶段中都成为相对特殊的行业，其发展关乎居民的基本生活特别是食品等的供给和粮食安全等问题，与技术进步和生产率提高的关系相对较弱①。至于服务业，在现代经济增长中，信息和通信行业对于整体的产业体系演变产生越来越重要的作用，为此，我们也将特别关注服务业中的这一行业。服务业中的其他行业，无论是生产性服务业还是生活性服务业，在产业体系中，其基本职能都是为制造业和其他经济活动提供服务的，也就是说，居于相对从属的地位。当然，金融业的发展至关重要，但我们将其放在支撑性营商环境这一论题下进行讨论。

在给定部门划分的情况下，在供给侧，一个产业体系的结构由其各个部门中的劳动、资本和自然资源等生产要素投入的结构来反映；在需求侧，则由居民消费、政府购买和投资品需求等结构来反映；在开放条件下，出口结构影响需求，进口结构影响供给。但从经济发展的绩效来说，主要考察产出结构的变化，供给和需求侧的结构变化均可视为产出结构变化的影响因素，但不同因素之间的逻辑联系是相当复杂的，因为还存在诸多时间滞后的差异。进一步而言，在现代增长理论更深入地提炼技术进步和知识积累的影响的情况下，这种结构变化的分析就更具有挑战性，因为前者可通过技术的部门结构来反映，后者可通过知识的部门结构来反映，但两者的度量均具有难度，换言之，其可观察性相比其他要素投入要差

---

① 必须说明，这绝不意味着农业不重要。事实上，在发展经济学中，对于农业问题的研究可构成一个相对独立的分支，但这一论题已超出了本书的研究范围。

得多。

无论从需求侧还是供给侧出发,产业结构的变化集中表现在产出结构的变化上,这是反映经济发展过程的可观察变量,而工业化是发展过程的主线。在工业化过程中,制造业的发展是核心,只有在这一基本线索指引下,才可能把全球经济发展的主要逻辑梳理清楚。

产出结构以各个部门的增加值在国民生产总值中所占比重来度量[①]。从库兹涅茨到钱纳里等人所做的大量"多国分析和时序研究都证实,结构转变最值得注意的特征,是国民生产总值中制造业所占份额的上升,以及农业所占份额的相应下降"(Chenery et al.,1986,中译本第58—59页)。但按照标准产业分类,制造业与工业的划分并不完全一致。一般而言,工业化的进程应体现在国民生产总值中的工业部门份额的增加。鉴于部门划分在库兹涅茨和钱纳里以及其他学者所做的经验研究中并不完全一致,有必要从产业划分的角度略加说明。

在《国际标准行业分类》和中国的《国民经济行业分类》中,制造业的范围是明确的,都是门类C,但工业范围的界定则有所不同。根据世界银行的数据说明,工业中除了制造业外,还包括采矿业、建筑业及电力、煤气和水的供应[②],而中国的建筑业则单独列出,不包括在工业范围之内。那么,所谓工业化过程,究竟应该采

---

① 库兹涅茨提到了类似的结构分析在"获得生产结构的合意的计量尺度的困难",主要涉及"三个概括性的课题——(一)部门的确认、(二)部门差别的可测量性、(三)资料的供给",其中的第一个问题需特别关注,无论对农业、制造业还是服务业,"考虑到技术和专业化程度的巨大差别",当我们把发达国家的部门同欠发达国家的部门对比时,"将它们看作为同一的部门是否符合实际"(Kuznets,1971,中译本第123—124页)?显然我们不可能对此进行细致的区分,但在对任何分析结果进行讨论时,都应将这一点牢记在心,特别在分析技术进步对发展的影响时更是如此。

② 这里所引用的门类划分是根据最新修订第4版,世界银行数据说明是与该标准的修订3.1版对应的,工业包括第10—45项,包括采矿及矿石(门类C,第10—14项),制造业(门类D,第15—37项),电力、煤气和水的供应(门类E,40—41项)和建筑业(门类F,第45项)。

用工业部门作为统计口径,还是采用制造业作为分析对象呢?这取决于哪种口径更能反映一个经济体在发展过程中其产业体系结构变迁的本质。事实上,关键在于,对一个产业体系作为一种生产系统来说,非制造业的工业部门究竟扮演了一种怎样的角色?

概要说来,采矿业属于自然资源开采行业,建筑业主要是为基础设施建设和房地产业投资服务的,而电力、煤气和水的供应则属于公共基础设施行业。这三个行业各自承担不同的职能。从产业链的投入-产出关系来说,采矿业属于自然资源投入,与农业相似,但不同之处在于,采矿业的发展与一个经济体的资源禀赋有着密切关系。对于那些资源丰裕经济体来说,采矿业自然成为其一定意义上的支柱产业,而对于那些自然资源匮乏的经济体来说,其自然资源主要依赖于进口。因此,这一行业的发展严重依赖于禀赋特征。建筑业受到固定资产投资特别是基础设施投资的拉动,因而与增长模式是否具有投资驱动特征密切相关。水、电、气的供应属于公共事业部门,为所有行业和居民生活提供基础性服务,尽管属于工业部门,但在相当程度上与服务业有着相似性。由此来说,将这些部门的发展与工业化相提并论,有着重大的误导之嫌[①]。

正因为此,从严格意义上来说,所谓工业化,应该是指在经济发展过程中制造业的不断成长并占据核心地位。在一定意义上,制造业的发展可视为实现工业化的等价条件。这一点虽然在主要的发展经验研究中都未予明确说明,但从大量文献所做的论述来说,实

---

① 库兹涅茨的分析以三部门划分为基础:A部门、I部门和S部门。A部门包括农业、渔业、林业和狩猎业等;I部门包括矿业、制造业、建筑业、电力、煤气和水、运输、仓储和通信等;S部门包括商业、金融、保险和房地产、住房收入,以及各种个人的、专业的、文娱的、教育的和政府的服务(Kuznets, 1971)。钱纳里等首先将所有产业划分为"可交易部门"和"非交易部门"两大类,前者包括初级产品和制造业两个部门,后者包括社会基础设施和服务业两个部门。这与库兹涅茨的分类相比主要有两点不同:一是将矿业划归初级产品部门,二是将建筑业、水、电和煤气、运输和通信放在一起,作为社会基础设施部门加以分析。钱纳里等的许多分析在更为细分的八部门框架内进行,其部门划分与国际产业标准分类有明确的对应关系(Chenery et al., 1986)。

际上都明确地或隐含地存在基本的共识。如拉杰什·钱德拉明确地将工业化定义为"国民生产总值中制造业所贡献的份额的增加"（Chandra，1992，p.4）。但这也并非所有研究都认可的界定，如格申克龙的研究是按照工业部门的口径展开的，而其对意大利的研究包括了采矿业（Gerschenkron，1962，中译本第95页），在对保加利亚的研究中则包括了矿业（同上，第282—283页）甚至建筑业（同上，第262页）。

三次产业就业结构的变化

在产业体系的所有结构特性中，三次产业结构是最粗略但也是最基本的一个结构特性。我们首先对配第-克拉克定律在不同收入水平和不同类型经济体的表现做一个比较。

采用世界银行的人均GNI（图表集法）四分组划分，这些经济体的就业结构在1991—2016年的变化如表3.4所示。

表3.4 不同收入分组三次产业就业人数占就业总数的百分比（%）

	1991			2016		
	农业	工业	服务业	农业	工业	服务业
高收入	6.62	31.08	62.30	3.06	22.71	74.23
中高等收入	45.67	26.60	27.73	17.14	25.78	57.08
中低等收入	58.36	15.72	25.92	39.54	21.78	38.68
低收入	75.31	8.21	16.48	67.67	10.34	21.99

资料来源：世界银行"世界发展指标"，模拟国际劳工组织估计。
注：指标显示为农业、工业和服务业，三者之和等于100%，故应与三次产业划分完全对应。

容易看到，在这25年间，高收入组的第一产业和第二产业的就业比重明显下降，服务业比重明显上升；中高等收入组的第一产业就业比重剧烈下降，第二产业就业比重略有下降，服务业就业比重剧烈上升；中低等收入组的第一产业就业比重也呈现剧烈下降，相对中高等收入组来说，其第二产业就业比重上升更为明显，但服务业就业比重上升较为缓慢；对于低收入组，虽然也呈现了一定程度的就业结构变化，但幅度明显较低，似乎刚刚处于起步阶段。

上述结构变化的趋势是相当稳定的，几乎不存在明显的波动。这就很好地验证了配第-克拉克定律。在克拉克发表《经济进步的条件》60年之后，这一定律仍然在起作用，可见其确实把握了经济发展所伴随的就业结构变化的本质。

但值得强调的是，上述数据都是各个收入水平组别的平均值，因此也就抹平了同一个分组内不同经济体之间的差异。也就是说，配第-克拉克定律在平均意义上是完全正确的，但对于单个经济体来说，其就业结构的变化很可能并不完全符合这一定律。

工业化与制造业增加值比重的变化

基于制造业发展作为工业化核心的理念，需要考察制造业在GDP中所占比重及其长期变化的路径，并与工业所占比重进行对比。我们仍然先考察按收入水平分组的平均结果。

对133个经济体按照收入水平分组和按照类型划分并取各组平均值，可以从两个维度分别考察工业增加值和制造业增加值在GDP中所占比重的变化，结果如图3.3和图3.4所示。

如图3.3所示，高收入组的工业和制造业增加值在GDP中所占比重在1974年分别达到最高点（36.47%和20.95%），然后就一路下行，在2009年开始走平：前者保持在25%左右，但在2016年降到最低点（24.83%），2018年略有回升到25.47%；后者2009年就是最低点（14.37%），2017年是近年来的最高点（15.34%）。

对于中高收入组，其工业增加值所占比重在1977年、1989年

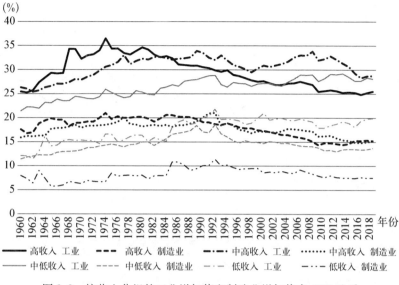

图 3.3 按收入分组的工业增加值和制造业增加值占 GDP 比重
资料来源：世界银行"世界发展指标"。

和 2008 年有三个峰值，分别为 33.02%、33.92% 和 33.83%，但 2008 年国际金融危机之后明显下降，2018 年为 28.14%；其制造业增加值比重在 1977 年也有一个峰值（20.11%），其后在 1992 年达到最高值 21.03% 之后便显著下行，2018 年为 15.14%。

中低收入组与中高收入组类似的是，工业和制造业增加值所占比重自 1960 年起便稳步上升，但之后的走势明显不同：前者在 1992 年达到 28.85% 这一峰值之后，就保持在相对平稳的水平上，2013 年最高值是 29.22%，2018 年为 28.14%；后者在 1989 年和 1992 年分别达到两个峰值 18.40% 和 18.61%，之后竟产生了跟高收入组相当接近的下行趋势，直到 2012 年（13.01%）之后才走平并略有回升，2018 年是 13.72%。

低收入组的总体趋势跟中低收入组非常相似，它们都在 1992 年达到最高值（21.79% 和 11.38%），2018 年分别为 19.88%

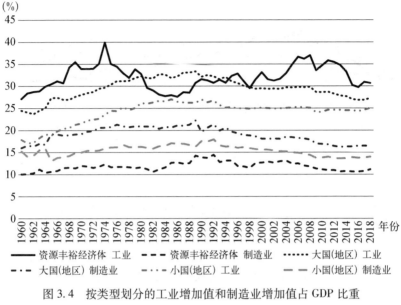

图 3.4 按类型划分的工业增加值和制造业增加值占 GDP 比重
资料来源：世界银行"世界发展指标"。

和 7.50%。

比较这四个收入组的变化趋势，可以认为，高收入组在 1974 年之后较明显地进入了后工业化阶段，而 2008 年国际金融危机似乎使得这一趋势得以停滞，或者说这一结构特性变得稳定下来。这一过程持续了 35 年。对于其他三个组来说，大致都从 1960 年开始（此前的数据不可得）便进入了工业化过程，随后都在 1992 年前后改变趋势，走平甚至下行，其中低收入组的制造业比重始终处于相当低的水平，仅在 1985—1994 年这十年中的较多年份超过 10%（最高值是 1992 年的 11.38%），2018 年仅为 7.50%。注意到中低收入组也是在这段时期中将制造业增加值比重保持在超过 15% 的水平上，之后就基本上没有再超过这一限界，这或许可以作为一个证据，表明较高水平的制造业发展是实现经济发展目标的必要条件。

比较制造业和工业增加值这两个比重的差异，或许更能说明制造业的发展在工业化过程中的核心地位。但这一特性在按类型划分的观察结果中应该体现得更为明显。

如图3.4所示，比较三个不同类型的样本群在这两个产业体系特性上的变化趋势，可以发现，制造业增加值和工业增加值在GDP中所占比重的差异是资源丰裕类型非常显著的特征。特别是，我们可以从两者不同的波动变化中了解资源价格对这类经济体的重大影响。

事实上，资源丰裕经济体中大多数是依靠石油资源来获取大量收益的，因此，原油价格的波动会对其经济产生重大影响，而这种影响主要体现在其石油出口所获得的外汇收益上，对其制造业的影响则要小得多，因此，这两者的偏离在原油价格高涨的时期就明显增大。众所周知，20世纪的第一次石油危机发生在1973—1974年，其后又在1980年和1990年出现了两次危机，而进入21世纪后，自2007年初开始，国际油价屡创新高，到该年底达到创纪录的每桶97美元，2008年的第一天则突破每桶100美元。到该年的7月11日，创下历史最高交易纪录每桶147.27美元。对应于此，资源丰裕经济体的工业增加值占GDP比重在1974年达到最高值39.91%，2008年为次高值37.01%，1979年和1990年则分别达到局部峰值33.86%和32.17%。

但在资源丰裕经济体这一样本群中也存在着较明显的差异。主要的石油出口国沙特阿拉伯和伊朗1974年的资源租金占GDP比重分别高达70.00%和49.62%，而它们各自的制造业增加值占GDP比重分别仅为4.88%和8.74%，也就是说，它们仅靠资源租金的收益，就分别跻身于高收入和中高收入俱乐部[①]。总体比较而言，在

[①] 1974年资源租金占比最高的是两个非常小国——卡塔尔和科威特，占比分别为80.26%和73.54%。

这类经济体中,制造业占比最高的是智利,可以被认为是成功打破"资源诅咒"的案例。这一话题更多涉及发展战略的选择及其影响因素,我们将在下一章再做讨论。

制造业发展与"中等收入陷阱"的跨越

处于经济发展不同阶段的经济体,其面临的挑战并不完全相同,这一点从"贫困陷阱"和"中等收入陷阱"这两个概念的讨论中即可知晓。对于处于起步阶段的经济体来说,制造业所占比重必定是从一个相当低的水平开始提升,而对于已经处于较高收入水平的经济体来说,这一比重应更能反映其对工业化进程的影响,其与工业增加值所占比重的差异或许也能为发展的绩效差异提供解释。

为此,我们以"中等收入陷阱"为核心概念,比较一下成功跨越和掉落陷阱之中的经济体在这两个指标上的差异。

我们在上一本书中对"中等收入陷阱"的概念做了严格界定,并在梳理了相关文献和统计数据之后,剔除了那些不具可比性的特殊经济体,确定了8个成功实现跨越的国家和7个已经陷落到陷阱中的国家,前者包括日本、以色列、希腊、韩国、波兰、葡萄牙、西班牙和智利;后者包括阿根廷、巴西、马来西亚、墨西哥、罗马尼亚、俄罗斯和南非(郁义鸿和于立宏,2019,第58页)[①]。剔除数据不足的几个国家,我们比较智利、韩国、阿根廷、巴西、马来西亚、墨西哥和南非的制造业增加值占比变化趋势,其三年移动平均值的变化如图3.5所示。

正如近年来很多文献所讨论的,不少发展中国家在达到发达国

[①] 这些国家分别在1987—1992年间进入中高等收入组,迄今停留在该组的时间长度已达27~32年。

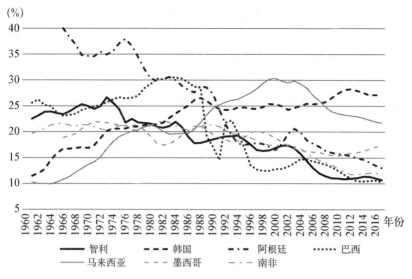

图 3.5 跨越与陷落"中等收入陷阱"国家的制造业增加值占 GDP 比重
资料来源：世界银行"世界发展指标"。

家水平之前，就呈现了过早的去工业化现象。如图 3.5 所示，除了韩国之外，其他国家的制造业增加值占比都或早或迟地趋于下降。韩国的该值在 1988 年达到 26.55%，在略降了一段时期之后，又于 2012 年达到最高值 28.30%。在掉落陷阱的几个国家中，阿根廷是最典型的案例，其曾经达到 40% 的比重，但现已跌至 13% 左右。相比之下，巴西也曾经达到超过 30% 的高度（1983 年的 30.59%），但其下降也更为快速，近年来已跌到接近 10% 的低水平。马来西亚跟巴西的趋势相当接近，只是在时间上滞后了 17 年，其 2000 年的最高值是 30.38%，之后的下降则略为平缓。除此之外，值得注意的是，同样已经成功跨越陷阱的智利也是在 1973 年达到最高水平 26.67% 之后一路下滑，现在也已跌至接近 10% 的水平。这一案例是否足以否定制造业的发展是成功实现工业化的必要条件这一判断，还值得我们做进一步的探讨。

基于制造业占比的长期下降，这些国家是否将无法跨越"中等收入陷阱"？按照某些研究者的观点，由于服务业中特别如信息和通信服务业的发展导致的产业体系特性的变化，制造业在工业化过程中的地位有所改变，因此这些国家仍然可能实现其长期增长的目标。这涉及技术进步对增长的长期影响，也涉及全球化这一关键的环境因素的影响；这也不仅与一个国家所选择的长期发展战略有关，其是否又有着产业政策的巨大影响？这是后续两章的研究主题。

4
发展战略与发展绩效：历史视角的分析

在三层次的经济系统架构中，一方面，产业政策着眼于中观层次的产业结构变迁，但其效应归根结底是通过影响微观主体的行为来间接地实现的；另一方面，从宏观层面来说，政府的战略目标对于具体的产业政策具有直接的指导意义，而政府的战略选择则受到其所处外部环境的重大影响。

在本章中，我们就外部环境的影响展开讨论，这主要涉及两项因素：一是经济全球化，二是科学技术的进步。科技进步跟产业体系变迁和具体部门的发展有着更直接的联系，本章仅就经济全球化背景下的发展战略选择进行讨论，而将科技进步的影响放到下一章再做分析。

在此，需再次明确我们对于理论-现实-政策三者之间关系的理解，特别是对于政策这一外生变量的理解。基于本书的研究框架，政策在总体上属于外生变量，或者说，相对于发展战略这一较为长期的宏观"政策"，其关键的决定因素是在更长期中才会发生变化的制度和文化①。在此意义上，尤其对于全球化这样的环境变化来

---

① 我们在一般意义上将制度视为长期因素，但在现实中，个别国家的制度可能在短期内发生重大变化。

说，政策具有更强的外生决定的特征。虽然在理论上，发展战略的制定似乎有大量的理论和经验证据可提供支撑和借鉴，但在现实中，战略的制定者和具体政策的制定者未必具有那么高的理论素养，更重要的是，他们还需对当时当地所处的现实环境进行全面评估，而决策者对其所处的制度环境及其文化背景则未必都有十分清晰和深刻的认知，而这两者所产生的影响从长期视角来看可能远为重要得多。

4.1 发展的历史视角研究

对于经济发展的经验研究来说，霍奇逊对于时间-空间关系的强调具有特别重要的意义：

> 因为在社会-经济系统之间既存在时间的区别，又存在空间的不同。特殊的类型在原则上不局限于空间或时间。这样一种现象是可能的——但是在社会领域内是不可能的：一种类型的社会-经济系统的两个个例会在不同的时间或空间出现。……更为确切地说，我们的问题可以被重新规定为"历史与地理的特性问题"。（Hodgson，2001，中译本第29页）

理论的建构建立在实证性的分析之上，经济增长理论和发展经济学也不例外，但由于用于观察和度量经济系统的统计体系——包括统计指标体系和整个统计工作系统——也是逐步发展起来的，因此，大量的研究都在很大程度上滞后于现实经济的发展，这一点对于发展中经济体更具现实性。但即使如此，历史视角的研究仍十分必要，甚至更为必要——毕竟对于经济学来说，任何理论都应该是可以被证伪的,而证伪则必须以事实为依据。

发展的成功与失败

就发展的历史经验来说,如何对于发展成功或者失败的原因进行解释,始终是充满争议的。以处于产业政策论题中心地位的东亚经济为例,如坎凯素·贾扬塔库马兰所说,"迄今为止,还没有一个公式或标准方法能够解释新兴工业化经济体成功的社会政治原因。各个经济体的经验在历史、文化、禀赋、政策和制度上各不相同。与此同时,亚洲'四小龙'都来自同一地区,这种发展并非巧合"(Jayanthakumaran, 2016)。这些经济体都不属于自然资源丰裕类型,由此产生了至少四种不同的解释:结构主义、新古典主义、文化主义和地理因素。

新古典主义的解释强调市场机制的作用。贝拉·巴拉萨概括说:"激励体系的中立性和稳定性,加上有限的政府干预,运转良好的劳动力和资本市场,以及对私人资本的依赖……一直是东亚经济取得成功的主要因素"(Balassa, 1988)。在宏观层次上,库兹涅茨则认为,东亚经济体比其他发展中经济体更接近于提供以下两项要素:① 稳定的宏观经济环境,有助于促进储蓄和投资;② 竞争性的、开放的经济结构,有助于促进企业自发的、有效的增长(Kuznets, 1988)。"现代版本"的新古典主义则更强调投资,特别是对人力资本和基础设施方面的投资(Petri, 1997)。

结构主义观点强调的是政府干预对东亚经济成功发展的关键作用。可以认为,结构主义是支持流行的产业政策观的主要的理论来源。"结构主义(市场不友好)相信内部导向的发展战略,认定国家或地区当局'管理'市场的规则。根据这一思想,亚洲'四小龙'通过保护和培育境内产业,对制造业进行了结构性转型。国家或地区当局的干预有利地将资源从初级生产阶段分配到不同的生产阶段。国家或地区当局在必要时提供奖励，以促进要素市场的竞争"（Jayanthakumaran，2016）。这些恰恰构成了产业政策论证的诸多议题①。

第三类重要的观点强调文化的作用。文化主义观点认为，东亚经济体所共同具有的特征是儒家传统，而这对主体之间的经济行为、社会组织和治理方法产生了巨大影响，包括由儒家文化导致的可能特别高的储蓄倾向和教育投资，以及强大的官僚机构等。

第四种观点强调地理因素，彼得·彼得里称之为"传染"（Petri，1997）。毫无疑问，这种观点的产生有着足够的理由，因为这是"东亚奇迹"一个十分明显的共同特征，即其所处的地理位置的相近。事实上，这与全球化有着密切联系。全球化的基本动因在于运输成本和信息成本等的降低，而这对于处于同一个区域的经济体之间的联系自然是一项有利因素。因而，区域联系应该构成东亚经济增长的重要原因，包括商品流动和相互的投资，以及关于技术的、知识的交流。"这些在二战后初期就已经很牢固的外部联系，由于该地区面向外部的发展战略而得到加强。因此，单独的东亚经济体联合起来可能比它们孤立起来要成功得多"（Petri，1997）。这一观点可以由流行的关于"雁行模式"的讨论得到反映，而所谓"雁行模式"的基础应该是不同经济体之间在产业体系上存在的互补性，这就与具体的产业体系特性有着密切联系。

就上述四种观点来说，除了地理环境理论有着明确的分析对象和因果逻辑，其他三种理论相对来说都强调某一个方面的因素，所涉及的变量则绝不是单一的，甚至很难用少数几个关键变量来加以

---

① 学界对"结构主义"的理解并不完全一致，而不同观点之间存在密切联系。例如，《新帕尔格雷夫经济学大辞典》中的这一词条给出的解读是："结构主义的分析提倡关注一个系统的整体和元素之间的相互关系，而不是孤立地对单个元素进行分析……结构主义本质上是一种挑战经验主义和实证主义方法的理论方法。结构主义在人文学科和社会科学的几个学科中都有特色，但不是一个有凝聚力的思想流派"（Blankenburg et al.，2018）。

论证。基于本书所强调的分析框架,我们认为,只有在变量之间建立因果联系的基础上,同时明确区分内生变量和外生变量,区分时期的长短,才可能将整体的系统运行逻辑梳理清楚,在此基础上,也才可能将产业政策的效应尽可能地加以分离,从而判断政策的有效性。

就经验证据来说,大量的研究提供了大量证据,但这并不意味着就能够形成共识。例如,彼得里指出:"尽管这些争论产生了深远的后果,但关于市场失灵的重要性,几乎没有实证证据。"事实上,"只有两个——韩国和程度较轻的中国台湾——在相当长的时间内奉行了结构主义政策",而其他几个经济体则"采取了相对不受管制的策略,或者尝试并放弃了干预,或者采用了与结构主义处方不能调和的方式进行干预"(Petri, 1997)。这就涉及产业政策的具体方案和实施效果,而对于经验研究结论的质疑,不仅可能来自其所采用的数据,还来自其采用的统计检验的方法论,但最重要的,无疑是研究的基本逻辑的合理性,而这恰恰是以对于经济系统运行的因果网关系的整体判断和梳理为基础的。

历史视角何以必要

鉴于经济体系的高度复杂性,我们对经济体系的动态变化的描述也必须是高度抽象的。对一个三维系统在时间维度上的连续变化的精确描述,同样是一项不可能完成的任务。那么,从研究的目的出发,我们需要分析的关键问题是:对于经济发展来说,作为一个长期的变化过程,一个经济系统将发生哪些变化?能够反映这一变化过程实质的是哪些指标?影响这一变化过程方向以及使得一个经济体从不发达变为发达的关键影响因素有哪些?

要回答上述问题,关键在于,我们需要采用历史的视角。也就是说,我们要把研究对象放到其所处的历史环境中去进行分析。对于所谓历史视角的理解,格申克龙给出了精彩的论述:

历史研究的本质在于，将通过各种经验方法推导的假想的一般结论应用于经验材料，并检验其吻合的严密程度，以期通过各种方式弄清楚某些确实存在的一致性、典型的情况以及在这些典型情况下单个要素之间的典型关系。这些都不适宜采用简便的推断法。人们所能做到的，只是从以往历史的浩瀚积淀中萃取可以应对当前材料的各类富于理解力的问题。

　　经济政策领域的所有决策，本质上都是关于如何将诸多相关因素结合起来的决策。而史学家的贡献则在于，指出各种潜在的相关因素以及它们所可能形成的重要组合，这些因素在一种具有更多限制的经验领域是难以被发觉的。（Gerschenkron，1962，中译本第 10 页）

　　历史视角对于经济发展问题的研究具有特别重要的意义，因为要回答与经济发展有关，特别是与我们所聚焦的产业政策有关的问题，就必须展开国际比较，而离开了历史视角的研究，国际比较的合理性和可信度将大受质疑。

　　国际比较通常采用两种方法，关注两类问题：一是，对于处于同样的发展阶段的经济体来说，其所处的历史环境存在何种差异，这种差异对不同经济体的经济发展带来怎样的影响？这里并不仅限于政府行为，还涉及企业行为和消费者行为，涉及中观层次的产业成长等；二是，在同一个历史环境下，处于不同发展阶段的经济体在政策和各主体的经济行动中存在怎样的差异，这种差异在理论层面和实践层面各自产生了什么影响？[①]

[①] 具体到经验研究，第二种方法对应于截面分析。库兹涅茨指出，"国际性截面对比的结果对表明生产结构中的趋势（无论是回溯过去或展望将来）来说，都是不可能提供可靠的根据的。但是截面对比的结果同经济增长进程中对趋势直接观察的结果之间出现的任何不一致，就有助于鉴别出哪些是在一定时期内在增长中起作用而在截面资料中没有反映出来的特定因素。而且，截面资料就其本身来说也是值得注意的。因为它揭示出世界当今结构中的重要差别"（Kuznets，1971，中译本第 114 页）。

就现有的大量文献来看，第二种方法是被普遍采用的，而第一种方法则为大多数学者所忽视。从某种意义上来说，第一种方法才是真正具有历史视角的。将时间拉长了看，采用第一种视角的研究中需要提炼的是，作为发展中经济体，当其处于不同的历史时期的时候，其面临的发展环境究竟有着哪些关键的差异？事实上，甚至对于经济体本身而言，作为一个相对独立的经济实体，这一系统在一些基本特性上与发达国家存在哪些不同，而这些不同对于经济政策特别是产业政策的制定和实施又具有什么重要意义？

当我们采用历史研究的视角的时候，同样不可忘记的是，如贝塔朗菲所说，"科学本质上是一种一般规律研究法。它以自然界中可重复的和可再发生的事件作为事实基础来建立定律。与此相反，历史并不重复自身。它只发生一次。因此，历史学只能是特殊规律研究法，即对发生在或近或远的过去的事件的描述"（Bertalanffy，1973，中译本第188页）。也就是说，即使我们从历史研究中获得了什么可称为规律性的东西，当我们将其应用于当下或未来的政策制定的时候，切不可忽视政策应用当时的环境因素和内在的各种因素的特殊性。

发展是一个长期的过程。如果将一个经济体的发展比喻为作为个体的人从儿童到成人的发育过程，那么，发展中经济体类似于一个未成年人，其在骨骼、肌肉、各种器官包括大脑等方面均处于尚未发育成熟的状态。一个经济体的未成熟状态体现在哪些方面？至少，由于不发达，整个经济体系的运作和作为经济主体的政府（官员群体）、企业（或企业家群体）和消费者（劳动者群体）等在知识和能力上也就都存在不足，市场体系不完善，政府行政体系也不完善，等等。类似地，对于一个未成年人来说，最终或成长发育为一个正常的甚至超常的成人，或不能正常地发育，其所处的家庭、社会等环境也是重要的影响因素。而从经济体系运作的外部环境来说，至少也还需要关注工业革命以来整个国际经济所发生的重大变化，主要的线索包括：经济的全球化和科学技术的发展。

因此，在发展战略与发展绩效之间所存在的基本因果联系看似简单，即可以将发展战略视为影响发展绩效的关键因素，但实际上却相当复杂。问题在于，由于环境的差异，同样的发展战略可能产生不同的发展绩效，而不同的发展战略则可能导致相似的发展绩效。这里的环境可以包括内外两个方面，本章主要讨论外部环境即全球化的影响，但在讨论具体案例的时候，对于某一类型的经济体，其内部因素的差异可能变得更为关键。例如，在不同的制度下，发展战略的制定可能是不同的，因为政府的目标是不同的，绩效的差异也可能因为政府的运作效率而存在巨大差异。由此可见，对于历史研究来说，只有在尽可能保持可比性的情况下，比较分析的结论才更具有可信度。

发展阶段的划分

以历史视角，发展的环境因历史阶段不同而不同，而各个经济体的发展在长期中又呈现出明显的阶段性。基于不同的视角和所强调的不同的维度，对于发展阶段的划分有着多种不同的视角和观点。

在经济学史上具有广泛影响甚至引发激烈争论的是华尔特·罗斯托的发展阶段理论。罗斯托所划分的发展阶段包括传统社会、前提条件阶段、起飞阶段、向成熟推进阶段、高额大众消费阶段和追求生活质量的阶段（Rostow，1960，1971）。此外，青木昌彦则将发展的过程划分为五个阶段，即马尔萨斯式的贫困陷阱阶段（M 阶段）、政府主导的工业化阶段（G 阶段）、库兹涅茨式的产业结构变化和获取人口红利阶段（K 阶段）、依靠人力资本推动生产率提高的阶段（H 阶段）和面对老龄化挑战的后人口转变阶段（PD 阶段)(Aoki,2011)[1]。

罗斯托和青木昌彦的阶段划分都是综合性的,发展的基本动因是人均收入水平的提高。发展中经济体和发达经济体的差异主要体现在人均收入水平上,因此,按照人均收入水平来划分发展阶段,是最符合常识也最具综合性的。我们在大多数情况下采用世界银行以图表集法人均 GNI 为指标划分的高收入、中高收入、中低收入和低收入四个分组的方案,以此为据,一个经济体所属的组别即可以大致反映其所处的发展阶段。

但当我们聚焦于发展战略和产业体系演化的时候,由于多种关键因素的影响,同一收入组中的不同经济体可能呈现相当不同的场景。如拉尼斯所说,就转型发展的概念来说,"它对经济发展持有演化的或变质的观点:它设想每个主要类型的发展中经济体转型过程都存在分阶段,每个分阶段的特点是一套独特的结构特性和不同的操作方式"(Ranis,1984)。因此,有必要参考其他的关于发展阶段的划分方法。

产业体系的变迁以工业化为主线,而制造业的发展是工业化的核心。钱纳里和赛尔奎因在 1986 年的研究中提出了一个准工业化阶段,其界定的基本划分标准"是这样一个时点,在这点上制造业对增长的贡献开始超过初级产品生产的贡献"。但在进行分类的时候,对不同类型经济体又略有不同,如"大国进入准工业阶段的标志是贸易水平较低而进口替代发生得较早,这是大国经济的基本特征"(Chenery et al.,1986,中译本第 117 页)。从研究的逻辑来说,实际上,他们的划分标准在一定程度上混淆了发展战略作为宏观层面的政策指向和政策实施的效果,虽然两者之间无疑存在相当重要的甚至是关键的因果联系,但要将其间的逻辑联系辨识清楚,只有在将两者加以明确区分的情况下才有可能。这一点是本书多次强

---

[1] 参见郁义鸿和于立宏(2019,3.2 节)关于发展阶段划分的概要述评。

调的。

从历史视角出发,发展阶段的划分提供了一个基本的背景。在此基础上,当我们分析全球化这一国际环境因素对发展的影响的时候,就需要关注不同经济体所处的不同的发展阶段。全球化有着不同的周期,在同一周期环境下,不同经济体可能处于不同的发展阶段;而不同经济体的相近发展阶段所处的全球化周期却可能完全不同。因而,全球化对发展产生的影响可能存在重大差异。这不仅对于一个政府的对外贸易的战略选择构成重大的环境约束,也对于一个经济体中的企业业务发展和经营产生重大影响。这一点对于科技进步这一重大环境因素也是完全类似的。

4.2 经济全球化与开放战略

经济全球化对于任何一个经济体的发展都产生了重大影响。然而,关于全球化的论争也跟产业政策相似,其益处和负面影响,对发达经济体和发展中经济体影响的差异,对增长收敛或发散的影响,都存在不同的甚至完全相悖的观点。按照伊斯特利的归纳,"关于全球化的辩论涉及的问题多得惊人,……从经济学家和非经济学家的著作中得出的一份不详尽的问题清单"包括了十个方面的问题,其中经济学家主要关注的五大问题是:① 自由化相对于对国际贸易资本流动和人口迁徙的管制;② 由(国内或国际)商品市场、资本市场、私有化、宏观经济危机、知识产权等引起的市场缺陷;③ 对国际货币基金组织和世界银行的业绩特别是包括它们的政策处方("华盛顿共识""休克疗法"或"结构调整")的评价;④ 自由贸易和资本流动对富国工人("外包")和穷国工人("血汗工厂")的影响;⑤ 世界的极端不平等和贫困(Easterly,

2018)①。

就本书的论题来说，我们以全球化的度量为基础，在已划分的类型的基础上，对一个经济体在全球化背景下的开放战略及其发展绩效之间的联系进行分析，以便为后文的产业政策评估提供基础。我们的分析是概略性的，同时采用部分案例来为分析的结论提供支撑。

全球化进程概要

经济史学家凯文·奥罗克论及的全球化"主要是指商品、劳动力和资本的国际市场一体化"，但他所说的"所谓市场一体化"，却并非一种可观察的度量指标，而是指引发市场一体化的各种关键因素，如"国际商业成本的下降，即跨国或跨洲进行货物、人员或资本转移的成本下降"，而使得国际商务成本下降的进一步原因，"可能要归因于技术进步，如更先进的航海技术、新发现的远洋路线、更加有效的陆上或海上运输，也可能要归因于国际经济一体化的政治因素，如地缘政治的稳定局面或者采取更加自由的国内贸易政策。技术转让是全球化的另一个重要的经济维度，对经济增长的长期动态至关重要"（O'Rourke，2019）。类似地，世界银行的报告则指出："社会和经济日益一体化……是以下一些因素作用的结果：下降的运输成本、更低的关税壁垒、观念的迅速传播、日益活跃的资本流动以及不断增强的移民压力"（Collier and Dollar，2002，中译本第1页）。

以可观察的商品、资本和劳动力的流动为依据，世界银行的报告认为，迄今已发生了三次全球化的浪潮。现代全球化的第一波浪

---

① 其第6至第10项包括"资本主义（'新自由主义'）与其他制度的对比"，以及文化、政治权力分配、环境和军事，我们对其中的第6项制度将有所讨论，其他四项基本上超出本书范围，此处从略。

潮发生在1870—1914年。在这次浪潮中，"商品、资本和劳动力的流动都急剧增加。出口占世界收入的比例几乎翻了一番，达到8%左右。……总的劳动力流动规模接近世界人口的10%"（同上，第2页）。此后，由于第一次世界大战、大萧条和第二次世界大战的发生，全球经济一体化出现了巨大的倒退。到20世纪40年代末，贸易在收入中所占的比例大约回到了1870年的水平。再往后，1950—1980年出现了第二波全球化浪潮，而这波全球化浪潮"几乎是第一次浪潮的翻版"（同上，第17页）。第三波全球化浪潮大约开始于1980年，不同于第二次浪潮的特征——富国之间的一体化，这一波的"新全球化浪潮具有独特性"，"最引人注目"的是，"一大批发展中经济体打开了国际市场"，其表现是，制造业占发展中经济体出口的比例从1980年的不到四分之一上升到1998年的80%以上。但"其他发展中经济体与世界经济日益脱离，饱受收入下降和贫困上升之苦"。此外，"第二次全球化浪潮期间几乎没有出现的国际移民和资本流动，再次大规模出现"（同上，第23页）。

上述对于全球化浪潮的划分并未得到所有学者的认同。按照丹尼·罗德里克所说，"大多数经济历史学家认为1914年之前100年的全球化，是第一波全球化"。罗德里克的依据是："从19世纪初开始，世界贸易增长速度突飞猛进，每年增长差不多4%，这是前所未有的，而且这种现象持续了整整一个世纪。"除了贸易量之外，资本流动和人口迁移数量的变化也构成其判定的主要依据（Rodrick，2011，中译本第21页）[①]。对此我们不拟深究，因为我们

[①] 罗德里克引用了凯文·奥罗克和杰弗里·威廉姆森（O'Rourke and Williamson, 2004）所采用的"估计不同历史时期的世界贸易增长率"。但奥罗克和威廉姆森对全球化的定义是"商品市场的一体化"，且强调，"全球化正在发生的唯一无可辩驳的证据，是大宗商品价格在国际上的差异缩小，或者可以称为大宗商品价格趋同"（O'Rourke and Williamson, 2002）。但问题是，以不同市场间的价格趋同作为全球化的唯一依据并不合适，因为其影响因素是多维度的，全球化也并不仅仅涉及商品市场的一体化。Estevadeordal（2003）也对较早期的全球贸易做了估算。此外，甚至有学者将全球化的起点向前推至1500年。

关注的主要是二战以后的全球化及其对经济发展的影响。

全球化及其影响的经验分析

全球化作为国际经济环境最为重要的因素，将对全球经济发展产生怎样的影响，理论上有着较为丰富的解释，但其对各国经济产生的影响却有着很大差异。理论的差异依赖于其假设，而假设是否成立则需要通过经验分析来加以检验。鉴于国际经济体系和单独经济系统运行的复杂性，要完成这样的检验并令人信服，是一件具有相当难度的事情。关键仍然在于如何将宏观层面的战略（政策）及其影响加以明确的区分。

就研究的方法论来说，伊斯特利认为，一个经济体的全球化程度并不是以其政府在自由贸易、自由资本流动、自由移民或其他方面的一些政策措施的推行来界定的，而是根据主要的宏观经济绩效来定义；所谓"更为全球化"的经济体，是指其贸易占 GDP 比例的增长排在全球前三分之一的国家。"将全球化定义为一种内生的衡量成功的标准，而这种标准很可能与其他内生的成功标准——如 GDP 增长率——相关联是相当不幸的"（Easterly，2018）。

伊斯特利将绩效作为判定的唯一依据，但问题在于，如果将绩效等同于政策，或者以绩效来逆向推断政策的指向，可能导致严重的误判。基于因果联系辨识的基本要求，必须考虑政策目标、政策实施及政策绩效之间的逻辑联系。在现实中，可能出现这样的情况：政策本身是具有较高开放度的，但政策实施的效应却因其他因素的影响而并不尽如人意；或者更具体地，政策目标是试图推进制造业出口的，但最终的效果却距离目标甚远。为此，需要特别注意的是，从政策目标到政策绩效并非一种直接的因果关系，其间还有十分重要的具体政策的制定和实施这一环节。事实上，战略层面的政策目标为具体政策的制定所提供的只能是指导性的方向选择，而在具体政策制定和实施（在简化地将两者视为一体的情况下）之后，其产生的效应究竟如何，还受到诸多其他因素的影响。正因为现实经济系统的这种复杂性，经验研究更需要展开对个别国家的案例分析①。

从因果关系来说，开放政策的实施是开放绩效的必要条件，但非充分条件。因此，当我们分析全球化对经济发展的影响时，就应遵循因果联系的思路，即首先判断，全球化的环境对于一个经济体的政府政策会产生怎样的影响，进而分析政策所产生的绩效受到哪些因素的影响，如果能够明确地将开放政策——特别是产业政策——的影响分离出来，那么，就可以由此判断全球化对该经济体的增长绩效的影响。

这一逻辑似乎存在一定的循环论证的问题，但事实上，对一个单独的经济体来说，经济全球化属于外生的环境因素，是一种长期影响，而政府政策是对这一重要的外生变量变化的反应，其绩效在很大程度上取决于该经济体的内部运行，特别是，取决于其微观层次的企业行为的反应。

通过系统全面的框架的构建来展开全面的论证和检验，是一种理想化的方案，这类研究所取得的成果虽然不无启发，但也存在一些明显的瑕疵。

著名经济学家杰弗里·萨克斯和他的合作者安德鲁·华纳发表于1995年的一篇论文具有典型性，且被罗德里克称为吹捧所谓"华盛顿共识"的"神化运动的开始"（Rodrick，2011，中译本第

---

① 钱纳里和赛尔奎因指出，就他们所归类的发展型式来说，要解答"发展型式是否代表了相似发展战略的规律，还是说可能有其他因素造成了某些一致性"这一问题，"最直接的方法是把一国的意图——体现在其发展规划上——与结果加以比较"。但他们发现，观察到的政策"失误超过预想的结果。例如，实际上所有归类为具有进口替代趋向的国家或地区（第3组）在过去10年间都计划增加制成品出口，并且在有些情况下采取了广泛的措施"（Chenery and Syrquin，1975，中译本第126页）。这里的第3组是指他们所划分的进口替代组。

137页)。为此,有必要略为了解一下他们所做的研究。

萨克斯和华纳采用贸易开放的跨国指标进行比较分析,考察了贸易自由化的时机,以及贸易自由化对随后的增长所产生的影响。他们试图解释的现象是,"开放经济体倾向于收敛,而封闭经济体则不然。近几十年来缺乏趋同的原因是,较贫穷的国家和地区一直对世界封闭"(Sachs and Warner,1995a)。罗德里克指出,该文献的"中心是一个结果出人意料的数据分析",而"决定这些结果的关键在于萨克斯和华纳是如何划分'开放的国家'和'封闭的国家'的"(Rodrick,2011,中译本第137—138页)。

萨克斯和华纳对于国家类别的划分倾向于以政策为依据。如果一个国家至少具有以下特征之一,他们就判定这个国家实行了封闭的贸易政策:① 非关税壁垒覆盖40%或以上的贸易;② 平均关税为40%或以上;③ 在20世纪70年代或80年代,黑市汇率相对于官方汇率平均贬值20%或以上;④ 采取科尔奈所定义的"社会主义经济制度"[1];⑤ 对主要出口产品实行国家垄断。而所谓开放型经济则是指以上五条都不适用的经济(Sachs and Warner,1995)。

以上五条并不都是基于对外经济贸易的绩效表现,其中的第四条直接以经济制度作为划分的依据,第五条则涉及出口产品的市场结构,也与制度密切相关。这应与萨克斯和华纳所持的学派观点有关。这样的划分显然很容易引发争议,而就研究的逻辑而言,更重要的是,虽然萨克斯和华纳在上述类型划分的基础上对制度的影响做了具体的分析,但将制度这一深层次的影响因素与由制度所决定的其他因素(如出口产品的国家垄断)置于同等地位来进行类型划分,可能难以真正对某一个因素的独立影响进行识别。正如大卫·道勒和阿尔特·克雷所指出的,"当所有这些政

---

[1] 科尔奈讨论了对于"社会主义制度"的不同界定,并由此确定了1987年时26个这样的国家(Kornai,1992,p. 11)。

策都包含在回归分析中时,很难确定不同政策的单独影响"(Dollar and Kraay, 2004)。

对全球化展开经验分析的困难还在于,其不同维度之间的变化是紧密相关的,因此将它们同时包含在回归中会导致共线性问题。阿克塞尔·德雷埃尔对这类方法提出了批评:"它们不能充分控制内生性。因此,它们的结果可能反映了未观察到的特征,这些特征不会随时间而变化,而不是全球化的后果,或可能反映了相反的因果关系。"德雷埃尔使用客观统计方法选择了23个变量,并将它们合并为3个子指标,又将这些子指标依次聚合为全球化的单个指标,由此构建了一个指标体系,来全面涵盖经济一体化、社会一体化和政治一体化三个方面。他所进行的实证研究结论显示,"全球化有利于增长。平均而言,全球化程度越高的经济体,经济增长率越高。对于实际的经济一体化和发达经济体对贸易和资本没有限制的情况尤其如此(尽管有证据表明,跨境信息流动促进了增长)。因此,由于全球化而普遍存在贫困的指责是站不住脚的"。实际上,增长率最低的是那些没有参与全球化的经济体(Dreher, 2006)[①]。

然而,就系统的复杂因果逻辑联系而言,德雷埃尔的经验研究存在的问题跟其批评的方法是类似的。事实上,要构建一个覆盖全球和全系统的全球化影响的分析框架,其难度是非常大的,相应的经验检验想要达到研究的目标更是几乎难以实现。虽然德雷埃尔的研究结论似乎完全符合理论预期,但也存在诸多可质疑的论题。实际上,这类研究所存在的过度整合的问题比起萨克斯和华纳来说更为严重。就像我们一直强调的,基于社会大系统的基本框架,要真正将不同层次和不同深度的影响因素之间的逻辑联系研究清楚,这样的整合是完全无益的。对于经济发展这样的长期

---

① 对全球化的影响进行全面分析的一种方法是构建指标体系,在已构建的多种指标体系中,KOF指标最为常用(Potrafke, 2015)。德雷埃尔的研究属于这类研究中的一项。

变迁的问题来说,只有尽可能将不同的关键因素加以分离,并在一个足够长的时间期间内进行分析,才可能给出具有说服力的结论来。

尽管"库兹涅茨告诫人们不要采用跨国回归技术,因为这种技术会掩盖那些无法确定数量的因素",但库兹涅茨也"强调发达国家历史经验同国别比较导出的关系之间的广泛相似点"(Chenery and Syrquin, 1975, 中译本第 129 页)。跨国回归仍然是关于发展的国际比较中最为流行的研究方法,但是对于发展战略、产业政策和发展绩效之间的联系来说,或许更应偏重在具有更强可比性的少数经济体之间进行比较研究。

为此,我们仅针对经济一体化,并采用若干关键指标,在上一章所划分的类别的基础上,对发展中经济体与发达经济体在一体化程度上的差异及其影响给出粗略的分析。同时,我们也将通过若干典型经济体的案例分析,来获得更具说服力的证据。

经济开放与经济增长

基于本书的研究主题,我们试图采用最简洁的逻辑,对全球化背景下的发展战略和发展绩效之间的联系进行经验分析。就本书的研究目的来说,本章的讨论只是为后文关于产业政策效应的分析提供背景,因此不准备也没有必要来展开全景式的经验研究,同时受限于数据的可得性并考虑到跨国回归分析可能存在的问题,我们仅对部分时期和部分经济体展开讨论。

对发展中经济体来说,其发展战略的基本含义是经济的开放或封闭。对于一个经济体的开放度的度量通常采用其商品贸易额占 GDP 的比重作为核心指标,虽然该指标显然受到除贸易政策之外的其他因素的影响,但基本上可被视为开放或封闭战略实施的结果。道勒和克雷采用这一指标对发展中经济体进行划分,将 1980 年之后该指标在发展中经济体中居前三分之一地位的经济体（称之为全球化经济体，globalizers）和剩余的三分之二经济体进行比较，结果显示，就增长率来说，全球化经济体从20世纪70年代的每年2.9%上升到80年代的3.5%和90年代的5.0%，超过了发达经济体，而剩余的那些发展中经济体的平均增长率从70年代的3.3%下降到80年代的0.8%，90年代虽有所恢复，但也只有1.4%（Dollar and Kraay，2004）。

能够作为政策变量来体现这一发展战略的主要是平均关税。相比之下，如道勒和克雷所说，贸易加权的平均关税可能无法反映那些因很高关税而进口数量为零的情况（Dollar and Kraay，2004），因此采用未加权的平均关税较为合理。同时需注意的是，关税只是政策工具中的一种，"在许多国家，从明确的配额和许可证制度到本地产比例要求以及健康和安全标准等非关税壁垒对贸易构成的障碍并不能由平均关税得到反映，而贸易额的优势在于，它在一定程度上反映了这些非关税贸易壁垒"（Dollar and Kraay，2004）。但是，非贸易壁垒的数据量少而零碎，无法用于全面的比较分析。

虽然我们无法将政策对贸易量的影响从其他因素中明确地加以分离，但这可能已是最好的分析方法。动态地说，贸易量的增长可能也反映了贸易自由化以外的许多因素，而关税税率的变化则可更明确地反映政策的变化。

在上述说明的基础上，我们的分析大致按照两个步骤来展开：首先，概要分析在全球化背景下，对外开放程度对经济增长的影响；其次，分析平均关税对经济开放程度的影响。

我们首先按所划分的类型来比较一下经济开放度的差异。

图4.1显示的是各个类型样本群的商品贸易额占GDP比重平均值的变化。可以发现，在开放程度上，不同类型经济体之间及其与世界平均水平及133个经济体的样本群之间都存在显著的差异。由此可以得到一些基本的结论。

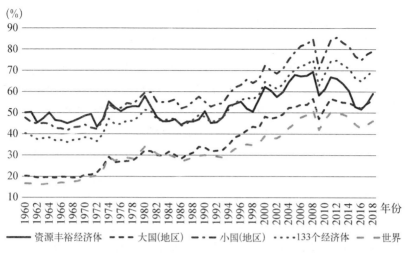

图 4.1　不同类型经济体贸易额占 GDP 比重的比较
资料来源：世界银行"世界发展指标"。

首先，比较 133 个经济体的平均水平和世界平均水平，可以判断，被剔除的那些非常小国和冲突与脆弱国家的开放程度是远低于样本群中那些经济体的，因而世界平均水平被大大拉低，两者之间差额在 2000 年达到最高值 25.57 个百分点，最低的 1982 年也有 16.04 个百分点。

其次，样本群中的小国（地区）开放程度始终远高于大国（地区），其峰值高达 85.54%（2012 年），而大国（地区）在 2008 年达到的最高值只有 56.61%，同年资源丰裕经济体也达到其峰值 69.35%。

再者，资源丰裕经济体的开放度低于小国（地区），但高于大国（地区），且其长期趋势的变化相比其他类型经济体都更平缓，在 1982 年之前始终高于 133 个经济体的样本群平均值，而自 1995 年起则始终低于后者。

显然，不同类型经济体之间的显著差异是由类型特性的差异所决定的，因此，要分析开放度对经济增长的影响，应该在同一类型的经济体之间进行比较，这样可尽可能弱化类型特性的影响。这就是统计回归分析中控制变量的本质含义所在。

从时间趋势上看，可以发现，如果将 20 世纪自 1960 年起以十年划分为一个周期的话，各个周期之间恰好呈现出较明显的趋势差异。整个 60 年代变化比较平缓；70 年代有一波明显的上升，恰好在 1980 年达到一个局部高点；80 年代走出了一个浅 U 形；90 年代又出现一波更大幅度的上升[1]，而且这一波上升一直延续到 21 世纪的 2008 年，继而才因国际金融危机而遭受巨大波折。此后虽然在 2011 年和 2016 年后又有所反弹，但近年来逆全球化的趋势日渐成形，预期未来这一指标还将继续下行。由此可以认为，世界银行报告（Collier and Dollar, 2002）所称第三波全球化浪潮到 2008 年已经结束。

以上述全球化演变周期为基础，考虑到已有文献对 20 世纪 90 年代之前的发展有大量经验研究，我们选择以 1990—2008 年作为分析的时间区间。为了平滑短期波动，择取 1990—1992 年这三年的平均值作为起点、2006—2008 年这三年的平均值作为终点，并比较在这一周期中各个经济体的开放度的变化，和这一时期间人均 GDP 的年均增长率进行对照。表 4.1 和表 4.2 分别展示了此期间大国（地区）样本群和小国（地区）样本群中各个经济体的变化情况。

表 4.1　大国（地区）商品贸易占 GDP 比重的变化和人均 GDP 年均增长率（1990—2008）

	商品贸易占 GDP 比重（%）		人均 GDP（2010 年不变价美元）		
	1990—1992 平均值	1990—2008 增加幅度（百分点）	1990—2008 年均增长率	1990	2008
孟加拉国	17.20	22.99	3.16	411	720
越南	59.20	79.52	5.81	433	1 198

---

[1]　按照萨克斯和华纳的界定，有相当多的国家和地区是在 1990 年前后开始开放的（Sachs and Warner, 1995）。

续表

	商品贸易占GDP比重（%）		人均GDP（2010年不变价美元）		
	1990—1992平均值	1990—2008增加幅度（百分点）	1990—2008年均增长率	1990	2008
印度	14.02	21.36	4.07	581	1 193
中国	35.39	24.97	9.60	729	3 797
巴基斯坦	33.22	1.44	1.61	741	988
菲律宾	47.67	25.17	1.56	1 527	2 017
印度尼西亚	46.59	3.98	2.96	1 708	2 885
泰国	66.19	50.75	3.68	2 504	4 802
乌克兰	20.48	59.31	−0.98	3 965	3 322
哥伦比亚	24.45	6.85	1.77	4 463	6 122
罗马尼亚	36.73	28.04	2.85	5 379	8 914
波兰	37.30	33.13	3.88	5 947	11 802
南非	34.12	21.50	1.14	6 060	7 432
阿根廷	11.38	23.59	2.76	6 246	10 201
土耳其	23.40	18.42	2.52	6 775	10 603
墨西哥	30.93	22.71	1.16	7 791	9 588
巴西	11.81	9.55	1.65	7 984	10 711
韩国	46.87	24.18	5.12	8 465	20 804
西班牙	26.44	16.87	1.99	22 513	32 073
英国	35.59	2.35	2.07	28 388	41 025
意大利	28.62	16.70	1.11	30 871	37 654
德国	41.87	27.24	1.46	32 427	42 103
法国	34.94	10.14	1.36	32 524	41 456

续表

	商品贸易占 GDP 比重（%）		人均 GDP（2010 年不变价美元）		
	1990—1992 平均值	1990—2008 增加幅度（百分点）	1990—2008 年均增长率	1990	2008
加拿大	42.68	13.54	2.04	33 709	48 498
美国	15.25	7.00	1.75	36 059	49 319
日本	15.58	13.52	0.95	38 074	45 166

资料来源：世界银行"世界发展指标"。
注：按世界银行分组，1990 年自西班牙以下为高收入经济体。

表 4.2　小国（地区）商品贸易占 GDP 比重的变化和人均 GDP 年均增长率（1990—2008）*

	商品贸易占 GDP 比重（%）		人均 GDP（2010 年不变价美元）		
	1990—1992 平均值	1990—2008 增加幅度（百分点）	1990—2008 年均增长率	1990	2008
马拉维	56.26	-4.42	1.55	332	438
尼泊尔	27.72	9.47	2.45	354	548
卢旺达	17.98	7.64	2.31	357	539
老挝	30.73	19.00	4.44	462	1 010
坦桑尼亚	37.19	-1.95	1.74	516	704
马达加斯加	29.10	18.72	-0.48	563	517
贝宁	36.94	-2.81	1.29	610	768
加纳	38.13	13.65	2.20	816	1 207
肯尼亚	38.01	4.45	-0.12	917	898
塞内加尔	25.39	21.80	0.99	1 071	1 278
吉尔吉斯斯坦	31.73	75.93	-1.21	1 096	880

续表

	商品贸易占GDP比重（%）		人均GDP（2010年不变价美元）		
	1990—1992平均值	1990—2008增加幅度（百分点）	1990—2008年均增长率	1990	2008
尼加拉瓜	74.91	7.60	1.72	1 126	1 531
斯里兰卡	58.01	0.16	4.30	1 190	2 538
塔吉克斯坦	12.73	89.44	-3.26	1 283	707
科特迪瓦	46.80	30.28	-1.17	1 490	1 205
洪都拉斯	41.05	77.72	1.27	1 561	1 961
摩洛哥	35.07	25.33	2.50	1 726	2 691
亚美尼亚	22.71	25.55	3.98	1 797	3 630
阿尔巴尼亚	35.72**	12.24	4.08	1 839	3 776
萨尔瓦多	41.32	34.31	1.90	2 143	3 009
危地马拉	35.29	23.48	1.60	2 147	2 854
突尼斯	69.65	18.26	3.26	2 225	3 966
约旦	84.91	26.24	2.40	2 471	3 787
秘鲁	20.48	26.91	3.25	2 650	4 716
多米尼加	62.87	-14.96	3.72	2 696	5 207
白俄罗斯	41.40	75.02	3.29	3 181	5 700
巴拉圭	33.42	27.67	0.72	3 548	4 037
格鲁吉亚	7.99	53.30	-0.96	3 698	3 108
厄瓜多尔	30.46	26.01	1.19	3 716	4 596
北马其顿	98.69	2.53	0.76	3 854	4 418
巴拿马	29.88	73.12	3.70	4 062	7 815
保加利亚	64.39	45.75	2.86	4 163	6 914
古巴	23.37	4.16	1.49	4 220	5 511

续表

	商品贸易占 GDP 比重（%）		人均 GDP（2010 年不变价美元）		
	1990—1992 平均值	1990—2008 增加幅度（百分点）	1990—2008 年均增长率	1990	2008
牙买加	71.47	0.14	0.91	4 284	5 042
哥斯达黎加	52.96	31.03	2.80	4 885	8 034
乌拉圭	30.23	15.67	2.50	6 878	10 732
匈牙利	59.13	76.45	2.54	8 858	13 909
斯洛文尼亚	97.88	27.63	2.78	15 526	25 430
葡萄牙	48.34	8.05	1.77	16 668	22 859
中国香港	227.24	115.53	3.09	18 251	31 554
希腊	28.47	6.05	2.43	19 384	29 875
以色列	46.11	14.12	1.87	21 520	30 040
新加坡	283.36	48.03	3.67	22 572	43 216
爱尔兰	90.33	−13.44	4.22	24 315	51 202
新西兰	43.08	1.79	1.69	25 126	33 962
芬兰	37.72	29.21	2.20	33 396	49 441
奥地利	52.59	30.92	1.96	33 889	48 053
荷兰	78.67	45.25	2.19	35 703	52 728
澳大利亚	26.21	9.76	2.06	35 912	51 841
瑞典	39.79	26.80	1.93	37 473	52 832
丹麦	51.02	12.31	1.71	44 569	60 505
挪威	48.97	5.93	2.31	60 227	90 862
瑞士	49.69	18.94	0.91	64 344	75 794

资料来源：世界银行"世界发展指标"。
注：按世界银行分组，1990 年自以色列以下为高收入经济体。
* 有 12 个经济体因数据缺失过多而未予纳入。
** 因其 1992 年数据异常，改取其 1989—1991 年平均值。

基于历史视角的研究强调发展所处的环境，同时还强调发展阶段的不同。在同样的全球化环境下，不同经济体的发展实绩既受到其在起始点上的收入水平的影响，也就是其所处发展阶段的影响，还受到其起始点上的开放度的影响。为此，表 4.1 和表 4.2 均按 1990 年的人均收入水平由低到高排列。

在对增长速度进行比较的时候，有一点需要明确的是：一般而言，处于较低发展阶段的经济体较易取得较高的增长速度，而随着发展阶段的提升，其保持高速增长的难度就越大，因此，增长率比较的基准对处于不同发展阶段的经济体应有所不同。

在这一大前提下，可以发现，无论大国（地区）还是小国（地区），对处于相近发展阶段的经济体来说，开放度越高，其人均 GDP 的年均增长率就越高。也就是说，在全球化背景下，经济的开放对于经济增长产生正向的影响。这跟大多数文献的研究结论是完全一致的。

但值得强调的是，这一规律至多在统计学意义上成立，也就是说，对大多数发展中经济体成立，而对任何一个特定经济体，无论是发展战略，还是以此为导向的产业政策，都需要针对其具体禀赋状况、产业体系特征等多种因素进行具体分析。在比较样本数较少的情况下，在最具可比性的经济体之间进行比较分析，应是更为可行的研究路径。基于此，对大国（地区）和小国（地区）分别做更细致的考察，可以发现一些有意思的现象。

例如，比较中国和印度这两个真正的人口大国，中国在 1990 年已经有了较高的开放度，而印度的开放度要低得多，因此，尽管两国在这一期间的贸易比重增加幅度差别不大，但中国的人均 GDP 增长率却远高于印度。又如，比较越南和泰国，后者的起始收入水平要高得多，开放度也略高于越南，但越南开放度的上升要明显快于泰国，因此其人均 GDP 增长率的表现也就明显优于泰国。相比之下，印度尼西亚在起始点的开放度虽然差距不大，但其在此期间扩大开放的步骤却要缓慢得多,因而其增长绩效也就比越南和泰国要逊色很多。

在属于大国(地区)样本群的发展中经济体中,有一批经济体的年均增长率都低于2%,就其所处的阶段来说,这是相当差的增长实绩。巴基斯坦、哥伦比亚和巴西的开放度明显较低,且在整个第三波浪潮中未见明显改善,但菲律宾和南非的开放度并不算太低,与它们相比,印度却在不算太高的开放度条件下实现了超过4%的年均增长率。由此可见,至少就20世纪90年代和21世纪第一个十年的全球化浪潮这一历史阶段来说,高开放度既不是高速增长的必要条件,更不是其充分条件。

此外,也可以发现存在一些"异常值",其表现更明显地违背了上述"规律"。典型的如乌克兰,其开放度看来并不低,但人均GDP的增长率却是负值。对此,需要去深究其他因素的影响及其逻辑联系。

对比大国(地区)样本群,小国(地区)之间的变化更为多样化。就开放度而言,新加坡和中国香港令其他经济体望尘莫及,这由其特殊的禀赋状况所决定,其模式是难以复制的。巴拿马的情况也有其独特性,它们的增长实绩都相当亮眼。老挝、斯里兰卡和阿尔巴尼亚在并不特别高的开放度的条件下实现了超过4%的增长速度。同样取得如此实绩的爱尔兰的开放度虽略有下降,但其起点非常高,且在起点上就已是高收入经济体。在贸易占比下降的经济体中,多米尼加是个特例,似乎可以作为反例来否定"扩大开放是实现长期增长的必要条件"这一判断,但事实上多米尼加并非一个封闭经济体。开放度低得多的卢旺达实现了年均2.31%的增长实绩,但尽管如此,卢旺达并未能在这18年时间内从低收入组上升到中低收入组。实际上,从马拉维到肯尼亚这九个国家在1990年这一起点上都属于低收入组,之后只有老挝和加纳这两个具有较高开放度的国家升级到了中低收入组,其余七个国家则均陷于"贫困陷阱"之中。

4.3 政策转变与战略转型

以历史视角来看，对任何一个经济体来说，其所处的发展阶段在总体上决定了其发展战略的选择空间，而外部宏观环境则构成其战略选择与实施的约束条件。由经济系统运行的内在特性决定的内生变量是基本影响因素，反映外部环境变化影响的外生变量则产生辅助作用。就此来说，经济的开放度在更大程度上是由内生变量决定的。如钱纳里和赛尔奎因所指出的，"从经验角度看，很难把发展政策的影响同构成结构特点的条件分开。在极端情况下——诸如存在丰富的自然资源，结构在很大程度上决定着政策。实际上，所有矿藏丰富的国家都把矿产用作出口，这便影响了它们的贸易、生产和进口型式。不过，即使在这种情况下，决策人也必须决定在多长时间内推行极端专业化政策，并在何时转向其他生产和贸易型式"（Chenery and Syrquin, 1975，中译本第79页）。又如劳埃德·雷诺兹所强调的，"除了政治因素，决定拐点时机的主要因素是一个国家或地区有效参与世界经济扩张带来的贸易机会的能力"。从历史经验来看，如雷诺兹对41个发展中经济体的长期增长展开的大规模研究所发现的，在1850—1914年即第一个全球化浪潮的环境下，开放的国际经济对推动欧洲和北美以外的许多发展中经济体开启快速经济增长起到了至关重要的作用（Reynolds, 1985）。

上文分析了在全球化背景下经济开放度对经济增长的影响，但由开放度来反映发展战略的转型存在局限性，因为很难给出具体的转型时点，这也是上文以1990—2008年这一长段时间区间为分析对象的不得已之处。要更明确地反映政策的变化，需采用更直接的政策变量，此时也有可能给出更明确的政策转变的时点，并由此研究政策转变的影响。

战略转型指导下的政策转变

在战略层面上，大多数发展中经济体在发展的初始阶段选择的是进口替代战略，由此对其幼稚产业形成保护，继而在发展到一定阶段时，再由进口替代转向出口导向。如果这可以被称为一种规律，那么，一个经济体所处的发展阶段对于这一发展战略转型的时机抉择就有着关键影响，其关键原因在于，在发展的初始阶段，一个经济体的产业体系、市场体系以及竞争力都处于较低水平，难以直接参与国际竞争，因而需要给国内的企业和产业一定的培育期。

事实上，这正是崇尚产业保护的产业政策得以盛行的动因，在理论上，其渊源即为始于汉密尔顿并由李斯特加以发展的重商主义，在实践中，则有很多学者对发展的经验——包括发达经济体在发展初期的保护主义做法，和现代经济增长中发展中经济体的产业保护措施——进行整理并加以验证。

由进口替代转向出口导向，可以视为在较为初级的经济发展过程中最重要的一次战略转型。战略转型不可能在某个瞬间完成，可能需要跨越好几年甚至十来年，但在战略转型指导下的政策转变则可能在短期内实现。为了实现战略转型，所采取的政策通常也不是唯一的，但在各项政策之间应存在较为紧密的联系，其推进的步骤通常也应是比较一致的。因此，选择何种指标来反映战略转型指导下的政策转变，对于经验研究来说具有关键意义。

按照钱纳里和赛尔奎因的归纳，"1960年以前，所有的发展中国家和地区都曾实行过内向型的发展政策，即会对出口产生歧视影响的政策"（Chenery et al., 1986，中译本第95页），也就是说，大多数经济体在发展的初级阶段选择进口替代，之后在一定的条件下或者在全球化环境变化的情况下转变为出口导向。钱纳里和赛尔奎因对"准工业国家和地区"的界定建立在结构转变的特性之上,"它们的生产结构和贸易结构朝多样化方向发展,人均收入水平也超过一临界值水平"。他们在该文献的第四章中,概括了其所研究的在"1950—1980年期间处于工业化阶段的准工业经济"的总体特征,并设定了"基本划分标准"和补充性标准[①]。他们认为,"发展战略体现着造成增长和结构转变类型区别的基本原因。对发展战略分类,既考虑到与人口规模和资源禀赋相联系的结构区别,……也考虑到对外政策在从外向型(出口刺激)到内向型(进口替代)的整个分布区间上的分类"。他们的研究建立在两个重要的基本假设之上:"第一,所有各类国家和地区经济结构的长期转变过程都类似;第二,初始结构和发展战略的不同,对工业化进程的时间选择和特定经济活动发生顺序的影响,超过它们对总的结构转变类型的影响"(同上,第89—90页)。

但如上文中所强调的,在贸易类型的划分中,钱纳里和赛尔奎因一直采用"贸易导向指数"(trade orientation index)作为基本指标,其衡量的是"一国(地区)观察到的贸易趋势同一个收入和规模相似的典型国家(地区)的预期贸易趋势的偏差"(同上,第121页),是以商品的出口结构为依据的,但问题在于,由商品的初级产品及制成品和劳务所占份额所表现的出口结构并不由发展战略所唯一决定。如他们自己所说:"既然初级产品出口在很大程度上取决于资源禀赋,可以认为它主要是外生的。……一国(地区)开发非初级产品出口能否成功,主要看其政府政策。因此,把出口

---

① 他们设置了包括人均收入水平在内的补充性标准,为平均发展模式确定了一组特定的标准值,并为大国(地区)和初级产品出口导向的国家(地区)这两组采取极端贸易模式的经济体分别选择了略微不同的标准值,具体参见该文献第91页表4.1。因希望这种分类能包揽无遗,他们将那些仅能满足三项标准中的两项的经济体也包括到统计分析中,尽管有些勉强(Chenery et al., 1986,中译本第118页)。但多重标准可能导致部分经济体的阶段划分时点难以确定,因为不同标准所得结果并不一致,因此我们倾向于采用反映战略转型的标准为唯一标准。

水平当作外生因素对待时,资源禀赋及其政策反应这两个要素是结合在一起的"(Chenery and Syrquin, 1975,中译本第 83 页)。他们认为,"丰富的原始资源有利于推行出口导向政策,反之,广阔的境内市场有助于实行进口替代,然而,要想将结构的影响和政策的影响明显区分开来却并不可能"(Chenery et al., 1986,中译本第 93 页)。但从上文所引萨克斯和华纳(Sachs and Warner, 1995)等文献来看,通过关税水平等直接反映政策取向的变量,还是有可能更明确地将政策因素加以分离,尽管这一政策变量并不完全也并不唯一,但相比于将两者混淆进行类型划分,应该更符合研究的基本逻辑。

基于此,受限于数据的可得性,且考虑到变量的代表性,我们采用工业产品简单平均税率作为核心政策变量,并以关税降低的转折点作为战略转型的时点来展开分析。尽管受限于数据可得性,无法将非关税壁垒这一重要维度纳入分析之中,但基于关税政策所具有的代表性,它应能更明确地用以分析战略及其政策对发展的影响。

政策转变的增长效应

在战略层面上,对于这一复杂的因果逻辑关系的梳理和检验,至少需要将以下两个问题加以明确区分:一是,发展阶段对战略选择的影响,即需要分析,在发展的初级阶段,进口替代战略是否更为有利,而在发展的更高阶段,是否就一定应该进行战略转型,转向出口导向?二是,在全球化的不同环境下,同样的战略是否可能取得不同的绩效?

在现实中,存在一些经济体,在相当长的时期中始终保持开放或者封闭。萨克斯和华纳比较了"1965—1990 年始终封闭的 40 个发展中经济体和始终开放的 8 个发展中经济体的年平均增长率",结果显示,"始终开放的经济体每年的表现都好于始终封闭的经济体"(Sachs and Warner, 1995)。至于战略转型的效应究竟如何,可进一步比较那些推行了战略转型的经济体,在开放之前和开放之后,其经济增长的表现是否呈现明显差异,以及这种差异是否也是通过关税水平的明显降低来实现的。

采用关税水平的变化来反映政策的转变,其好处在于,有可能给出相对明确的转折的时间点。受限于数据的可得性,我们仅对不同经济体在1988年以后的关税水平及其变化进行比较。与上文对贸易开放度的比较类似,首先比较不同类型经济体的情况,结果如图4.2所示。

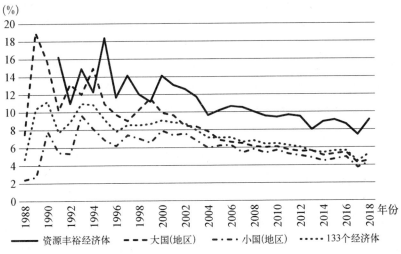

图 4.2 不同类型经济体工业产品简单平均适用税率的比较

资料来源:世界银行"世界发展指标"。

我们采用工业产品而不采用所有产品的简单平均税率,是因为真正能够体现一个经济体的开放政策的是工业品市场的开放,而除了工业产品之外的自然资源包括农产品等的关税,受到矿产等资源禀赋的影响,也受到自然的地理条件的影响,因而会降低可比性。将图4.2与图4.1进行概略的比较是有益的。在图4.2中,就资源丰裕经济体样本群来说,其相对于133个经济体平均值的平均关税水平始终要高得多，而图4.1显示的其商品贸易占GDP比重也恰好在1988年左右出现转化，从之前的高于133个经济体平均值变成了低于这一平均值。小国（地区）样本群的情况则相反，其关税平均值始终低于133个经济体的平均值，这恰好形成了图4.1中小国（地区）状况的一个镜像。大国（地区）工业品关税平均水平的变化略为复杂，其在2005年形成一个转化，从高于133个经济体平均值变为低于该平均值，同时其高于小国（地区）平均值的幅度也就此明显减弱。总体而言，基于经济学基本理论，可以认为，无论属于何种类型，大多数经济体的贸易开放度与关税水平之间存在较强的负相关性，关税保护水平应构成贸易开放度的关键影响因素之一。

然而，平均值的比较至多能够呈现在统计学意义上的一定的规律，但却可能掩盖了具有更显著意义的一些较为突出的个案的含义，因此，有必要对同一类型的样本群中存在的较大差异做进一步分析。从强调必要条件的逻辑思路来说，这种情况也应具有更强的说服力。

我们选择大国（地区）和小国（地区）中那些平均关税下降较为显著的经济体进行比较，鉴于资源丰裕经济体所面临的特殊挑战，我们将在后文再对其加以分析。仍以上文考虑的时间段即1990—2008年为分析周期，我们将在该期间内关税降低幅度在20个百分点以上的经济体纳入分析①。在政策转变和经济增长绩效的变化之间，我们将贸易开放度作为一个中间变量来理解。因不同经

---

① 道勒和克雷对全球化经济体和非全球化经济体的划分建立在两个维度的度量上：一是贸易额占GDP比重，二是关税降低幅度。两者均取发展中经济体中指标值在前三分之一者分别归为全球化经济体的第一组和第二组，同时符合这两个标准的归为第三组。基于这一划分，他们发现，1980年后，发展中经济体中，全球化经济体和非全球化经济体的关税削减程度分别为22个百分点和10个百分点，而全球化经济体的贸易额占GDP比重的增长在过去20年里从16%增加到了32%，而非全球化经济体的该比重却从60%下降到了49%。与此对应，在20世纪90年代，全球化经济体的人均GDP增长率达到5%，非全球化经济体则仅为1.4%，相比于发达经济体同期的增长率2.2%的水平，可见全球化经济体正在追赶发达经济体，而非全球化经济体则越来越落后于发达经济体（Dollar and Kraay, 2004）。受限于数据的可得性，我们将道勒和克雷所确定的全球化经济体中在1990年之前已满足关税降低幅度要求的经济体排除在外。

济体关税明显下降的年份并不相同，为此需做区别处理，在给出明确的年份界定的情况下，重点考察在这一政策变化之后其贸易开放度的变化，以及相应的人均 GDP 增长率的变化。考虑到政策效应的滞后性及其对增长的长期影响，我们将比较关税降低前后两个时间区间内的绩效变化。

表 4.3 展示了所选经济体的工业产品简单平均适用税率（简称工业产品税率）、商品贸易占 GDP 比重和人均 GDP 年均增长率在 1990—2008 年的变化。我们取税率最高的年份为降税前年份，其次年为关税下降年份，对降税后的税率，为平滑短期波动，取 2006—2008 年的三年平均值；对商品贸易占 GDP 的比重，降税前和降税后分别按降税年份和 2006—2008 年取三年平均值；对人均 GDP 年均增长率按关税降低年份的前后两个区间分别测算①。

表 4.3 关税降低、贸易开放度和经济增长（1990—2008）

	关税下降年份	工业产品税率平均值（%）			商品贸易占 GDP 比重（%）		人均 GDP 年均增长率	
		降税前	降税后	降税幅度（百分点）	降税前	降税后	降税前	降税后
孟加拉国	1990	109.33	14.26	95.07	17.20	40.19	1.37	3.16
巴西	1990	44.42	12.93	31.49	11.81	21.36	2.00	1.65
中国	1993	40.75	8.85	31.90	41.57	60.35	8.18	9.32
印度	1991	82.13	11.72	70.41	14.02	35.38	2.45	4.38
巴基斯坦	1996	51.29	14.70	36.59	32.83	34.66	2.29	1.53
菲律宾	1990	28.09	4.90	23.19	25.17	72.84	0.78	1.60

① 关税下降年份按三年移动平均值最高的中间年份确定。降税前的税率即对应于所确定的关税下降年份的三年移动平均值；降税后的各项指标均按 2006—2008 年取三年移动平均值；对人均 GDP 年均增长率，降税后的时间区间按关税下降年份至 2008 年这一区间测算，降税前的时间区间则按关税下降年份往后起算，其时间长度与降税后区间相同。

续表

	关税下降年份	工业产品税率平均值(%)			商品贸易占GDP比重(%)		人均GDP年均增长率	
		降税前	降税后	降税幅度(百分点)	降税前	降税后	降税前	降税后
泰国	1994	43.60	10.20	33.40	69.19	116.94	6.29	2.72
摩洛哥	1994	65.27	12.92	52.35	38.36	60.40	2.29	2.70
马拉维	1995	31.75	12.46	19.29	60.80	51.84	-0.08	1.37
卢旺达	1994	35.64	19.62	16.02	26.45	25.62	-4.81	7.07

资料来源：世界银行"世界发展指标"。

由表4.3的数据可以得出以下几点结论。

首先，关税保护强度的减弱对贸易开放度的提高具有正向的影响，就此可以从图4.3获得直观的印象。虽然这一正相关关系看起来并不太强，但这不仅可能与样本数较少有关，更重要的是，不同

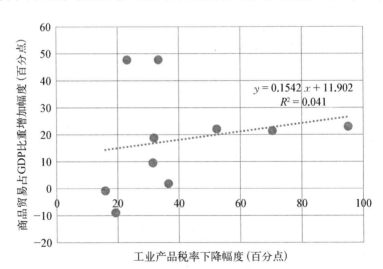

图4.3 贸易开放度与工业产品税率之间的相关性

资料来源：由表4.3数据计算而得。

经济体在关税水平和贸易开放度水平上存在较大差异，且两者之间的因果联系还可能受到其他因素的影响。

就关税的绝对水平而言，最高的前三位依次为孟加拉国、印度和摩洛哥，从而其降税的幅度也占据前三名，但贸易比重增加的前两位却是泰国和菲律宾（均超过47个百分点），孟加拉国和摩洛哥并列第三名（超过22个百分点），且差距较大。巴基斯坦的降税幅度并不低，但贸易开放度只增加了不到两个百分点。可见两者之间并非简单的线性关系，作为因变量的贸易开放度还受到其他重要因素的影响，特别是，仅就贸易壁垒来说，也还需要考虑非关税壁垒的其他政策措施的影响，而这方面的数据过于匮乏。

有意思的是，马拉维和卢旺达在关税降低的情况下，商品贸易占GDP的比重反而是下降的。这看起来似乎有违常识，但如果从国际竞争的角度来看，应容易理解。在全球化的大背景下，降低关税确实可能通过给予国内产业更高的竞争压力来提升其竞争力，但这两个国家直到2008年都还处于低收入水平，或许在这样的发展阶段，降低关税的效果甚至可能适得其反。

其次，观察降税对经济增长的影响。按照我们的测算方法，降税前和降税后的时间长度为12~18年不等，因此人均GDP年均增长率可以反映降税带来的长期影响[①]。可以看到，在这些经济体中呈现两种情况：降税在多数经济体产生的影响是正向的，即降税带来了人均GDP增速的上升，但却存在如巴西、巴基斯坦和泰国这几个国家，降税后的增速反而低于降税之前的增速。略为深入地对这三个国家进行观察，可以发现它们之间也还存在相当大的差异。事实上，巴西和巴基斯坦的贸易开放度都较低，巴西的商品贸易所占比重从降税前的11.81%增加到降税后的21.36%，这仍属于相当

---

① 相比表4.1和表4.2的情况，这里更直接地将经济增长速度的变化与关税降低的年份相联系，并比较降税前后同等长度的时间区间的变化，因而应能更直接地反映政策的影响。

低的开放度;巴基斯坦则从 32.83% 增加到 34.66%,同样属于低开放度国家。相比之下,泰国的商品贸易占比是从 69.19% 增加到 116.94%,其开放度是这些国家中最高的。由此可见,对于不同的经济开放度,关税政策对经济增长的影响也存在差异。基于此,可以认为,在不同的开放度水平上,降税对经济增长速度的影响是非线性的:对于那些相对封闭的经济体和开放度很高的经济体,降税产生的效应较为有限,前者可能源于开放初始阶段的累积效应的缺乏,后者则可能是因降税政策的边际效应递减。这是否可能形成经验性的"倒 U 形曲线"规律,在样本数过少的情况下尚难以做出定论。

泰国在降税后阶段经济增长速度降低的一个重要原因,应来自 1997 年亚洲金融危机的冲击。

再者,对于马拉维和卢旺达,虽然它们的贸易开放度是下降的,但其经济增长的速度却是由负转正且明显上升。与表 4.2 的结果相比,可见卢旺达的增长速度的差别跟其降税年份的确定直接相关——1994 年恰好是卢旺达种族大屠杀发生的那一年,因而其人均 GDP 也正好处在最低谷,从而使得其降税后的增速显著上升。

对于经济开放与经济增长之间的逻辑联系,从实证角度来说,其验证存在相当难度。联合国工业发展组织的报告指出:"不管如何度量开放的程度,要建立因果关系是极其困难的。是贸易开放导致了经济增长,还是增长的经济体会变得更加开放?……许多促进贸易自由化的政策都是作为更广泛的一系列政策变化的一部分而引入的,这使得梳理它们的影响变得更加困难。"进一步,该报告认为,"贸易政策工具的经验证据不允许得出这样的结论:促进开放的政策将刺激增长,贸易保护将阻碍增长。许多研究表明,开放并不是增长的充分条件,但从贸易中获得的收益取决于产业政策"(UNIDO,2013,p.144)。

由于经济系统运行的复杂性,毫无疑问,经济开放不可能成为增长的充分条件，但基于本书所强调的对必要条件的追索，可以认为，经济开放是长期增长的必要条件。也就是说，一个封闭的经济体是不可能实现长期增长的，这一点特别在全球化的环境中更能够得以体现。虽然我们未必能够给出一个精确的量的临界值，即开放度必须达到何种程度才可能实现增长，但这一定性的结论应该无可置疑。考虑到定量指标本身存在可选择的空间，要采用某一个指标作为唯一标准也并不合理，因而，这一结论从发展战略制定的角度来说，其指导意义远远超过对具体政策的制定。

4.4 资源丰裕经济体的转型障碍

发展战略选择的影响是长期的，甚至可达数十年。在社会大系统中，我们将制度和文化均视为长期影响因素，并在一般意义上作为外生变量处理。但实际上，制度相对于文化来说，也可能在短期内发生变化甚至是剧烈的变化。如果说发展战略主要由中央政府来做决策，那么就与制度有着密切联系，这更是由制度的整体特性所决定的了。

我们从资源丰裕经济体的发展经验中可以看到这样的逻辑联系。

"资源诅咒"：一种悖论

"资源诅咒"作为一种假说在 1993 年首先由理查德·奥蒂（Auty, 1993）所提出。他发现，资源丰富的经济体缺乏管理资源财富来提升经济的能力，相反，相比自然资源匮乏的经济体，这些经济体拥有的自然资源是对经济增长的"诅咒"。

资源丰裕经济体面对的最大挑战是"资源诅咒"。丰富的自然资源本应为经济发展形成极大的有利条件;相对于那些资源匮乏的经济体,它们本来可以利用这些资源来创造价值,从而推动经济增长。但现实是,很多资源丰裕经济体却长期陷于低水平发展的陷阱之中,这就形成一种悖论。所谓"资源诅咒",就是指这样一种相当普遍的现象,而问题的关键在于如何对资源产生的租金进行有效配置。

首先给出这个类型的经济体在第三波全球化浪潮中的基本表现,如表 4.4 所示。

表 4.4 资源丰裕经济体商品贸易占 GDP 比重的变化和人均 GDP 年均增长率 (1990—2008)

	商品贸易占 GDP 比重 (%)		人均 GDP (2010 年不变价美元)		
	1990—1992 平均值	1990—2008 增加幅度 (百分点)	1990—2008 年均增长率	1990	2008
埃塞俄比亚	8.61	29.17	1.95	208	295
莫桑比克	33.11	21.14	4.02	216	440
乌干达	14.93	24.60	3.74	304	588
塞拉利昂	42.35	-10.75	-0.40	415	387
几内亚	45.90	-4.38	1.26	542	679
多哥	45.03	27.08	-0.57	558	503
毛里塔尼亚	66.90	20.37	1.25	1 015	1 269
赞比亚	60.66	-3.42	1.27	1 044	1 309
乌兹别克斯坦	43.25	19.53	1.13	1 200	1 471
玻利维亚	33.02	30.72	1.82	1 357	1 878

续表

	商品贸易占GDP比重(%)		人均GDP（2010年不变价美元）		
	1990—1992平均值	1990—2008增加幅度（百分点）	1990—2008年均增长率	1990	2008
埃及	28.42	14.90	2.66	1 557	2 497
蒙古	50.98	46.61	2.19	1 761	2 601
安哥拉	54.29	33.19	1.72	2 686	3 652
阿塞拜疆	51.47	31.16		3 167	5 267
阿尔及利亚	40.67	25.83		3 572	4 410
土库曼斯坦	45.09	49.81	0.34	3 713	3 949
伊朗	31.75	9.77	2.38	4 137	6 320
马来西亚	138.03	28.48	3.78	4 537	8 850
哈萨克斯坦	28.96	49.37	2.19		8 698
智利	46.14	20.50	4.25		12 554
俄罗斯	17.98	27.91	0.83		11 088
沙特阿拉伯	59.21	19.07	0.51	18 10	833

资料来源：世界银行"世界发展指标"。

从表4.4所列的人均收入变化和所属组别变化中可以看出总体的发展状况。事实上，在22个资源丰裕经济体中，从埃塞俄比亚到赞比亚这八个国家直到2018年都始终陷于"贫困陷阱"之中，占总数三分之一强。而乌兹别克斯坦于1991年被划分为中低等收入经济体，却在1999年又跌落到低收入组，之后于2009年才再次升级到中低等收入组,直至 2018 年①。在这些经济体中,只有智利和沙特阿拉伯现已进入高收入俱乐部,但沙特阿拉伯在 1990—2003 年曾经掉回到中高等收入组,而智利则是在 2012 年才成功跨越"中等收入陷阱"。马来西亚和俄罗斯则迄今未能跨越"中等收入陷阱"②,且俄罗斯 2018 年的人均 GDP 为 11729 美元(2010 年不变价),其增长在此前十年间呈现巨大波动,结果几乎回到了 2008 年的水平。或许可以说,除了智利,直到 2008 年,其他资源丰裕经济体都未能成功应对"资源诅咒"带来的挑战,因为沙特阿拉伯只是借助于其特别丰富的石油资源才能保持在高收入水平上。

对于资源丰裕经济体来说,以商品贸易占 GDP 比重来度量经济开放度可能会产生较大的偏差,因为这些经济体有可能依靠自然资源的大量出口来获取租金,这恰恰能够带来较高甚至很高的商品贸易额及其在 GDP 中的比重。而这跟其他类型经济体的对外开放具有不同的性质。为了深入探究导致"资源诅咒"的原因,大量研究将视角转向深层次的制度因素。

智利:"资源诅咒"的破解

打破"资源诅咒"的关键在于有效地运用资源租金,而这跟资源配置的机制有关,特别是,自然资源通常属于国家所有,在理论上,资源租金应由国家来支配,但涉及具体的机制,就在根本上取决于一个国家的制度。

在所有资源丰裕经济体中,智利的发展绩效是一个例外;不仅如此,智利也是"拉美现象"的一个例外。拉美国家大多没有成功,阿根廷则被认为是陷落于"中等收入陷阱"的典型案例,而巴

---

① 这里以世界银行自 1987 年开始采用的以图表集法测算的人均 GNI(现价美元)对全球经济体进行按收入水平的分组为依据,因而与人均 GDP 数据之间存在差异。
② 参见郁义鸿和于立宏(2019)关于"中等收入陷阱"问题的详尽分析。

西等也始终未能成功进入高收入俱乐部。智利究竟依靠什么破解了"资源诅咒"？这是一个令人兴趣盎然的话题。

图4.4将智利经济发展的一些关键指标的变化整合在一起，我们可以从中发现一些重要的时间节点和变化趋势。

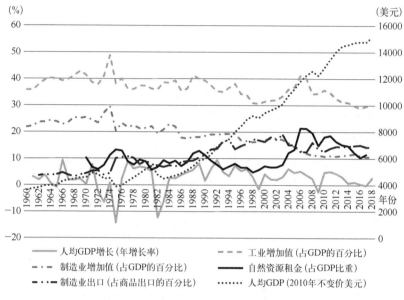

图4.4 智利经济发展的主要指标

资料来源：世界银行"世界发展指标"。

首先，智利的自然资源租金占GDP的比重从1972年的5.82%迅速上升到1975年的13.25%，进而在1982年前后探底，但自此以后则呈现一路上扬的态势。资源租金收入与智利的矿石和金属出口有着直接的联系，作为全球主要的铜出口国，智利的经济受到铜价的显著影响。事实上，智利的矿石和金属出口占商品出口的百分比经历了巨幅的下降，20世纪60年代曾将近90%，到1975年降低到71.99%，之后则一路下降直到2001年的最低点41.31%。进入21世纪后，这一比重又明显上升，近几年回升到55%上下，而这直接受益于铜价的上涨。实际上,在 21 世纪第一个十年中,纽约商品交易所的 COMEX 铜价从 2000 年 1 月的 86 美分/磅(1 磅合 0.453 6 千克)升至 2009 年 12 月底的 3.33 美元/磅,上涨了 287%。

对于资源丰裕经济体来说,实现经济转型的关键在于制造业的增长,这一重要的产业结构转变则依赖于其资源租金对资本积累和制造业发展的投入,而后者又受到其制度和经济运行机制的影响。

可以发现,1973—1975 年,智利的各项指标有过一次"危机表现"。实际上,智利的人均 GDP(2010 年不变价美元)从 1971 年的 4 910 美元和 1972 年的 4 774 美元,下降到 1975 年的 3 856 美元;其增长率 1973 年为 -6.53%(1972 年是 -2.60%),1975 年呈现更深度的降幅 -14.26%;其工业和制造业增加值占 GDP 的比重在 1975 年都有约 10 个百分点的降幅;其最关键的指标是制造业出口占商品出口的百分比,从 1985 年的 6.87% 这一低点,上升到 2003 年的 19.06%,在 18 年间提升了 12.19 个百分点。

在这期间,智利发生了什么?如何解释其发展绩效的巨大变化?我们从普利策奖得主、《枪炮、病菌与钢铁》作者贾雷德·戴蒙德的新作《剧变》中可以窥其大概(Diamond, 2019, Chapter 4)。

1973 年 9 月 11 日,智利发生了一场军事政变。通过政变上台的奥古斯托·皮诺切特是一个独裁者,其上台之后围捕并杀害了数千名左翼人士,关押的人数高达十几万。但在经济上,皮诺切特则全面推行市场化。在此之前,被推翻的萨尔瓦多·阿连德总统是智利社会党创始人之一,在三次竞选失败之后,于 1970 年才当选为智利总统。表面为温和派的阿连德上任之后,在不支付赔偿金的情况下将智利境内由美国所有的铜矿开采公司国有化,并主导了其他一些大型国际商业集团的国有化。他大力推行国家计划,实行大幅度提薪,强力扩大政府支出,并大量印发纸币以填补由此引发的政府赤字。他延续并扩大了其前任弗雷总统的土地改革,征收大量土地并成立集体合作社。尽管他冻结了物价,但恶性通胀无法遏制,结果只能实行食物和水的定额配给。皮诺切特执政之后,数以百计的被国有化的企业重新实行了私有化,政府预算全面缩减了15%~25%,关税也大幅降低,提高了经济的开放度。

根据塞巴斯蒂安·爱德华兹提供的数据,智利的关税降低力度是相当大的。智利的关税率曾经高达140%,1973年9月降至120%,1975年初的平均关税率降至67%,并取消了所有的进口许可证,1977年8月进一步降至20%,到1979年6月降至10%,而到2009年时,其平均进口关税率已降至接近3%(Edwards,2010,中译本第113页)。根据世界银行数据,2009年和2018年,智利的工业产品简单平均适用税率分别为2.74%和1.03%。

皮诺切特政府对政治对手实施了残酷的镇压,最终被民主政府所取代。但在经济发展上,他接受了市场化的政策取向,并得到延续和深化。爱德华兹比较了拉美主要国家的发展历程。他称智利是"过去30年……拉美最闪亮的——我们甚至可以说是唯一的——明星"。20世纪70年代中期,对于政治和经济危机的化解"允许一批技术官僚改变现状,实施一系列政策和改革,让当时势力仍很强大的集团付出了代价。数十年来一直享受租金和特权的强大家族,突然之间受到那些赞同效率原则并极具生产力的新进入者的威胁"。他认为,"左翼人士长期的反思和分析,是打造智利奇迹的根本原因"。特别是:

> 左翼政治人士坚信有必要使本国经济向世界其他地区开放,有必要创建一个鼓励效率和创新、依赖生产率提升的经济,以之作为增长的主要引擎。他们逐渐相信民主、包容、社会进步、生产率提高与尊重法治并不矛盾。恰恰相反,成功的关键是通过实施一套鼓励创新和竞争的,以及为不太幸运的人提供有效保障的政策组合,以促进这些目标的实现。(Edwards,2010)

发展的激励

利益在权力的分配中发挥着关键作用,这对于资源租金的配置是决定性的,而这又由制度所决定。基于本书的基本研究框架,我们强调经济主体的激励环境对其行动的决定性影响,这对于政府官员来说也是完全有效的。

哈尔沃·梅勒姆、卡尔·莫恩和拉格纳尔·托维克在萨克斯和华纳(Sachs and Warner, 1995b)的基础上,深入分析了"资源诅咒"得以盛行的制度原因(Mehlum et al., 2006)。从他们的研究可见,对于资源丰裕经济体的发展来说,政府的行为模式是决定性的,而这正是由制度来决定的。

对于智利来说,阿连德所采取的政策跟其他一些拉美国家类似,都具有民粹主义特征,其结果如爱德华兹所指出的,"正如许多民粹主义运动一样,获得短期利益,如1971年经济增长率与工资水平突然提高,要付出的代价是透支未来和创造明显的通胀趋势"(Edwards, 2010,中译本第109页)。这一点在委内瑞拉等国家的发展历程中可以看得很清楚。

4.5 发展成功的必要条件

经济发展作为一个长期现象,影响其绩效的因素主要是长期因素,特别是一个经济体自身的内在因素。基于本书的社会大系统框架,我们将制度和文化视为长期的影响因素,且对于经济系统来说是外生变量。但这只是对经济系统的短期波动来说的,从历史视角出发,制度和文化都应视为一个经济体长期发展的内生因素,特别是，制度甚至可能在短期内发生剧变，从而改变原先的发展趋势。这一点已经由智利和印度尼西亚等其他国家的发展历程得到印证①。

社会治理与制度

如果智利对"资源诅咒"的破解只是唯一的个案，那就无法由此推断出具有普遍意义的结论来。但事实上，其他经济体特别是部分发达经济体，如果按照自然资源租金占 GDP 比重来衡量，也曾经属于资源丰裕经济体，但它们都通过其他产业特别是制造业的发展，成功破解了"资源诅咒"，如澳大利亚和挪威都是典型的成功案例。

挪威对资源租金进行管理的案例被认为具有典范意义，以至于被命名为"挪威模式"。挪威曾经是个穷国。20世纪60年代北海油田被发现后，挪威政府认识到，资源属于国家，其发展应造福于整个社会，包括子孙后代。但这一目标的实现具有挑战性，因为石油收入基于不可再生的自然资源，可能是暂时性的，且因油价的波动和资源规模的不确定性，其收益的波动性很大，而从地下开采石油在技术上也非常具有挑战性，需要国际石油公司的参与。挪威政府采取了一系列政策，包括监管和税收制度的建立，来确保石油以安全且有利可图的方式开采，并确保大部分石油收入由国家获得；此外，保证有挪威的公司大量参与石油活动，以便积累起专门知识来发展相关的产业。而对于资源租金的运用，挪威政府通过石油基金（现为养老基金）的建立和财政规则的确立来对石油财富实施有效的管理（Holden，2013）。

挪威模式的成功是由其制度保证的。事实上，从自然资源的所

---

① 关于印度尼西亚的"剧变"可参见戴蒙得《剧变》（Diamond，2019）的第五章。

177

有权，到其收益的管理和运用，都是一整套制度运作的结果。德隆·阿西莫格鲁和詹姆斯·罗宾逊指出："政治制度包括但不限于成文的宪法，也不限于社会是否为民主社会。它们包括国家管理和治理社会的权力和能力。广泛考虑决定政治权力如何分配的因素也是必要的，特别是不同集团集体行动追求自己的目标，或阻止其他人追求其目标的能力"（Acemoglu and Robinson，2012，中译本第29页）。由此可见，虽然经济学的核心问题在于资源的有效配置，但对于制度的理解绝不能局限于此，事实上，社会的和文化的诸多因素都对整个体系的运行产生影响，在此意义上，只有将制度与整个社会的治理联系起来才可能对"资源诅咒"问题及其破解给出完整的答案。在更宽泛的意义上，也才能对经济发展的成功与失败的原因给出完整的答案。一言以蔽之，正确的治理和经济政策与错误的治理和经济政策所产生的后果必定有着巨大的差异，前者可以产生显著的发展绩效，而后者则可能导致整个经济的溃败。

制度质量与"资源诅咒"的破解

关于制度质量对经济增长绩效的影响是经济学一个重要论题。理查德·尼尔森和布黑文·桑帕特认为，当制度质量不高时，由于规则变化频繁、腐败程度高、裙带关系普遍、执法力度弱，市场无法正常运行，就将严重影响资源的有效配置；相比之下，高质量的制度在促进有效和低风险的投资机会方面将发挥重要作用，而这种机会对于为经济增长提供更好的环境是至关重要的（Nelson and Sampat，2001）。贾尔斯·阿特金森和柯克·汉密尔顿的分析表明，当制度薄弱导致资源收益被用于政府消费而非投资时，丰裕的自然资源可能会对发展产生负面影响，而这对于那些储蓄水平较低的国家更是如此（Atkinson and Hamilton，2003）。这就更明确地将"资源诅咒"与经济发展的阶段联系起来。

为此,很多学者展开了关于制度质量与"资源诅咒"关系的经验研究。由此涉及的核心问题是,如何对制度质量进行度量,以及如何通过经验分析来检验制度质量对于经济发展的影响。

在将制度与资源丰裕经济体的发展联系起来的经验研究中,大量文献采用"世界经济自由指数"(Economic Freedom of the World, EFW)对制度的质量进行度量。EFW 指标体系共采用 43 项指标,分为五个维度进行评估,包括:① 政府规模;② 法律制度和产权;③ 健全的货币;④ 国际贸易自由;⑤ 监管。其评分从 0 到 10,评分越高表明质量越好。

EFW 指数作为一个综合性指数,旨在衡量一个国家(地区)的制度和政策在多大程度上支持自愿交换、产权保护、开放市场和对经济活动的最低限度监管。第一个维度是政府规模:"随着政府支出、税收和政府控制企业规模的增加,政府决策被个人选择所取代,经济自由度降低。"第二个维度则反映:"保护个人及其合法获得的财产是经济自由和公民社会的核心要素。事实上,这是政府最重要的职能"(Gwartney et al., 2019, p. V)①。考虑到第一和第二个维度对于资源租金的配置和运用有着最直接的影响,我们将这两个维度与资源丰裕经济体的经济增长相联系,考察其间的相关性。

然而,在 EFW 指标体系中缺乏反映腐败的指标,而腐败对于政府效率的影响是相当重要的,特别是,对于资源租金的运用来说,更是不可或缺的一个考察维度。爱德华兹比较了不同的分析及其结论,认为拉美经济较差的长期表现"远非较晚的独立和

---

① 其中第五个维度的设置是因为,"政府不仅使用许多工具来限制在国际上进行交易的权利,它们还可能制定一些烦琐的法规来限制交易的权利、获得信贷的权利、雇佣或为你想要的人工作的权利,或者自由经营你的生意的权利",因此这是一项逆向指标,即监管越是宽松,得分就越高。EFW 指数首次发布是在 1996 年,现使用 43 个变量为 162 个经济体创建了指数,数据在 1970—2000 年以五年为周期,2000—2017 年则已有年度数据。此外,通过对部分指标的估计,将评估回溯到了 1950 年,为部分经济体构建了 1950 年、1955 年、1960 年和 1965 年的指数(Gwartney et al., 2019, p. 189)。

1820—1870年剧烈的政治动荡所能解释。事实上，这些结论表明：大萧条之后采取的政策，如以保护主义为基础的推动工业化，才是拉美地区发展滞后的罪魁祸首。拉美的衰退已经持续了超过三个世纪，这一事实也暗示该地区长期的制度特征，包括产权保护不力、夸张的官僚主义、中央集权、轻视法治、司法体系的低效与无能、高度腐败以及其他特点，也是拉美相对衰退的原因"（Edwards，2010，中译本第26页）。为此，我们纳入了国际组织编制的腐败指数，与制度质量指标一起，来考察其对经济运行的影响。

表4.5展示了资源丰裕经济体在政府规模及法律制度和产权两项指标在1990年、2000年和2010年的得分，以及腐败指数2010年的得分和排名，并按1990—2008人均GDP年均增长率由低到高排列。

表4.5 资源丰裕经济体人均GDP年均增长率与制度质量*

	人均GDP年均增长率（%）	政府规模			法律制度和产权			腐败指数(2010)**
	1990—2008	1990	2000	2010	1990	2000	2010	得分/排名
多哥	-0.57	6.54	7.70	6.52	3.84	2.46	2.33	2.4/134
塞拉利昂	-0.40	6.27	6.17	7.68	5.01	2.27	3.64	2.4/134
土库曼斯坦	0.34							1.6/172
沙特阿拉伯	0.51			4.75			5.42	4.7/50
俄罗斯	0.83	0.99	6.33	6.41		5.56	5.17	2.1/154
乌兹别克斯坦	1.13							1.6/172
阿尔及利亚	1.18	3.09	4.26	3.68	2.92	3.02	3.84	2.9/105

续表

	人均GDP年均增长率(%)	政府规模			法律制度和产权			腐败指数(2010)**
	1990—2008	1990	2000	2010	1990	2000	2010	得分/排名
毛里塔尼亚	1.25			6.46			3.72	2.3/143
几内亚	1.26			6.77			2.98***	2.0/164
赞比亚	1.27	3.33	6.53	7.97	3.70	5.62	5.70	3.0/101
安哥拉	1.72			5.74			3.67	1.9/168
玻利维亚	1.82	6.72	7.90	6.07	2.99	3.74	3.86	2.8/110
埃塞俄比亚	1.95			5.41			5.34	2.7/116
哈萨克斯坦	2.19		5.25	7.37			5.56	2.9/105
蒙古	2.19		4.40	7.83			5.46	2.7/116
伊朗	2.38	4.48	4.54	5.93	1.71	4.85	4.39	2.2/146
埃及	2.66	4.60	6.13	6.13	3.11	4.68	4.56	3.1/98
阿塞拜疆	2.87		3.85	4.25			5.74	2.4/134
乌干达	3.74	4.63	6.74	8.06	2.17	4.45	4.96	2.5/127
马来西亚	3.78	5.91	5.76	5.80	5.79	4.94	5.72	4.4/56
莫桑比克	4.02		8.01	5.14		1.64	4.15	2.7/116
智利	4.25	6.77	6.59	8.02	5.50	5.93	6.80	7.2/21

资料来源：世界银行"世界发展指标"；Gwartney et al., Economic Freedom of the World: 2019 Annual Report; Transparency International: Corruption Perception Index 2010, www.transparency.org。

*空格为无数据，因相应国家或年份未予评估。
**2010年得到腐败指数评估的国家共178个，评分从0到10，得分越高表明越清廉。
***此为2015年得分，无更早年份数据。

由表4.5可见,增长绩效最佳的智利不仅在制度质量的评分上有最高得分,而且其腐败指数得分7.2也是相当高的,排到第21名。

采用多维度的指标体系来对制度质量进行度量看似全面,但却可能导致无法提炼关键因素的影响。基于产权经济学理论,产权保护对于经济增长的作用是基础性的,应能反映制度质量的核心表现。没有有效的产权保护,将缺乏基本的激励,从而损害增长的动力。这一点对于资源丰裕经济体来说,更明确地体现在自然资源的产权明晰及其保护上。为此,我们选择一个单项指标——法律制度和产权——来考察其对长期经济增长的影响。图4.5考察了表4.5中的"法律制度和产权"和长期增长之间的联系,结果显示两者之间呈明显的正相关。也就是说,总体而言,法律制度越健全,对产权的保护越有力,就越有可能获得更佳的经济增长实绩。

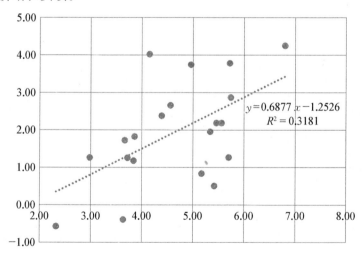

图4.5 资源丰裕经济体经济增长与制度质量的相关性

资料来源:表4.5中的法律制度和产权2010年得分和人均GDP年均增长率。
注:土库曼斯坦和乌兹别克斯坦无数据,未纳入。

发展的必要条件

将以上关于资源丰裕经济体的结论加以扩展,可以提出这样的问题:制度质量对于非资源丰裕经济体的发展是否具有同样的重要性,是否构成发展的必要条件?基于必要条件追索的分析思路,在发展绩效和发展战略之间的逻辑联系体现在:正确的发展战略是取得好的发展绩效的必要条件——政府好的决策是正确的发展战略的必要条件——政府机构的有效决策机制是政府能够做出好的决策的必要条件——有效的激励环境是政府官员做出好的决策的必要条件。在这个逻辑链条中,决策机制和官员的激励环境都是由一个经济体的制度所决定的。就此来说,好的制度就是取得好的发展绩效的必要条件。

总体上,就全球化背景下的开放战略来说,基于大量的经验研究,可以得到的基本结论是:实行封闭战略的经济体都无法取得好的增长实绩,特别是,对于那些处于低发展水平的经济体,甚至无法解决基本的贫困问题。

根据世界银行的报告,实行开放战略的"新全球化"的发展中经济体总共有约 30 亿人,在 20 世纪 90 年代,这一群体的人均增长率为 5%,而发达经济体为 2%。1993—1998 年,这些经济体中的极度贫困人口(每天生活费不足 1 美元)数量减少了 1.2 亿。然而,仍有包含约 20 亿人口的贫穷经济体被排除在全球化进程之外。这些经济体中,有一些受困于不利的地理条件,如地处内陆、容易发生疾病;有些国家则受到政策、体制和治理薄弱的限制;还有一些则是由战乱造成的(Collier and Dollar, 2002, p.1-2)。

实际上,按照我们的类型划分,资源丰裕经济体中的大多数仍处于发展的低水平,这些经济体就有着大量的贫困人口。而按照世界银行的地域划分,撒哈拉以南非洲地区共有 48 个国家,其中只有一个属于高收入组（塞舌尔），五个属于中高等收入组（博茨瓦纳、加蓬、赤道几内亚、毛里求斯和南非），却分别有11个国家和8个国家被认定为高强度、中强度冲突和高制度和社会脆弱国家之列。可以想象，这些国家的制度质量都难如人意，因此其发展绩效不佳也就并不奇怪了。如阿西莫格鲁和罗宾逊所做的归纳："殖民统治的结构留给非洲的20世纪60年代的制度遗产，比殖民统治刚开始时更加复杂、更加有害。在许多非洲殖民地，政治制度和经济制度的发展意味着独立不仅没有创造制度改进的关键节点，而且还为肆无忌惮的领导人接管并强化欧洲殖民者之前控制的汲取性制度创造了机会。这些结构创造的政治激励所导致的政治风格是这样的：一些国家拥有强大专制趋势，但缺乏任何的中央集权的权威能对其全部领土进行有效统治，在这些国家重新出现了不安全、无效率产权的历史模式。工业革命没有传播到非洲，因为非洲经历了汲取性政治的经济制度的持续存在，以及这种制度不断'推陈出新'的恶性循环"（Acemoglu and Robinson，2012，中译本第83页）[1]。

由于制度和文化的影响通常长达数十年甚至数百年，因此，唯有以历史的视角展开比较分析，才可能将其间的逻辑梳理清楚。重要的是，在制度变迁中存在着严重的路径依赖，这种路径依赖或许在相当程度上可以作为文化影响的证据。相对于制度变迁来说，文化是基因。

阿西莫格鲁和罗宾逊比较了诺加利斯城由一道栅栏划分出的两部分的发展绩效。该城于19世纪中叶被划分为美国一侧和墨西哥一侧，一百多年之后，两边的发展水平呈现巨大落差。可以说，属于美国那半边的发展受到美国的制度的影响，原有的墨西哥文化基

---

[1] 阿西莫格鲁和罗宾逊还分析了历史的关键节点的作用，如博茨瓦纳之所以能成为一个例外，是因为其独立之前酋长们就曾经发动了制度变革，且这些变革没有在殖民时期遭到破坏，"这些变革和关键节点之间的相互作用，为博茨瓦纳的经济和政治成功奠定了基础"（同引）。

因必然被融合；墨西哥这半边的制度则秉承着其自身的演化逻辑，因而深受其自身文化的影响。阿西莫格鲁和罗宾逊指出，尽管墨西哥的领导人在世界巨变的环境下也意识到需要进行制度变革，但他们并不选择将殖民制度彻底废除，而是"把原本就使拉丁美洲贫穷不平等的制度带到了下一个时期"。他们采用的是那种"精英们可以攫取大量财富，而其他人被排除在外"的模式，"这种对增长有害的特定制度模式在墨西哥和拉丁美洲一直顽固持续到20世纪，……革命、征用、政治不稳定伴随着军政府和各种不同形式的独裁而来。尽管也存在着渐进的变化，给予民众更多政治权利，可是直到20世纪90年代大多数拉美国家才开始民主化，而且即使那时，它们还深处动荡的泥潭"（Acemoglu and Robinson, 2012, 中译本第24—25页）。

阿西莫格鲁和罗宾逊分析的时间跨度甚至长达百年以上，这不仅可能反映制度的作用，且更能提炼出文化的影响。而对于很多经济体特别是那些发展严重滞后的经济体而言，从必要条件分析的逻辑出发，数十年的时间跨度应已能够说明问题。类似于对资源丰裕经济体的分析，我们再对大国（地区）样本群和小国（地区）样本群考察一下其经济增长与制度质量的关系，结果分别由图4.6和图4.7加以展示。与图4.5类似，这里分别显示的是大国（地区）和小国（地区）1990—2008年的人均GDP年均增长率和2010年的法律制度和产权得分之间的相关性，可以看到，两者之间的正相关性质与资源丰裕经济体样本群是完全类似的。

进一步，我们将那些在1990—2008年出现负增长的经济体放在一起，来探究一下背后的制度原因。我们发现，其中部分经济体在2008年之后逆转了负增长的趋势，实现了正向的增长，少数经济体甚至实现了相对高速的增长。为此，我们将这两段时间区间的增长率进行比较，同时比较它们的制度质量的核心指标——法律制度和产权——得分的变化，以及腐败指数的变化。为了对两个时段

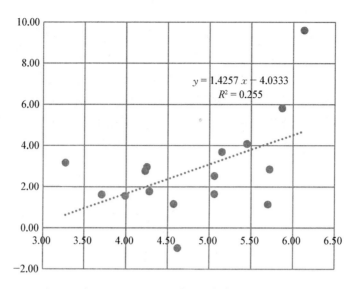

图 4.6 大国（地区）的经济增长与制度质量的相关性

资料来源：世界银行"世界发展指标"；Gwartney et al., Economic Freedom of the World: 2019 Annual Report。

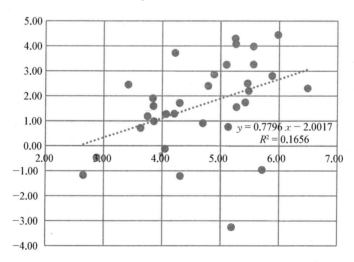

图 4.7 小国（地区）的经济增长与制度质量的相关性

资料来源：世界银行"世界发展指标"；Gwartney et al., Economic Freedom of the World: 2019 Annual Report。

中的变化获得更直观的印象,我们将这些经济体的法律制度和产权得分的变化用图4.8加以展示,读者可以将其与表4.6的数据进行比对,以更清晰地看到两者之间的关联性。

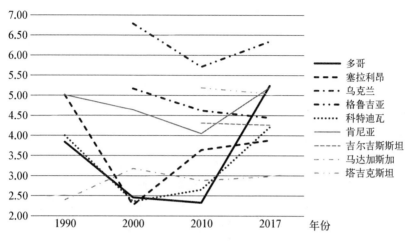

图4.8 1990—2008负增长经济体的制度质量变化

资料来源:Gwartney et al., Economic Freedom of the World: 2019 Annual Report。

表4.6 1990—2008负增长经济体的人均GDP年均增长率与制度质量

	人均GDP年均增长率		腐败指数得分/排名	
	1990—2008	2008—2018	2010	2017
多哥	-0.57	2.72	2.4/134	32/117
塞拉利昂	-0.40	1.84	2.4/134	30/130
乌克兰	-0.98	-0.60	2.4/134	30/130
格鲁吉亚	-0.96	3.87	3.8/68	56/46
科特迪瓦	-1.17	3.14	2.2/146	36/103
肯尼亚	-0.12	2.69	2.1/154	28/143
吉尔吉斯斯坦	-1.21	1.94	n.a	n.a

续表

	人均 GDP 年均增长率		腐败指数得分/排名	
	1990—2008	2008—2018	2010	2017
马达加斯加	-0.48	-0.49	2.6/123	24/155
塔吉克斯坦	-3.26	3.87	2.1/154	21/161

资料来源：世界银行"世界发展指标"；Transparency International：Corruption Perception Index 2010, www.transparency.org。
注：2017年腐败指数评分改为0到100，得分越低表明腐败越严重。

如图4.8可见，在两个阶段中制度质量发生变化最为剧烈的是科特迪瓦，其得分从1990年的4.00下降到2010年的2.65，又明显上升到2017年的4.21；对应地，其1990—2008年的年均增长率为-1.17%，而2008—2018年的年均增长率则上升到3.14%，实现了令人瞩目的逆转。类似的情况见于多哥，其三个年份的得分分别为3.84、2.33和5.24，对应的两个时段的增长率则分别为-0.57%和2.72%。相比之下，塞拉利昂和肯尼亚的转变幅度则都弱于多哥。就增长速度来说，在这两个时间段中实现逆转幅度最大的是塔吉克斯坦和格鲁吉亚，但它们的制度评估数据相对不全，对格鲁吉亚可以看到同样的转折，对塔吉克斯坦则只能看到后一阶段的评分甚至略有降低。吉尔吉斯斯坦的情况与塔吉克斯坦类似，但幅度较弱。或许可以认为，对于这样的制度评估来说，鉴于其方法本身并不具有很高的精确度，因而得分差异在1分之内的可能不一定具有很强的实质性意义。乌克兰和马达加斯加的情况较差，均未实现增长的逆转，实际上它们的制度质量并没有得到提高。这些国家在2010—2017年制度质量的变化也可以从其腐败指数的得分变化中得到印证。

从以上分析可以得到的基本结论是：好的制度是实现经济增长的必要条件。就本书的论题来说，制度和文化对长期增长和发展的影响并非聚焦的论题，故我们不准备再做深入讨论，但鉴于其对政府政策制定的重要影响，我们在本章中从发展战略对具体政策的指导作用这一视角出发，就此略做探讨。在此基础上，我们可进一步分析产业政策效应的评估，以及政府决策中微观主体——政府官员——所面临的激励环境的影响，事实上，这两者都离不开制度作为深层次的关键因素的影响。

5 历史视角下的产业政策效应评估

对于产业政策究竟是否在经济发展中产生了积极的作用,无论是对于东亚经济堪称"奇迹"的发展绩效,还是对于拉美经济颇多波折甚至被认为几近失败的"拉美现象",直至今日都还是一个极富争议的话题。而这种争议之所以难以得到被普遍接受的结论,其主要原因在于,关于一项具体的产业政策究竟产生了怎样的效应,基于不同的方法,可能得到不同的结果。就此来说,对产业政策效应的评估,需要在基本的研究方法论上形成共识。这是解决相关争议的前提条件。

所有的政策都是面向未来的,而对过去的产业政策展开经验研究,则需要站在当时的政策制定者的角度,分析其所处的外部环境、发展目标和内部状况等各个方面的因素对决策的影响。这就是一种历史的视角。如米塞斯所说,"历史事件总是各种因素和一系列因果关系综合在一起共同作用的结果。在人类行动方面不能进行实验。历史需要用以前从其他来源所得出的理论洞见进行解释"(Mises,1976,中译本第2页)。因此,在这里,理论的作用无疑也是不可或缺的,但如前文所强调的,在理论-现实-政策这三角关系中,现实中的政策制定却未必是以理论的支撑为前提的。

我们十分认同青木昌彦等人的说法:"在某种经济发展、历史、内部和外部条件下,政府可能会成功地推动经济发展;而在其他条件下,同样的政府行为可能会失败。……所以,比较的、历史的研究必须成为政府作用分析不可或缺的一部分"(Aoki et al., 1996,中译本第 20 页)。在相当程度上,所谓"反事实研究"对于绝大多数情况下的产业政策研究在逻辑上是难以成立的,原因并不仅仅在于社会科学的不可实验性质,还在于对任何一个特定的产业来说,政策的效应与产业本身的发展规律的作用通常是难以清晰分离的。因此,对两个或少数几个对象的比较分析可能是更为有效的方法,当对象之间具有很高的可比性的时候,其结论就具有较强的说服力。考虑到产业政策的论辩主要以"东亚奇迹"和"拉美现象"为对象,受限于篇幅,我们将主要就这些经济体展开分析。

5.1 产业政策效应评估的方法论

从系统论观点出发,产业政策(包括其他任何政策)的实施究竟产生了怎样的效应,需要在本书的经济系统框架下展开分析。作为一个整体,并将政策基本上视为一种外生变量,那么,研究试图得到的结论是:在经济系统运行的过程中,政策的实施将如何改变系统的运行状态,最终使得经济运行的绩效产生怎样的变化?这样的因果联系不仅取决于政策实施的着力点,还取决于政策力度的大小,更取决于政策施力的方向是否与系统本身运行的趋势一致,还是有所偏差来试图改变甚至扭转系统方向。

基于本书的经济系统三层次架构,对于产业政策效应的评估也应该在这个框架下展开。就政策实施的着力点来说,在前文就政策体系给出概要阐述的基础上,应区分宏观政策、微观政策和产业政策这三个层次,而通过经济系统的运行,在一定时间之后,其效应也同样可能在三个层次上都得以显现。

再考虑到政策效应因果联系的时间滞后差异,产业政策效应的评估就是一项非常复杂的任务。

让我们从关于"东亚奇迹"的争议开始讨论。

从关于"东亚奇迹"的争议说起

自产业政策成为一大论题以来,对于其究竟产生了怎样的作用有着各种观点,甚至还有完全相反的判断,其中关于"东亚奇迹"及其影响因素的分析和解读可以为我们提供最为经典的案例。由于东亚经济体在快速增长的过程中曾经历了危机和复兴,于是,在发展过程呈现波折的情况下,经济学家可能随着其绩效的变化而给出不同的解读和迥异的判断。

日本作为产业政策的"发源地",其产业政策的作用被众多经济学家推崇,特别是在查默斯·约翰逊出版了《通产省与日本奇迹》一书之后更是如此。然而,日本的一些著名经济学家却并不认同其结论。由小宫隆太郎、奥野正宽和铃村兴太郎等组织实施的一个共同研究项目历时两年,得出的最终结论是:

> 参与本合作项目的全体人员认为,除了战后初期有限的短时期之外,基本上高速增长是通过建立在竞争基础上的价格机制和旺盛的企业家精神的作用取得的。与"日本股份公司论"相反,甚至也许可以说战后主要时期(尤其是五十年代和六十年代)产业政策的历史,是民间企业的首创精神和活力,不断地否定政府控制性直接干预意图的过程。(小宫隆太郎等,1984,中译本第537页)

回头看,约翰逊似乎采取了回避的态度,他实际上并未明确说明产业政策的作用究竟有多大,而只是强调,政府确实是有所行动的。他说:"重要的一点是:日本的分析家(包括那些对通产省怀有敌意的)实际上都认为,在50年代出现的建设重工业和化学工业的运动中,政府是发起者和推动者,不管人们如何衡量这个运动付出的代价和得到的效益"(Johnson,1982,中译本第32页)。

此后,爱丽丝·阿姆斯登和罗伯特·韦德分别于1989年和1990年出版专著,强调产业政策对东亚经济增长的作用,但他们的结论存在着重要的差别。阿姆斯登认为,在韩国、日本,与在巴西、印度和土耳其一样,"国家以补贴进行干预来有意地扭曲相对价格以刺激经济活动"(Amsden,1989,p.8)。韦德针对约翰逊所勾画的"资本主义发展型国家"(capitalist developmental state)模型,认为"它不是什么理论。它对制度安排的详细说明是叙述性的而不是比较分析性的,因而拿发展型国家与什么进行对照并不清楚"。于是,韦德在发展型国家和早先的发展经济学对于发展问题的本质的理解基础上,提出了一种"有管理的市场"(governed market)理论。该理论认为,东亚经济成功的优势来自以下三者的结合:"① 很高水平的生产性投资,迅速地把较新的技术转移到实际的生产中去;② 在某些关键产业中的较多投资,这在没有政府干预的情况下是做不到的;③ 让许多产业暴露在国际竞争中——在国际市场上而不是在国内市场上"(Wade,1990,p.25-26)。事实上,上述三点都是可观察的现象,因此,就政府干预及其效应来说,需特别关注的是韦德所说的,"从因果关系的次级层面来看,它们本身在很大程度上是一套政府经济政策的结果"。他所提到的干预措施包括激励、控制和风险分散的机制,"使得政府能够指导——或管理——资源配置的市场过程,……而这是自由市场或模拟自由市场的政策所不能实现的"(Wade,1990,p.26)。

1993年,世界银行发布了《东亚奇迹》报告,对东亚八个经济体出色的增长实绩进行总结。对于政府政策的作用，该报告比较了新古典主义的观点和新古典主义的"修正学派"的观点。前者强调，八个实绩优良的亚洲经济实体（HPAEs）的成功在于"摆正了基本经济原则的位置。……在提供一个稳定的宏观经济环境和可靠的法律框架以促进内外部竞争方面，HPAEs比其他发展中经济体做得更好。他们还强调，HPAEs由于实行贸易外向型政策，没有实行价格控制及其他一些扭曲性政策，因而价格扭曲程度较小"。另一方面，该报告称："新古典主义的修正学派成功地证明了，东亚的发展并不完全与新古典主义模式吻合。产业政策和对金融市场的干预很难与新古典理论框架相调和。某些政策更多地与'政府引导型'发展模式相一致。……东亚政策在一些关键领域发挥了引导市场的作用。"该报告引用了阿姆斯登（Amsden, 1989）的说法，即东亚政府弥补了市场的缺陷，"有意'扭曲'价格——改变激励结构——以推动除此之外别无办法兴旺起来的产业"（World Bank, 1993，中译本第6页）。

罗德里克应属于所谓"修正学派"。1994年，他在一篇论文中提出了一种"自然是有争议的"重要观点。他"挑战了发展经济学中最普遍持有的一种观点"：韩国和中国台湾的增长应归功于出口导向型政策。但他认为，总体而言，这两个经济体都从对市场的广泛干预中获益匪浅，而新古典主义经济学家对这一观点是持怀疑态度的。

罗德里克认为，对于中国台湾和韩国的增长实绩，"正统的说法……低估了政府或地区当局在资源配置方面的积极作用"。罗德里克提出的"对经济腾飞的一个更合理的解释"是20世纪60年代初投资需求的急剧增长。他认为，在20世纪60年代初及之后，韩国和中国台湾"设法大幅提高了私人资本回报率。它们这样做不仅消除了投资的一些障碍并建立了一个良好的投资环境，而且更重要的是减轻了阻碍经济起飞的协调失灵。后者需要一系列的战略干预——包括投资补贴、行政指导和利用公共企业",同时,他也强调了相关的约束条件,"政府或地区当局的干预能够发挥如此富有成效的作用,反过来受到一系列有利的初步条件的制约:有利的人力资本禀赋和相对平等的收入和财富分配"(Rodrik,1994)。

吉恩·格罗斯曼(Gene Grossman)在该文末尾的评论中提出质疑,对于"有针对性的产业政策,比如选择性的投资补贴,直接协调投资决策,以及对公共企业的战略利用,是否是成功的必要条件。我怀疑不是,但我真的不知道答案"(Rodrik,1994)。

1998年前后,亚洲金融危机的发生使得相关的争论更趋激烈。保罗·克鲁格曼指出,亚洲增长"主要来自汗水而不是灵感,来自更努力而不是更聪明的劳动"。更有意思的是,他认为,"亚洲(最近)的危机的最大启示不在于经济方面,而在于政府方面。当亚洲经济进展顺利时,你可以认为这些经济体的规划者知道他们自己在做什么。现在真相大白了,他们其实不知道自己在做什么"(Krugman,1997)[①]。

金融危机使得上述八个经济体特别是其中的印度尼西亚、马来西亚、泰国和韩国的经济受到冲击,增长呈现波折。在此背景下,世界银行在2001年出版了由约瑟夫·斯蒂格利茨和沙希德·尤素福主编的《东亚奇迹的反思》(Stiglitz and Yusuf,2001)一书。在这一报告中,尤素福总结了《东亚奇迹》和其他出版物对"东亚发展方式的原因和动力"所提出的主要因素,包括四个方面:① 坚持宏观经济管理基础;② 强调制定一套官僚体系的策略,这个体系能够认知"强政府"决策的功能,并能就长期规划做出值得信赖的承诺;③ 积极参与的政策;④ 实用主义的方法,其措施具有灵活性(Stiglitz and Yusuf,2001,中译本第5—6页)。他对不同阶段的产业政策的有效性做出判断,认为"部分东亚国家(地区)早期发

---

① 转引自斯蒂格利茨和尤素福(Stiglitz and Yusuf,2001,中译本第4页)。

展的过程中,在特定的内部和外部条件下,产业政策是有效的。这包括动态地引导产业部门前进,使它们得以利用规模经济、技术外溢、学习效应以及协调它们的投资与下游生产者的关系。20世纪90年代的十年中,东亚的产业政策是在持续弱化的,因为这些国家(地区)认识到了开放的好处,并接受了世界贸易组织的规则。……在全球化环境中,这种政策的有效性是递减的。……产业政策的作用越来越局限于少数领域,即政府或地区当局通过发展技能和开展研究,建立能够为全球市场生产高科技产品的竞争性行业"(Stiglitz and Yusuf, 2001,中译本第16页)。

在同一份报告中,罗伯特·劳伦斯和戴维·温斯坦对世界银行报告的三个核心结论提出质疑。他们认为,世界银行报告的以下两个结论找不到支持的证据:一是,出口是加速日本劳动生产率增长的特别有效的渠道;二是,除了选择性的企业所得税率外,直接补贴或产业政策可以刺激生产率;此外,他们认为,世界银行的研究忽视了增长的另外一个重要源泉——进口,他们发现进口和较低的关税率的确刺激了劳动生产率的增长(Lawrence and Weinstein, 2001,中译本第300页)。

六年之后的2007年,世界银行又发布了《东亚复兴:关于经济增长的观点》报告(Gill et al., 2007)。总体而言,包括其他文献在内,这些报告并不只是讨论产业政策的影响,而是对东亚经济的发展展开了全面的分析和总结,所得结论颇为丰富,而产业政策的作用则在其中占有重要的地位。

无论在理论上看起来有多么强大的支撑,无论上述各种分析覆盖的范围和论及的影响因素有多么广泛,如果不能对产业政策究竟产生了多大作用给出令人信服的经验证据,论辩双方或多方就不可能取得共识。因此,对产业政策效应的实证检验就扮演着关键角色。韦德对于产业政策效应评估的关键意义有着清醒的认识。他指出,"严谨的直接的证据必须把产业政策的影响同宏观经济政策和其他政策区别开来。……产业政策分为两大类：功能性政策和部门性政策。它们各自的影响也需要加以区分。除了宏观经济和产业政策，还有公共品政策，也就是亚当·斯密所说的'主权的三种责任'——国防、法律和秩序以及物质基础设施。我们应该进一步区分旨在改变收入和资产分配的政策，它们的结果会影响不同宏观政策特别是针对经济紧缩的调整政策的政治可行性"（Wade，1990，p.30）。

在最新的总结中，罗德里克按照对产业政策实证研究的结论划分了两大阵营。一方面，阿姆斯登（Amsden，1989）、彼得·埃文斯（Evans，1995）和韦德（Wade，1990）等对韩国、印度、巴西等国家和地区进行了详细的研究，并对产业政策的成功给予了积极的评价；另一方面，一些跨行业或跨国的计量经济学研究将经济实绩（如生产力或出口）与反映政府支持的指标进行回归分析，如安妮·克鲁格和巴兰·坦瑟（Krueger and Tuncer，1982）等，他们一般对政府补贴的有效性得出否定的结论。但这两组研究都没有完全说服对方的阵营。按罗德里克所说，国别/区域研究面临的一个常规问题就是，很难将成功的影响归因于某一项具体的产业政策（Rodrik，2019）。这就对产业政策的实证研究带来巨大的挑战。

为了给出具有说服力的证据，基于经济系统和政策效应所具有的高度复杂性，有必要从基本的研究逻辑着手进行梳理，而这必须建立在经济系统运行的大框架基础之上。

产业政策效应评估的逻辑

大体而言，经济学家们对于"东亚奇迹"的分析及其反思尽管提及了众多影响因素，但并未就一个基本的分析框架达成共识，或者说，不同学者在潜意识中采用的分析框架并不一致，大多数学者并未从整个系统长期演变的角度，来分析不同影响因素各自的作用，包括发展的环境和不同经济体所具有的禀赋——地理的和文化的——的重大影响。由此产生巨大的观点差异就一点都不令人感到奇怪了。

大量文献都是从绩效出发来对政策进行评价的，由此导致阿维纳什·迪克西特所指出的关于政策问题存在的现象："在任何时候，某个国家做得很好，学术界和观察者们就都倾向于总结它的实践并向所有其他国家进行推荐。而十年或二十年后，这个国家不再做得那么好，其他某个使用不同政策的国家开始做得很好，于是又成为所有国家应该效仿的新星"（Dixit, 2006, p. 23）。可见，如果不能对政策的效应进行科学的评估，而只是十分简单而直接地将所谓绩效与政策加以联系，并按照时间的先后顺序来认定因果联系，就永远不可能获得令人信服的证据，而经济学也就永远不可能成为一门科学。

OECD对产业政策的界定是从政策目标出发的："在发展中经济体中，产业政策是旨在支持生产转型的政府行动，以提高生产力，促进前向与后向联系的产生，提高国内能力和创造更多更好的就业机会。这是在人力资本和技能、基础设施、金融、贸易和科技等多个领域协调和有序行动的结果。产业政策通常被组织为产业发展战略。它们往往包括促进私营部门发展的横向措施，以及促进具体活动或集群发展的选择性政策"（OECD, 2013, p. 102）。显然，这里所涉及的政策目标是多维度的，由此带来的问题是：如果采用多个指标作为评价标准，其中的哪个指标是最为重要的？还是应同时兼顾多个指标？这又可区分为两个略有不同的问题：一是，在宏观、微观和产业三个层次上，一个政策体系包含着多种政策及其可使用的工具，它们之间的关系该如何处理？宏观和微观的政策也会对产业体系的演变产生影响，那么，其政策效应该如何评估？二是，就产业层面来说，产业政策的核心目标应以产业结构的转变为重,那么,究竟是以产出结构为核心,还是需要同时考虑要素投入的结构,甚至还需要考虑产业政策对要素生产率的影响?

从政策目标出发来对其效应进行评估,应该是一项基本的原则。而基于历史视角,发展是一个过程,因此,联合国工业发展组织(UNIDO)在其2013年的《产业发展报告》中提出的对产业政策目标的界定值得我们特别关注。该报告认可赛尔奎因所说的产业政策的主要目标是"预见结构变化,通过消除障碍和纠正市场失灵来促进结构变化"(Syrquin,2007),并更明确地将其与发展阶段相联系:

> 在工业化的早期阶段,从农业转向劳动密集型或以资源为基础的制造业;在工业化的后期应促进制造业的升级和多样化;在更先进的阶段则是推动技术创新。(UNIDO,2013,p.132)

该报告关于政策效应评估的分析涉及了更宽泛的工具和影响范围。该报告自认为提出了"最令人信服的证据,证明精心选择和良好实施的工具可以带来潜在的成功"(UNIDO,2013,p.142),但遗憾的是,就其所引用的实证研究成果来说,基本上都不是直接验证产业政策的目标是否实现或在多大程度上实现的。

例如,该报告引证的某一项研究(Criscuolo et al.,2012)是针对英国某一个商业支持计划的,涉及区域选择性援助,该计划在过去40年里向贫困地区的公司(主要是制造业企业)提供补贴。研究发现,补贴计划对小公司有强烈的积极影响,但对大公司基本上没有影响;还发现该计划主要降低了失业率,但没有导致未参与该计划的公司的就业出现同等程度的下降。该报告引用的另一项研究(Kline and Moretti,2012)对美国田纳西流域管理局一个大规模基础设施投资项目对区域经济活动的长期影响进行了评估,该基础设施建设项目在20世纪30年代启动，该项研究评估了项目实施70年间产生的效应（UNIDO，2013，p.142）。问题在于，虽然就业率或就业结构都与产业发展有关，但政策对就业的影响究竟如何间接地导致了产业结构的转变，并不能从该项研究中得出什么结论。更重要的是，针对基础设施建设的政策并不属于产业政策，基础设施改善对经济系统带来的效益是相当全面的，以此来论证产业政策的有效性也难以令人信服。正如我们一开始就强调的，将基础设施投资纳入产业政策的范畴中来，使得产业政策无所不包，因而也就无法对其效应给出客观而科学的结论。就此来说，这样的经验研究无论采用了多么精致的计量统计方法，都难以为产业政策的有效性提供令人信服的证据。

由此可见，要对一项具体的产业政策的实施效应进行评估，就必须采用系统观点，必须在本书所勾画的经济系统甚至社会大系统的框架下来展开。这并不意味着每一项评估都需要采用类似于一般均衡模型那样的复杂工具，而是说，首先需要以这一框架为基础，明确区分政策目标指向的层次划分，进而分析其对产业体系结构特征演变的影响。按照我们的定义，产业政策的目标指向是特定的产业部门，因而任何一项具体产业政策的效应也就应该在中观层次展开，但考虑到大量文献都以产业政策产生的宏观效应和微观效应为依据来展开讨论，我们也需要就此给出相关的评述。

我们在第2章中所阐述的经济体系三个层次之间的联系构成产业政策效应分析的基础，也就是说，对产业政策效应的评估是建立在经济系统运行的基本逻辑的基础之上的。

我们强调的是，微观层面的行为主体或其组成部分的行为对于整个系统行为的作用是基础性的，这里我们应主要关注企业行为，特别是，企业对于产业政策的实施所做出的反应，将决定产业政策的效应。就此，我们还强调，不能从单个的或部分个体的行为直接做出关于宏观层次系统行为的推断，而是还需关注企业之间的互动或相互影响，这对于政策效应在产业层次和宏观层次的表现也具有关键意义。

在此基础上，我们不可忽视的是，宏观层次的发展战略的选择归根结底是通过其具体的政策实施和由此导致的企业对政策的反应而产生作用的，而大量企业的反应通过按照行业和部门的加总，最终体现为我们的研究对象——产业体系的结构演变。当然，这并不意味着我们需要按照这一因果联系的线索来展开经验分析，事实上，这将受到数据可得性的约束。因此，可行的思路只能是，由所制定的发展战略引导出具体的产业政策，进而与相应的产业结构的变动相联系，考察其间的相关性和因果关系。在可能的情况下，微观层次的数据可以作为证据来支持所得的结论。

基于我们对政策体系的划分，就微观主体行为对产业政策效应的影响，我们还需特别关注竞争政策与产业政策之间的综合效应。特别是，当我们考察经济的开放和贸易政策的效应的时候，市场竞争格局对企业的国际竞争力具有重大影响，从而对行业的国际市场表现产生影响。这是我们分析微观层次的产业政策效应的主要维度之一。

以生产率提高为产业政策正名：一个误区

在产业政策效应的经验研究中，有一类文献着眼于产业政策对微观层次的生产率的影响，在一定意义上，这类研究可能进入了一个误区。从政策效应与政策目标的对应性要求来说，这类研究的成果对于产业政策的选择恐怕并不能带来多少指导，因为绝大多数产业政策的制定并非以提高生产率为目标。相对于以产业结构的转变为目标的政策来说，分析其是否对生产率的提高产生影响，也不能带来什么益处。事实上，虽然产业结构转变与生产率的提高都是经济发展的重大论题，但两者之间的关系却并不那么直接。

不妨以二元经济理论为背景，用一个简单的数字例子来加以说明。

刘易斯的开创性论文（Lewis，1954）提出了"二元经济"理论，该理论把握了不发达经济体的本质特征之一——劳动力无限供给。之后，费景汉和拉尼斯十分明确地将二元经济定义为一个包括农业部门和工业部门的经济："劳动剩余的欠发达经济的明显特点是，农业部门（广泛存在隐蔽性失业和很高的人口增长率）占主导地位，同时存在一个规模小但充满希望地在成长起来的工业部门"（Fei and Ranis，1964，中译本第6页）。

以A部门表示农业部门或传统部门，以I部门表示工业部门或现代部门，假设两个部门从t=0时期到t=1时期的变化如表5.1所示。我们以部门产出的变化来反映产业结构的变化，相应地，可以看到劳动力投入结构的变化和劳动生产率的变化。

表5.1 二元结构中的产业结构变化与劳动生产率增长

	t=0			t=1		
	A部门	I部门	加总	A部门	I部门	加总
产出	80	20	100	81.6	24	105.6
占比	80%	20%	100	77.3%	22.7%	5.6%
产出增长率	—	—	—	2%	20%	5.6%
劳动力投入	80	20	100	76	24	100
劳动力投入增长率	—	—	—	-5%	20%	0%
劳动生产率	1	1	1	1.07	1	1.06

假设因产业政策对I部门的扶持，其产出增长率为20%，而A部门并无政策扶持，其增长率仅为2%，再假设初期两部门的劳动生产率没有差异，之后因I部门的发展，吸引了更多劳动力的加

入,其劳动力投入的增长率与其产出增长率相同,而 A 部门则因此而减少了劳动力投入。结果发现,整个经济体的产业结构发生了变化,工业部门占比由原先的 20% 增加到 22.7%,农业部门比重相应地由 80% 降低到 77.3%;劳动力投入的总量并未发生变化,仍为 100,但其结构发生了变化。更重要的是,对于工业部门来说,其劳动生产率并未提高,仍为 1,但农业部门则因减少了劳动力投入而提高了劳动生产率。由此,整个经济的劳动生产率也有所提高。

由此可以得到的一个重要结论是:对于发展中经济体来说,其生产率的提高并不一定是通过现代部门的生产率提高来实现的,也就是说,工业部门或现代部门的劳动生产率的提高并不是整体的生产率提高的必要条件。通过产业结构的变化,当现代部门所占比重上升,它可以从农业部门吸收剩余劳动力,从而提高经济的整体劳动生产率。这种可能性对于处于较低发展阶段的经济体来说最为重要,特别像中国这样的人口大国,农业中存在大量的剩余劳动力,中国经济发展的经验也证实了这一点。对于处于较高发展阶段的经济体来说,农业部门劳动生产率的提高有可能成为工业部门发展的重要条件,因为由此可以为工业部门的发展提供更充分的劳动力供给。

以上数例说明,虽然从供给侧出发分析不同部门劳动生产率或全要素生产率的提升对于经济增长的作用具有十分重要的意义,也因此具有重要的政策含义,但就产业政策效应的实证研究来说,更重要的是其对产业结构转变产生的影响。如果以劳动生产率或全要素生产率的提高为目标,需采用的政策并非产业政策,而更应考虑与技术进步相关的各类政策,包括创新政策等等,而这类政策的指向更偏重于微观层次的企业活力和营商环境。

三个层次的产业政策效应评估

总体来说,基于历史视角,我们需要从两个维度来展开产业政策效应的评估:一方面,我们需要分析,在处于相近发展阶段并采取了相近发展战略的情况下,政府的产业政策是否有着较高的相似性并取得相近的产业结构效应;另一方面,我们还需要考察,对处于相近发展阶段的经济体来说,由于其发展的时代背景可能有着相当大的差异,那么,其所处的发展环境,包括技术环境,对于其产业政策的效应和产业结构转变又可能产生怎样的影响。基于这一视角,我们将按照三个层次分别展开对产业政策效应的评估。

首先,在宏观层面,上一章分析了发展战略的选择对经济增长的影响,但需强调的是,发展战略对于经济增长的影响是通过产业体系的演变来产生的。在此意义上,相当多的文献将增长的成功直接归因于产业政策的推动,在逻辑上恐怕难以令人信服,因为经济增长受到太多的各种因素的影响,很难从宏观层次上把产业政策的作用单独分离出来加以评估。从政策实施的机制来说,也应该是由宏观层面的政府发展目标来决定发展战略,进而由发展战略来引导产业政策的制定,而并非由产业政策组织而构成产业发展战略。

产业政策效应评估的核心在产业层次。产业层次的效应评估可进一步细分为两大类:一类是全面评估,即以整个产业体系为对象的评估,此时至少将大多数产业包括在内;另一类是专门针对特定产业的评估。鉴于科技进步对产业体系演进的重大影响,需要对产业层次的评估展开较深入的分析。

微观层次的评估在严格意义上与产业政策并无直接联系,但基于迈克尔·波特等对日本产业政策效应的经验研究所得出的结论(Porter,竹内广高,榊原鞠子,2000),当我们以产业竞争力为度量标准的时候,实际上就需论及微观层次的企业竞争力。这实际上是广义的所谓功能性产业政策的目标。

韦德提出,"为了评估特定行业政策的影响,一个明显的方法是选取若干行业,逐个案例地审查促进措施与随后增长之间的联系"(Wade,1990,p.30)。事实上,除了"保持其他条件不变"

这一难以在现实中得到满足的苛刻条件之外，如何对分析结果进行阐释也是一个重要问题，而按照反事实分析的逻辑，还需考察这样的问题："如果得到大量援助的行业增长速度比没有得到大量援助的行业慢，这是否意味着援助的失败，还是表明援助将是该行业后续快速增长的条件？人们总是需要假设，如果没有政府的帮助会发生什么"（Wade，1990，p. 31）。但又如斯蒂格利茨所指出的："确定在没有规定的政策的情况下会发生什么通常是困难的。政府资助了一个快速增长的行业，这并不意味着这种增长应该归功于政府的行动。这个行业在没有政府干预的情况下可能已经发展起来了"（Stiglitz，1996）。

为此，我们需要将综合性的国际比较与案例式的个别比较结合起来，在充分利用可得数据的情况下，以可比性为核心标准，对产业政策的效应进行评估，以尽可能得到具有较高可信度的结论。

5.2 产业政策与经济增长：宏观层面的评估

如上所述，要对产业政策的有效性给出全面评估所面临的困难几乎是无法克服的，更不用说试图给出一种普遍适用的"药方"来治疗"发展困境"这种病症。纵观历史，即使按照我们的狭义界定，产业政策也存在众多"成功"的和失败的案例。目前来说，较为普遍接受的共识是"It depends"，即因情而异，这里的"情"，既包括历史环境，更包括一个经济体的各种独特条件。为此，我们仍采用必要条件追索的方法来探索：在什么情况下，可能不得不采用产业政策，即产业结构政策，才能够有效地推动一个经济体获得持续的发展，最终成为发达"俱乐部"的一员？

为了给出这样的结论，就只能扬弃目前被较多采用的大样本经验研究方式。必要条件追索的逻辑就是，这样的条件必须得到满足，才能实现发展的目标。当然，只要能够找到一个反例，相关的结论就可以被证伪。

如果按照影响因素的深度，在上一章的最后，我们已经直接追索到了制度因素，通过基于经济体类型特征的比较和分析，我们的结论是，好的制度是实现经济增长的必要条件。对于这一结论，我们还将通过进一步的分析来加以论证，特别是通过制度对微观主体行为的决定性影响来进行追索，这与营商环境的质量有关，将在第7章展开。

我们选择典型经济体作为有限但不唯一的案例展开分析。

产业政策推动了经济增长吗？

在产业政策论辩中，对于其是否有效推动了经济增长，不同观点差异非常之大。按照林毅夫所说，"尚未见不用产业政策而成功追赶发达国家的发展中国家，也尚未见不使用产业政策而能继续保持领先的发达国家"（张维迎和林毅夫，2017，第79页），换言之，无论发展中国家还是发达国家，产业政策的采用都是其成功的必要条件。但这显然也只有按其广义界定的产业政策概念才可能成立。即使如此，要说产业政策构成经济增长的充分条件，恐怕也没有一个经济学家敢于下如此断言。如前文（3.1节）所梳理的，一些增长经济学家从经验研究出发进行归纳，提炼出了若干成功增长经济体的关键特征，但其中若干特征实际上构成增长的必要条件，但即使是把所有特征放在一起，也未必构成经济增长的充分条件。

按照必要条件分析的逻辑，其实很容易找到一个或很多个反例。在经济发展的历史上，存在若干个国家，在并未推行产业政策的情况下就成功进入了高收入俱乐部。除了个别例子之外，若干个非常小国都属于这种情况。事实上,绝大多数文献并不关注那些蕞尔小国,那么,在排除了那些非常小国之后,这一必要条件是否在限定了一定范围的条件下就可以成立?

为了回答这个问题,有必要选择若干经济体来进行对比。首先,基于著名的"东亚奇迹"和"拉美现象",我们对东亚和拉美主要经济体的发展经验进行对比,而对于发达国家的发展历程,我们对美国和英国,以及日本和德国进行概要的比较分析。

首先展示一下东亚和拉美主要经济体二战之后的增长实绩,以对其差异获得直观的印象。考虑到可比性,我们仅对大国进行比较,而为了尽可能聚焦于产业政策的效应,在东亚经济体中则仅关注日本、韩国和中国。图 5.1 展示了这些经济体的增长轨迹。

如图 5.1 所示,日本和韩国的增长势头远远强于其他国家,相

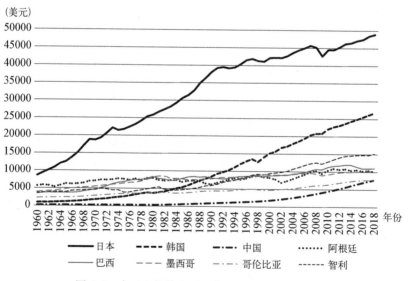

图 5.1 东亚和拉美主要国家二战后经济增长轨迹
(人均 GDP 2010 年不变价美元)

资料来源:世界银行"世界发展指标"。

比之下,日本的起点较高,韩国则后来居上,明显赶超拉美国家,中国增长的起步却要落后数十年。拉美国家总体呈现慢速的增长,其中智利的表现最佳,但也无法与日、韩争先。就产业政策来说,大多数学者认同的是,日本和韩国是推行产业政策的标杆,因此这种增长业绩的明显差异似乎为产业政策的有效性提供了有力的证据。但要将宏观增长的差异如此简单而直接地归因于产业政策的推行,事实上并不十分具有说服力。我们至少需要更深入地了解:拉美国家的产业政策状况如何,它们与日、韩在产业政策的制定和推行中存在怎样的差异,特别是,产业政策的效应究竟如何体现在宏观层面的增长绩效上?而从历史视角出发,不仅需要考虑全球化环境的影响,还需要考虑技术革命的影响,因此,我们需要比较在大致接近的发展阶段,特别是在赶超先进国家的阶段,产业政策的作用是否足以导致经济增长实绩的明显差异。

对此,我们首先概要考察美国对英国的成功赶超是否可归功于产业政策的实施。

首先明确,在总体上,美国是没有产业政策的。当然,我们始终是按照严格界定的(狭义的)产业政策概念来进行讨论的①。进一步需要明确,政策目标构成政策界定的基本要素,因此,不是以某一特定产业的发展为目标的政策都不应被视为产业政策。

对于美国来说,按照约翰逊的说法,里根的经济政策——作为供给侧经济学的一个版本,"实际上是美国走向产业政策的第一步"

---

① 林毅夫在争辩中引用玛丽安娜·马祖卡托在《企业家型政府》一书中的研究发现,称"现在美国在世界上领先的航天、信息、生化、纳米、医药产业,早期的新产品、新技术开发所需的基础科研都是政府支持的"(张维迎和林毅夫,2017,第78页)。按照我们的划分,政府对基础性科研的投入属于科技政策,事实上,很多基础性研究在尚未投入应用之前,并不十分清楚其将对哪些产业产生推动作用。

(Johnson, 1984, p. 4)①。从逻辑上推断,约翰逊应该承认,在此之前,美国是没有产业政策的。也就是说,当美国还落后于英国并着力追赶试图成为领先国家的时候,在美国的较初级的发展阶段中,美国并没有采用和实施什么产业政策。实际上,美国两位产业政策的主要倡导者伊拉·马加齐纳和罗伯特·赖克"建议美国企业和政府开发一个连贯的和协调的产业政策,其目的是通过改善投资的模式来提高美国公民的实际收入,而不是只关注总投资水平"(Magaziner and Reich, 1982, p. 4)。可见其设想的政策目标也与产业发展和产业结构演变完全无关。而该建议提出的背景也正是里根的供给经济学提出的背景,即美国在之前的十年中经历了"一段困难的时期。产出和生产力的增长放缓,通货膨胀和失业率的平均水平都远高于战后初期。而且,这十年已经造成了战后最严重的两次衰退"(Schultze, 1983)。

陈绍远从政策的两个要素——政策目标和政策措施——出发,特别是从政策目标出发,论证了美国是没有产业政策的:美国没有一个中长期的产业规划;没有以某一格局的产业结构为目标的政策;没有有意识地扶持某一新兴产业,以促使其更迅速的发展;没有采取积极措施,以加速没落产业的更新改造和升级换代;没有一套政策来实现生产要素的预期流动(陈绍远,1990,第202页)。

为此,有必要概要回顾一下美国赶超英国的发展过程。图5.2展示了两国人均GDP的增长路径。"由于已故的安格斯·麦迪森(Angus Maddison)编制的历史统计数据,经济学家对长期经济发展的理解大大提高。然而,他比较不同国家和不同时期收入水平的方

---

① 约翰逊紧接着说,在某种程度上,美国在当时已经有了一个产业政策,即由美国国防部实施的"星球大战"计划(Johnson, 1984, p. 4)。将国防项目列入产业政策来加以论证,可见其对产业政策的界定也是漫无边际的。国防作为公共品,应由政府来投入,这是经济学基本常识。当然,所有国防投入都一定会落实到某个产业,或落实到科学技术和研发投入,如果以此为由将国防政策作为产业政策来加以讨论,那么可以说,政府的所有政策都属于产业政策。

法受到了越来越多的批评"(Bolt et al., 2018, p.1)。为此,我们从最新版本数据集中获取数据,该数据集由格罗宁根大学格罗宁根增长与发展中心在麦迪逊工作的基础上更新而成,克服了麦迪森工作中的一些受到批评的缺陷①。

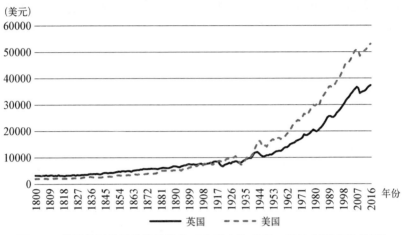

图5.2 美国赶超英国的增长轨迹(实际人均GDP,2011年不变价美元)
资料来源:Maddison Project Database(MPD)2018。

由图5.2可以看到,美国的人均收入水平在1906年第一次超过英国,两者分别为7762美元和7631美元,之后有所反复,但在1918年两者收入水平分别达到8648美元和8462美元之后,也就是在第一次世界大战结束之后,美国就开始明显超越英国,且幅度越来越大。到2016年,英国的实际人均GDP为37334美元,美国则达到53015美元,英国仅为美国水平的70.42%。

显然,在20世纪初之前尚无产业政策的概念,虽然按照桑普

---

① 参见尤塔·博尔特等(Bolt et al., 2018)。该数据集产生两种系列的数据,根据其建议,对于收入水平的问题,采用CGDPpc系列是最合适,但CGDPpc不应该用来计算随时间增长率,"当试图理解相对增长率时RGDPNApc是更合适的测量"。我们采用其RGDPNApc系列数据,称为实际人均GDP,以2011年美元为基准,"它的定义特征是,它追踪了给定国家国民核算账户(或其历史重建)中的人均GDP增长率"(Bolt et al., 2018, p.5)。

森·劳埃德在李斯特《政治经济学的国民体系》一书的英译者序中所说,"很有理由可以相信,这些论点直接促成了世界上两个大国——德国和美国——的商业政策"(List,英译者序,第1页),但这些政策所涉及的主要是贸易保护。按照李斯特的理论,在美国赶超英国的过程中,美国采取了保护主义政策来扶持其幼稚产业的发展,但这主要涉及少数产业,对于整体经济的增长所发挥的作用究竟有多大,是值得探讨的一个问题。对此,更多的美国经济学家认为,美国的经济增长所依赖的最重要的是竞争,而不是政府的政策保护。特别是,美国在近百年中始终保持了全球领先地位的增长实绩,其关键的因素应该是微观层次的企业竞争力,而非政府的保护政策。

相近发展阶段的增长实绩比较

基于历史视角,在比较经济增长实绩的时候,不可忽视的是,对于相近的发展阶段,其增长环境的差异可能带来的影响。为此,我们对英国、美国、德国和日本从同一个人均收入水平起步之后的增长轨迹进行比较。仍选择实际人均 GDP 数据即 RGDPNApc 系列,以 5 000 美元为起点,所得结果如图 5.3 所示。

由图 5.3 可见,英国、美国、德国和日本的人均 GDP 达到 5 000 美元(2011 年不变价)的年份分别为 1863 年、1882 年、1893 年和 1958 年[①]。以此为起点,英、美、德、日的人均 GDP 达

---

① 根据麦迪逊采用 1990 年国际元进行的测算(Maddison,2007),英国、美国、德国和日本的人均 GDP 达到 5 000 美元的年份分别为 1915 年(按 1869—1918 年时段测算,p. 439;或 1925 年,按 1919—1969 年时段测算,p. 441)、1906 年(按 1900—1955 年时段测算,p. 466)、1939 年(按 1919—1969 年时段测算,p. 440)和 1963 年(按 1950—2001 年时段测算,p. 562)。可以发现,时间越是久远,两者之间的偏差就越大。如尤塔·博尔特所说,"不断变化的经济结构、跨国价格比较中的测量误差和偏差是造成这种差异的重要原因"(Bolt et al.,2018,p. 2)。对于如此长期的回溯性测算来说,因两者采用了不同的基准年份,这种偏差更是无法避免的。因此,我们强调的是大致相近的发展阶段,而不是精确的年份。

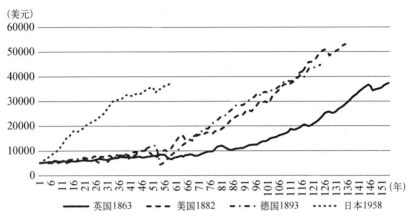

图 5.3 英、美、德、日 5 000 美元起点增长轨迹比较
（实际人均 GDP，2011 年不变价美元）

资料来源：Maddison Project Database（MPD）2018。

到 30 000 美元的年份分别为 1999 年、1983 年、1985 年和 1991 年，其各自所花费的时间分别为 136 年、101 年、92 年和 33 年。由此可见，越是接近现代，工业化的速度就越快[1]。可以设想，其原因不外乎两大因素：一是技术革命的影响，即技术进步的速度趋于加快，从而使得经济增长也呈现加快的趋势；二是全球化的影响，即全球化对经济增长总体带来有利的环境。这一点可以由英国和其他三个国家增长轨迹的明显差异得到充分反映。事实上，英国在以 5 000 美元收入水平为起点发展之后的第 86 年（实际人均 GDP 达到 10 543 美元）开始，方才呈现较为快速的增长轨迹，彼时已经是 1946 年，也正是二战结束之后第二波全球化浪潮即将开启的时期。

考虑到战争的影响，对德国和日本的比较应从其二战之后的增长开始。相比之下，德国的工业化开始的时间早于日本，因此在二

---

[1] 考虑到测算偏差的原因，时间长度可能存在一定的误差，但其间差异应大致如此。经济增长速度加快的这一趋势被罗德里克归纳为长期经济增长的典型化事实之一（Rodrick，2014）。

结合图 5.3 即可看到，日本在二战后初期的增长速度明显慢于德国，然后到 1964 年其与德国的差距才恢复到 1946 年水平。1964—1996 年，日本几乎完全实现了追赶目标，但此后的差距又有所扩大，2011 年达到一个拐点，到 2016 年则又有所缩小。总体可见，日本经济增长率的波动较大，而德国则要稳定得多。

从对日、德增长实绩的比较中，似乎可以得出结论：由于日本推行产业政策的力度和范围都要比德国更强更广，因而产业政策对增长的促进作用是显著的。但如果考虑到德国的发展水平始终高于日本，从发展阶段来说，德国在度过了战后恢复期之后，就已经进入了较高发展阶段，因而其增长速度的放缓也就是顺理成章的了。事实上，从较为成功经济体的发展过程来看，在跳出"贫困陷阱"之后，在工业化初期这一发展阶段，都可能经历较长一段时期的高速增长，且不论其运行机制属于计划体制还是市场机制。我们以实际人均 GDP 3 000 美元（2011 年不变价）为起点[1]，比较一下日本、韩国、中国大陆和中国台湾地区的增长轨迹[2]，结果如图 5.5 所示。

在这四个经济体中，从发展阶段的起点来说，日本是最先起步的，韩国和中国台湾大致相近，应属于第二梯队，中国大陆则要比日本晚了 44 年，比韩国和中国台湾分别晚了 24 年和 27 年。不妨以"翻两番"为标杆，即以实际人均 GDP 从 3 000 美元增长到 12 000 美元所花的时间进行比较。中国大陆在 2014 年基本实

---

[1] RGDPNApc 系列数据中的 3 000 美元（2011 年不变价）大致处于中低等收入水平，不妨与其他系列数据做一比较。以中国大陆为例，按世界银行数据，1994 年的人均 GDP 为 473 现价美元，按 2010 年不变价则为 1 116 美元；按世界银行图表集法测算的人均 GNI 则分别为 1 208 美元（2010 年不变价，1995 年，因 1994 年数据缺失）和 1 670 国际元（按购买力平价衡量的现价国际元）。1994 年，世界银行按人均 GNI 所做的收入水平划分组限则是：低于 725 美元为低收入；725—2 895 美元为中低等收入；2 896—8 955 美元为高中等收入；高于 8 955 为高收入。

[2] 我们把亚洲"四小龙"中的新加坡和中国香港排除在外，因为其可比性相对较差。

战之前就已经达到明显高于日本的人均收入水平①。我们比较两者二战之后的增长轨迹，如图 5.4 所示，由此可以发现，总体而言，两者的增长实绩都相当亮丽，但日本的增长速度确实略高于德国。

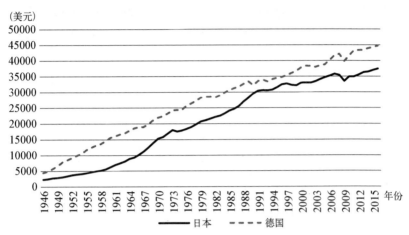

图 5.4 德国和日本二战后增长轨迹比较（实际人均 GDP，2011 年不变价美元）
资料来源：Maddison Project Database（MPD）2018。

概要分析两者人均收入水平差距的变化，可以发现一些重要的时间节点。我们将相关数据列于表 5.2 中。

表 5.2 日本相对德国实际人均 GDP 水平的变化（2011 年不变价美元）

	1946	1964	1996	2011	2016
德国	4 478	17 822	34 761	43 189	44 689
日本	2 273	8 919	32 485	34 979	37 465
日本相对德国（%）	50.76	50.04	93.45	80.99	83.83

资料来源：Maddison Project Database（MPD）2018。

---

① 德国在 19 世纪初还是一个农业国，直到 1848 年资产阶级革命爆发才开始工业化。1870 年，德国的工业品产量超过法国，占世界工业品产量的 13.2%，成为工业大国。从 1870 年到 1913 年即一战前，德国的工业生产增长了 4.3 倍，成为当时最先进的国家之一（引自黄群慧等，2015，第 118 页）。

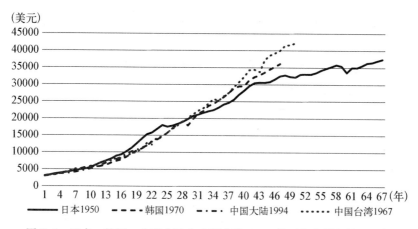

图 5.5 日本、韩国、中国大陆和中国台湾 3 000 美元起点增长轨迹比较
（实际人均 GDP，2011 年不变价美元）

资料来源：Maddison Project Database（MPD）2018。

现了"翻两番"（11 944 美元，2015 年为 12 244 美元），从 1994 年算起共花了 20 年；日本在 1968 年（12 563 美元）实现该目标，从 1950 年算起只花了 18 年；中国台湾从 1967 年算起到 1987 年（12 720 美元）花了 20 年；韩国则从 1970 年算起到 1990 年（12 004 美元）也花了 20 年。考虑到对应时期的全球化环境和科技进步周期背景，相比之下，日本的增长速度略快于其他三个经济体。

发散的增长实绩

鉴于经济增长的实绩受到多种因素的影响，简单地将其归因于是否推行了产业政策或产业政策制定与实施的效果是难以令人信服的。从强调增长的必要条件这一角度出发，我们需要更深入地探究不同经济体的禀赋和制度等差异及其对增长的影响，同时也需要通过发展战略对产业政策的影响来考察其对增长实绩的影响。要得出这样的结论,可能更需要关注那些增长发散的情况。

为此,我们再将东亚其他经济体和拉美经济体的增长轨迹进行比较,分别由图5.6和图5.7加以展示。

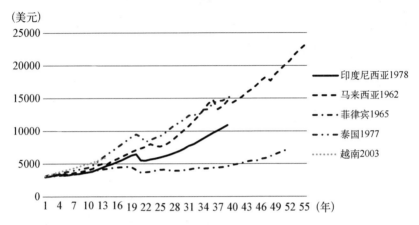

图 5.6　东亚其他经济体 3 000 美元起点增长轨迹比较
（实际人均 GDP，2011 年不变价美元）

资料来源:Maddison Project Database（MPD）2018。

由图 5.6 可见,在东亚这些经济体中,马来西亚的增长实绩是最好的,其起步的时间早在 1962 年,但其实现"翻两番"是在 1994 年（12 299 美元）,共花了 32 年;差不多同时起步的菲律宾,其实际人均 GDP 直到 2016 年才达到 7 410 美元,表现最差;泰国和印度尼西亚差不多同时起步,但泰国在 2007 年（12 376 美元）实现了"翻两番",花了 30 年,可菲律宾到 2016 年（10 911 美元）仍未实现这一目标;越南的增长仍属于初级阶段,到 2016 年（6 062 美元）恰好实现了"翻一番"的目标,已花了 13 年,但其近年来的增长势头是比较强劲的。

拉美的情况要复杂得多。由图 5.7 可见,拉美各经济体在收入水平达到 3 000 美元之后的增长轨迹呈现高度的发散,其中部分经

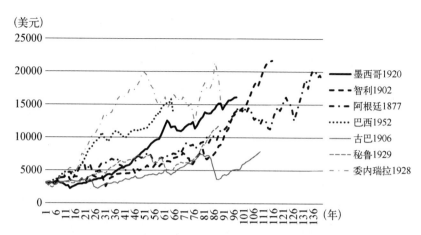

图 5.7　拉美部分经济体 3 000 美元起点增长轨迹比较
（实际人均 GDP，2011 年不变价美元）

资料来源：Maddison Project Database（MPD）2018。

济体曾经历相当长的殖民时期，除了巴西之外，其他经济体早在 20 世纪初或 20 年代就都进入了这一发展阶段，最早的阿根廷甚至在 1877 年就达到了这一水平。如前文所分析的，迄今为止，真正跨越了"中等收入陷阱"的只有智利，其他经济体甚至都呈现了过早去工业化的趋势，其背后的原因还需进一步从产业体系演变的影响因素着手来进行分析。但我们在第 4 章已经强调，制度的差异可能才是真正的深层次因素。

就产业政策效应来说，我们需要进一步分析这些增长发散现象背后的产业体系特征的演变。

5.3　技术革命、产业体系演变与产业政策效应

对于任何一个经济体来说，产业体系的演变受到众多因素的影

响,但基于全球的发展经验和理论的抽象,一个被绝大多数人接受的共识是,产业体系的变化是遵循一定规律的。那么,后来者是否可能参照先行者的发展轨迹来确定其自身的产业发展规划呢?如果这一规律成立,答案就是肯定的。但经济学规律通常只在统计学意义上成立,且能够归纳为普遍规律的也只能是在抽象水平上进行。每个经济体都是独特的,在我们划分为不同类型之后,同一类型的经济体之间存在更大的相似性,那么,参照同一类型中先行者的发展经验是否就能够保证成功呢?

对于产业政策来说,产业体系特征的演变规律就是基本的依据,但这里仍有抽象水平的问题。究竟有哪些特征确实符合一般规律?又有哪些关键因素是具有共性的?产业政策的评估难点在于,如果说存在一般规律,且发展的实绩也是符合规律的,那么曾经推行的那些政策真的发挥了作用吗?如果说一个经济体走出了其独特的产业发展的轨迹,那么是否又意味着所谓规律并不成立,而其中产业政策产生了多大影响,是政策制定者的远见卓识使得其规划得以成功实施,而其是否或又是如何发现了新的规律?这些成功经验意味着新的规律的产生,且可以作为后来者借鉴的模式吗?

我们在前文对于产业体系描述的基础上,就其若干关键特性的变化,试图归纳迄今所发现的那些规律,并以东亚和拉美的典型案例来进行讨论。基于经济发展的阶段划分,不同阶段有着不同的任务和挑战,对产业发展来说,也必须在这一基本背景下来加以认识。

从历史视角来看,发展的国际环境除了全球化之外,另一个更为重要的因素是科学技术的进步,对于任何一个经济体,特别是发展中经济体,将其视为长期发展的外生变量是比较合适的。为此,我们先就科技发展对产业体系演变的影响进行概要讨论。

产业体系变迁的技术因素

人类的科学技术自工业革命以来产生了巨大的进步，对于经济发展来说，这形成了重要的外部环境因素。这里，我们将科学技术作为外生变量看待，虽然从长期来说这一因素也具有内生特性，因为科技进步受到投入的影响，而投入本身又受到经济实力的影响，但科技进步一方面存在巨大的不确定性，另一方面也可能存在其自身的发展规律，使得这种内生关系并不容易确定。就此来说，相关理论所研究的技术进步的周期性表现，其结果或许更具有说服力。

从产业发展的角度来说，经济增长的主线是工业革命，而工业革命的核心则是技术革命。

科技进步究竟对一个国家或地区的产业体系演变带来怎样的影响，需要区分两个层次来进行分析：一个是全球层次，另一个是国家（地区）层次。在全球层次，科技进步对全球产业体系产生影响，这里的所谓全球产业体系是将所有国家（地区）的产业体系整合在一起来加以考察的。人类作为一个整体，在科学技术上取得的成就构成全球产业体系的技术基础，其进步也就推动全球产业体系的演变。相对说来，先进国家（地区）在科学技术上处于领先地位，发展中国家（地区）相对落后，但在少数领域，部分发展中国家（地区）也可能处于领先地位。而一个国家（地区）相对独立的产业体系在全球产业体系中的地位则在很大程度上取决于其在全球科学技术体系中的地位。

考察科技进步对全球产业体系演变的影响，需要分析，对于人类的生存需求来说，一个产业体系需要满足的是哪些条件，这些条件如何用若干关键特征来加以刻画，而这些关键特征又如何因科技进步的影响而演变。在此基础上，才有可能对一个国家（地区）的产业体系的演变进行分析，两者之间的联系主要通过国际贸易和要素转移来实现。

工业革命之后,人类开始了工业化的进程。对于工业革命在人类社会发展进程中的作用,格里高利·克拉克用一张图概括了他所认为的"异常简单"的"世界经济史的基本脉络"(Clark,2007,中译本第1页),具体如图5.8所示。

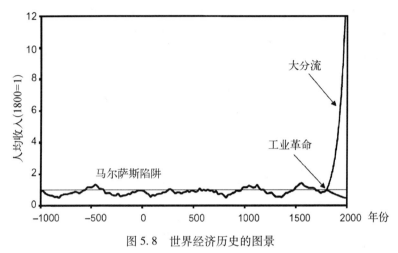

图 5.8 世界经济历史的图景

资料来源:Clack(2007,中译本第2页,图1-1)。

克拉克指出,在工业革命之前,"一个简单而强大的机制——'马尔萨斯陷阱',使得由技术进步所带来的短期收入增加不可避免地被人口增长所抵消"。这导致"1800年的世界人均福利并不比公元前10万年前高"。基于重大的发明和技术进步,"工业革命彻底改变了人类物质消费的可能性"。与此同时,"通过一种近来被称为'大分流'的过程导致不同社会间收入不均的增加。国家间的收入差距达到50:1之高"(同上,第1—3页)。

对于产业体系的演变来说,工业革命的影响特别集中在几个行业。克拉克分析了"1790年以后生产效率提高的直接来源",梳理了18世纪60年代至19世纪60年代的总生产力增长率与主要部门已知创新的贡献之间的联系,发现了加总生产率的增长率的一个

"良好性质",即它"正好是各部门生产率增长率以该部门产值在国民总产值中所占份额为权重的加权和"(同上,p.232-233)。这些部门包括纺织业、钢铁业、煤炭开采业、交通运输业和农业,具体如表5.3所示。

表5.3 工业革命的来源(18世纪60年代至19世纪60年代)

行 业	效率增长率(%)	国民收入比重	对国家效率增长率的贡献
所有纺织业	—	0.11	0.24
棉纺业	2.4	0.06	0.18
毛纺业	1.1	0.04	0.05
钢铁业	1.4	0.01	0.02
煤炭开采业	0.2	0.02	0.00
交通运输业	1.2	0.08	0.09
农业	0.3	0.30	0.07
确认的进步	—	0.51	0.42
经济整体	—	1.00	0.40

资料来源:Clark(2007, p.233, Table 12.1)。

如克拉克所言,"纺织业是工业革命期间的旗舰行业。随着将棉花转化为布匹技术的提高,从18世纪60年代到19世纪60年代,纺织业的生产率增长了14倍,……在19世纪60年代,仅仅因为纺织业领域的创新,英国经济的产出水平就提高了27%——相当于一年1.69亿英镑的收入"(同上,第207页)。

除了纺织业,"在18世纪晚期和19世纪早期,……技术进步主要表现为铁路、轮船、电报和机器化工厂的发展"(同上,第273页)。这个时期"海路运输也发生了革命性的变化",是因为"在19世纪50年代和19世纪60年代涌现的四个发明大大降低了海洋运输中蒸汽引擎的成本,它们分别是:螺旋推进器、铁制外壳、复合式发动机以及表面冷凝器"(同上,第276页)。

克拉克所分析的主要是工业革命的早期。对于之后所发生的技术革命及其影响，经济学家和历史学家做了大量分析，大多以康德拉季耶夫长波理论为主要线索。

克里斯·弗里曼和弗兰西斯科·卢克对工业革命以来发生的康德拉季耶夫长波进行梳理，所归纳的一些关键因素如表5.4所示（Freeman and Louca, 2001）。

表5.4 康德拉季耶夫长波概要

技术和组织 创新集群 (1)	"载体部门"和经济的其他主要部门 (3)	运输及通信 基础设施 (5)	上升期/衰退期 （大约时期） (7)
1. 工业的水力机械化	棉纺 铁制品 水轮 漂白剂	运河 收费公路 帆船	1780s-1815/ 1815-1848
2. 工业和运输的蒸汽动力机械化	铁路及铁路设备 蒸汽机 机床 碱行业	铁路 电报 蒸汽船	1848-1873/ 1873-1895
3. 工业、交通和家庭电气化	电气设备 重型机器 重化工 钢铁制品	钢制铁路 钢制船 电话	1895-1918/ 1918-1940
4. 交通、经济和战争的机动化	汽车、卡车、拖拉机、坦克 柴油发动机 飞机 炼油厂	广播 高速公路 机场 航空公司	1941-1973/ 1973--
5. 经济计算机化	计算机 软件 电信设备 生物技术	信息高速公路 （互联网）	？/？

资料来源：Freeman and Louca (2001, p.141, Table II.1)。
注：本表略减了原表中的第（2）栏"高可见可盈利的成功案例"、第（4）栏"核心投入"和第（6）栏"管理与组织变迁"。

对于工业革命和康德拉季耶夫长波之间的关系，不同学者的观点并不完全相同。弗里曼和卢克及部分历史学家将康德拉季耶夫长波中的第一次和第二次浪潮划分为第一次工业革命，将第三次和第四次浪潮划分为第二次工业革命，而目前的变化则归为第三次工业革命（Freeman and Louca, 2001）。杰里米·里夫金则基于全球面临的气候变化和可持续发展的挑战来界定第三次工业革命。他从能源消耗这一视角出发，认为前两次工业革命具有一个共同特征，即"任何商业活动都与石油和化石能源息息相关。……整个人类文明都建立在石炭纪储存的碳资源上"（Rifkin, 2011, 中译本第7页）。在"20世纪的第一个十年里，电信技术与燃油内燃机的结合引发了第二次工业革命"。而"如今，我们正处在信息技术与能源体系相融合的时代。互联网信息技术与可再生能源的出现让我们迎来了第三次工业革命"（同上，第30—31页）。

对于本书的主题来说，如何对工业革命进行周期的划分并不重要，关键在于具有实质性意义的技术革命对产业体系演变的影响，而这与技术革命本身的特性是直接相关的。

技术革命是由创新所产生，而创新之间可能广泛存在技术上的相互关联，因此，卡洛塔·佩雷兹认为，"技术革命可以被定义为一系列相互关联的根本性突破，由此形成相互依存的主要技术星座（constellation）：集群中的集群或系统中的系统"（Perez, 2010）。按此界定，她将自英国最初的工业革命以来的技术革命划分为五个体系，其中的每一个都被看作由一个重要的技术突破开启，每一个都像一个"大爆炸"（big-bang），为有利可图的创新打开一个新的机会空间。这五次相继的技术革命分别为：始于1771年的工业革命，始于1829年的蒸汽和铁路时代，始于1875年的钢、电力和重工时代，始于1908年的石油、汽车和大规模生产时代，以及始于1971年的信息和电信时代（Perez, 2002）。

技术革命对产业体系的影响是从若干个关键部门开始引发的。

佩雷兹采用"载体部门"(carrier branches)的概念,即那些"最明显的投入要素活跃用户和代表技术革命的典型产品"的部门,并列举了与五次技术革命中的新技术对应的那些新的行业或重新定义的行业。进一步,基于技术上的关联性,"技术革命基本上是在投入产出表中引入全新的部分,它们会逐渐成为最具活力的部分,并最终修改其余部分"(Perez,2010)。也就是说,整个的产业体系变得越来越复杂,不仅部门更为细分,各部门之间的产业关联也更为紧密。

此外,从产业体系的运行来说,随着技术革命的相继发生,基础设施的作用和地位也变得越来越重要。所谓基础设施,按照交通运输和通信两大类进行区分的话,前者大致循着公路运输、铁路运输、海运和航空运输的路径不断发展和演进,后者则由信件邮政发展到电报电话,发展到数字通信,进而发展到互联网。作为互补品,与此相应的是运输工具和通信设备的不断演进。基础设施的技术进步提高了需求水平,从而也带动了相关行业的发展,从最终需求到中间产品,一直到包括钢铁、机床、炼油等基础工业,而近年来与数字技术和通信技术发展直接相关且最重要的则是ICT行业。

发展过程中的主导产业更替

对于产业体系的演变来说,技术革命带来的影响可以相当充分地反映在各个经济体的主导产业的更替中。对于技术进步与主导部门更替之间的关系,罗斯托有着非常明确的论述。他指出:

> 如果我们假设任何被新的生产函数触及的部门的寿命都将或多或少地遵循系统的减速路径,那么就可以得出这样的结论:一个经济体的部门可以通过它们与其技术来源的距离来区分;并且,正如库兹涅茨所证明的那样,减速路径可以用指定

逻辑曲线性质的方程的形式表示。由此还可以得出，只有通过引入新的生产函数，才能使经济的平均表现保持不变，这些生产函数将弥补旧部门的减速。于是，持续的经济增长就依赖于周期性地进入资本存量的新技术和新的生产函数（包括新的土地或原材料供应），这些新技术和新生产函数，通过赋予少数部门的快速增长，设法保持平均增长水平的相对稳定，以抵御随着时间流逝给单个部门的动力带来的不可避免的侵蚀。(Rostow, 1963, p. 3)

库兹涅茨则指出，"在许多行业中，基本技术条件会发生革命性变化。当这种根本变化发生时，一个新时代就开始了"。他提及了一些具体的例子，包括英国1780—1790年的棉花产业和生铁生产，美国1860—1870年的钢业，80年代的铜业，30年代的无烟煤，40年代的烟煤，以及60年代的石油和70年代的铅（Kuznets, 1930, p. 10）。

基于产业间关联机制，罗斯托分析了主导部门对整个产业体系可能产生的三种效应：后向效应、横向效应和前向效应（backward, lateral, and forward effects），并将其与所划分的发展阶段相联系，具体包括：

（1）前提条件时期的主导部门：通常包括内外贸易、物质基础设施、教育、食品和饮料、建筑材料。它们不仅是后来持续工业化的基础，也是当前经济和社会进步的基础。

（2）起飞阶段：替代进口而生产的制成品，通常是非耐用消费品，是经济起飞的典型主导部门，主要包括现代纺织业、食品加工和其他轻工业如香烟、鞋子、手工工具、手电筒、闹钟等。

（3）重工业和制造综合体，其核心部门是金属制造（煤炭、生铁、钢铁、通用机床、自行车等）加上某些工业化学品（尤其是化肥、纸浆和纸张）和电力工业。

（4）汽车及相关行业，包括汽车工业本身及其零部件行业，后者包括带钢和其他专门的金属制品、石油和橡胶制品、平板玻璃、有色金属、电气设备等。它作为一个新的行业综合体从20世纪20年代的美国起步。而随着汽车的出现，对道路和汽车服务（加油站、汽车经销商等）的大量需求也随之产生。

（5）追求生活质量阶段：提供公共和私人服务的行业，包括教育、健康、福利、现代化城市和郊区基础设施、境内外旅游、娱乐等等（Rostow，1970）。

罗斯托所提出的主导产业与发展阶段之间的对应关系并不是精确的，但其基本的逻辑是十分清晰的。与此有着密切联系的是所谓产业体系的重型化趋势。

多次技术革命的相继发生在供给侧产生的影响不仅表现在生产技术和效率的提高，还意味着层出不穷的各种新的消费品，而在需求侧，随着收入水平的不断提高，消费需求随之升级，又引致大量的对新的产业的投资，从而使得整个产业体系发生重大变化。这一变化的主要表现之一就是重工业在产业体系中比重的提高。

对于这一变化的度量，最早由德国经济学家沃尔特·霍夫曼提出，被称为"霍夫曼比例"。霍夫曼于1931年出版了德文版《工业化的阶段和类型》一书①，提出了采用制造业中消费资料工业生产与资本资料工业生产的比例为指标，来反映工业化的不同阶段。霍夫曼比例=消费资料工业的净产值/资本资料工业的净产值，根据该指标的数值变化，霍夫曼界定了工业化进程的四个阶段，对应的霍夫曼系数分别为5（±1）、2.5（±1）、1（±0.5）和1以下。霍夫曼的发展阶段划分同样反映了一定的发展规律，但也只能是在统计学意义上成立，且相对说来，恐怕其普遍性更为偏弱，因为在现实中可以看到有大量的经济体，特别是小国，重化学工业在其产业

---

① 后于1958年出版了该书经更新和扩展的英文版，参见Hoffman（1958）。

体系中的地位始终没有达到大国那样的水平。

　　结合技术革命的周期表现和经济发展的阶段递进，可以很容易地做出一个推断：不同经济体在发展过程中的主导产业更替与其所处的具体历史阶段有着密切的联系。由上文表5.4可见，康德拉季耶夫长波的第四波起始于1941年，其"载体部门"和主要经济部门包括汽车、卡车、拖拉机、坦克、柴油发动机、飞机和炼油厂等，通信和交通基础设施包括广播、高速公路、机场和民航。因此，铁路、钢铁作为经济中的基础设施和基础材料主导部门的地位已经弱化，但其对整个产业体系的支撑作用或作为支柱产业的地位则反而是强化的。就此来说，除了英美等发达经济体的早期发展阶段之外，后起的发展中经济体特别是在二战后的发展中，所面对的技术进步的空间要远远大于英美初级发展时期，因而其主导产业的更替是否完全遵循罗斯托的顺序，其霍夫曼比例是否严格按照霍夫曼给出的阶段划分发生变化，恐怕都会因此而变得并不那么确定。

　　这就给产业政策效应的评估带来巨大挑战。事实上，无论是罗斯托还是霍夫曼，给出的论断都不是精确的。那么，如果一个经济体在发展过程中大致经历了这些阶段，其表现大致符合罗斯托和霍夫曼的"规律"，同时其政府的产业政策也大致符合这一发展方向，我们是否就可以给出结论，认为其产业政策是有效的，是推动了经济发展的？如果一个经济体的发展路径并不符合上述"规律"，此时其发展实绩可能存在不同的结果：成功或者失败。其间产业政策无疑也产生了影响，那么我们又该如何评估政策的效应？

　　基于此，或许采用必要条件追索的方法可能取得更有说服力的证据。其逻辑在于，在经济发展的过程中，是否存在一些必要条件，使得不能满足这些必要条件的经济体将无法实现经济增长。那么，我们对产业政策的分析就可以着眼于这些必要条件，如果产业政策的目标完全无助于突破必要条件，那么，结论就应该是，这些产业政策产生了阻碍经济发展的效应。

东亚的主导产业与雁行模式

尽管经济学家给出了主导产业更替的一般规律,但对任何一个经济体,特别是对于产业政策的制定者来说,其主导产业的选择却必须根据其具体禀赋条件和发展所处的环境来加以确定。

比较东亚和拉美的发展经历,或许可以得到十分有益的启示。东亚的增长以日本领先,无论是产业政策还是主导产业的选择,都为后来的其他经济体提供了标杆,并形成了所谓"雁行模式",对该地区的整体发展具有重要意义。

对于日本主导产业的更替,佐贯利雄的分析具有启发意义。

佐贯利雄认为,尽管"关于主导产业的含义尚未确定",但关键在于能"带动日本经济增长",因此其给出的定义是:"所谓主导产业就是能促进尖端技术的发展、规模大、同时能实现经济的高速增长,其关联效果也大而且能解决社会实际需要的产业"(佐贯利雄,1980,中译本第42页)。进一步,如果对于日本产业体系的演变进行综合分析的话,"就会明白日本经济增长的秘密"(同上,第44页)。他归纳了日本的主导产业:第一主导产业——火力发电,第二主导产业——石油加工工业、石油化学工业、钢铁工业、造船业,第三主导产业——汽车、家用电器产业,并就其"是怎样在相互作用中发展起来的,各种主导产业究竟是在什么时期为次主导产业的产生创造了机会和条件"做了相当深入的分析(同上,第44—117页)。

佐贯利雄将火力发电作为第一主导产业,或许令大多数学者感到意外,但这恰恰是由日本二战后恢复时期经济发展的紧迫需要所决定的。日本1956年的《经济白皮书》指出,"现在已经不是战后了",这表明,政府对于日本经济发展阶段的变化有着清晰的认识。

佐贯利雄指出,彼时日本经济增长面临三大障碍,即电力不足、国铁运力不足和粗钢供给不足,为此有必要实现火力发电的大容量化(同上,第46页)。重要的是基于产业间关联而带来的对整个产业体系的影响,特别是对第二主导产业兴起的影响。具体来说,"火力发电站的大型化,不仅一次又一次地扩大了新的建设投资,而且石油加工和石化产品成本的降低也开拓了新的市场,吸引着新的建设投资。同时也引起了对运输工具即船舶的需要。这样,造船业的发展,对钢铁产生了大量的需要,因此就必须建设大型钢厂,生产现代化的钢铁设备,即高炉—转炉—轧钢机等生产自动线。钢铁工业的发展,同时也联系着对运输这些钢铁原材料的船舶的需要。从而又给运输业的成长和发展以很大影响。这样被称作第二主导产业的石油加工、石油化学、钢铁、造船等部门也螺旋式地扩大起来。反过来,这又直接影响到火力发电的发展"(同上,第55—56页)。

对此需特别指出,发电行业并非制造业,而是属于能源基础设施。与其他硬件基础设施类似,这类行业为产业体系的正常运作提供基本条件,在相当程度上属于政府职能范畴,特别是在经济增长起步阶段,鉴于所需投资数额较大,更需要政府的推动或在融资上的扶持。从产业体系演变的角度来说,可以将基础设施部门的成长视为经济增长的必要条件。

对于日本主导产业的更替,并非所有经济学家都持有完全一致的观点,对于产业政策作用的看法则差异更大。

香西泰对于日本在二战后复兴时期(1945—1960年)的产业政策效应做了分析,其对于当时的政策环境的强调是相当切实的。首先,香西泰将这一阶段的产业政策做了细分,包括:"① 1946—1948年的倾斜生产方式;② 五十年代前期的产业合理化;③ 从五十年代中期左右开始的新兴成长产业的扶植与振兴政策等。……所谓倾斜生产,即增加煤炭生产,并将其分配给钢铁部门以增加钢铁生产,然后又将钢材重点分配给煤炭部门进而增加煤炭生产,就是这样以煤炭和钢铁这两个部门为轴心,双方互相促进以扩大生产规模,从而达到提高工矿业生产水平为目的"(小宫隆太郎等,1984,中译本第33—34页)。按照另一位日本经济学家有泽广巳的看法,二战后的日本处在一种"基本上是经济封锁的孤立的经济"状态下,因而香西泰强调,"日本的战争经济虽然拥有资本和劳动力,但因国外原材料进口的断绝而崩溃了,而这一状态一直持续到战后"。因此,倾斜生产方式在某种意义上可以说是一种"被强加的进口替代政策","只有以战后的非常情况为前提,才能够说明倾斜生产方式"。该项产业政策确实提高了钢铁和煤炭的产量,但也"造成了下一个时期的煤炭价格过高"(同上,第36—37页)。

在东亚,日本的发展处于领先地位,之后出现了亚洲"四小龙",再后则又有马来西亚、印度尼西亚、菲律宾等经济体的相继起飞。如果将该地区的产业体系视为一个相对独立的系统,那么,这种不同经济体先后起飞的模式在某种程度上有利于整个地区的产业发展。这也就是所谓"雁行模式"的优势所在。日本经济学家赤松要采用"雁行模式"(wild-geese-flying pattern)一词来描述东亚的供应升级工业化模式。基于历史视角,由于处于不同的发展阶段,东亚经济体的出口商品呈现出不同的特性,并随着其发展阶段的提升而逐步提升。对发展中经济体来说,所谓雁行模式意味着:首先,所有工业产品都有一个顺序,从进口到国内(地区内)生产,再到出口,将进口、国内(地区内)生产和出口制成品的动态变化描画出三条时间序列曲线,则其呈现出向前递进的顺序,且每条曲线大致都呈现倒V形;其次,按照产品升级的顺序,出口超越进口和国内(地区内)生产的产品顺序是从初级品到制成品再到资本品;再者,进口会随着国内(地区内)生产上升而下降,而最终出口曲线也可能会下降。而对于处于不同发展阶段的经济体来说,相互之间则形成领先的"大雁"和跟随的"大雁"这种关系

(Akamatsu, 1962)。

何塞·加布里埃尔·帕尔马认为，赤松要未能区分这一雁行现象的两个截然不同的组成部分，所谓"顺序移动"和"平行移动"。虽然两者都有一个重要的共同因素，即从世界贸易的角度来看，几乎所有涉及的产品都是需求动态的，但它们却有一个非常不同的动态特征。对于"顺序移动"，可以观察到那些技术层次不是很高的产品的生产能力被依次从日本转移到次级和再次一级的新兴工业化国家和地区。于是，这些跟随的"大雁"就会在世界市场上取代前行"大雁"的出口，从而形成一系列的倒 V 形路线。帕尔马指出，通常被忽略的"平行移动"是指沿着学习曲线推进的那种变化，主要涉及日本不会轻易放弃其生产能力且往往会反击其他亚洲国家和地区挑战的那些产品。之所以如此，要么是因为这些产品仍有可观的生产力增长潜力，要么是因为它们是世界贸易中需求最强劲的产品之一（Palma, 2010）。

将美洲与东亚进行比较，帕尔马发现两者之间存在显著差异。一方面，在 1963—2000 年的全球市场上，就日本正在下滑的那些行业而言，美国和除了墨西哥的拉美国家大致保持着非常低且稳定的市场份额；另一方面，对于那些日本不愿轻易放弃的产品来说，在此期间，美国在经合组织进口的产品中失去了一半的市场份额（Palma, 2010）。那么问题来了：美洲作为一个相对独立的产业体系并未形成"雁行模式"是"拉美现象"的原因之一吗？是美国这个"领头雁"未能承担领头的责任，还是拉美国家未能有力承接美国的生产能力转移？考虑到拉美国家由进口替代转向出口导向是在 1980 年之后，恰是第三波全球化浪潮兴起之时，按照世界银行报告，此后将近 20 年间，制造业产品在发展中经济体出口中的比例从不到四分之一迅速上升到 80% 以上（1998 年）（Collier and Dollar, 2002, 中译本第 23 页）。但拉美国家似乎并未从中获益，个中缘由究竟是什么？

拉美的过早去工业化

我们在第 3 章论及经济发展的典型化事实的时候，强调了制造业发展在工业化过程中的核心作用，并比较了不同类型经济体制造业增加值在 GDP 中所占比重的差异，也比较了若干东亚经济体和拉美国家之间该比重变化趋势的明显差异（图 3.5）。我们的结论是，过早去工业化可能是导致那些国家至今未能跨越"中等收入陷阱"的主要原因之一。但制造业比重的变化只是可观察的现象，其影响因素究竟是哪些，还需进一步加以探讨。

基于可观察的数据，罗德里克指出，制造业在发展过程中通常遵循倒 U 形的路径。对于发达经济体来说，进入后工业化阶段，这是一种普遍趋势，但对于发展中经济体来说，"也可以观察到这种模式，但转折点来得更早，而且是在今天低得多的收入水平上到来"。关键是，"发展中经济体在还未曾经历适当的工业化的情况下，就已经向服务型经济转型"。罗德里克称这种情况为"过早的去工业化"（Rodrick，2016）[①]。

罗德里克对于这种现象的解释是，"虽然技术进步无疑是发达经济体就业去工业化背后的很大一部分原因，但在发展中经济体，贸易和全球化可能发挥了比较大的作用"。在对不同区域进行比较之后，罗德里克发现，表现最差的是拉丁美洲，而"亚洲的制造业就业不仅逆全球趋势而行，还成功保持了按照其收入和人口预期的

---

① 值得一提的是，鉴于信息和通信技术行业（ICT）在最近的这次技术革命中所占据的核心地位，且在 ICT 产品被证明与制造业产品一样具有可贸易性之后，有学者认为，相关服务业可能成为发展中经济体经济增长的新引擎。对此，苏丹和姚洋利用大型跨国数据集进行经验检验，在部门层面上证明了，对于中等收入经济体来说，制造业带动了所有其他部门。制造业增长率的下降/增加将在短期和长期意义上消极/积极地影响其他部门的增长率。因此，制造业仍是中等收入经济体经济增长的关键引擎（Su and Yao，2017）。

更为强劲的制造业绩效"（Rodrick, 2016）。为此需要探究：那些"掉队"的国家在全球化背景下，其贸易的部门结构是如何变化的，是否对增长产生了负面的影响，或者说，未能满足增长的要求，而其背后的关键原因是什么？

对于导致"拉美现象"的原因，必须放到其发展的环境背景中进行分析，才可能把握其关键影响因素。

谢文泽将拉美国家的工业化过程与美、日做了比较，相对说来，拉美国家的工业化起步是比较早的。1820年前后，拉美一些主要国家实现了独立，1870年前后，当美国掀起第二次工业革命浪潮时，墨西哥、巴西、阿根廷等即进入了早期工业化阶段。但拉美国家选择的是初级产品出口增长模式，且这一模式一直持续到1930年前后，因此这段时期被称为拉美地区的"初级产品出口繁荣"时期。拉美国家在这段时期发展起来的主要是两大类产业：一是围绕初级产品出口而发展的加工制造业；二是以满足国内需求为目的的轻工业。到了20世纪30年代，在拉美经委会的结构主义理论影响之下，拉美国家普遍采用了进口替代发展模式，虽然二战结束时，大部分拉美国家已经独立了100多年，且并未遭受两次大战的破坏，"工业基础优于日本，经济、社会发展水平也明显高于后者"，但此后的发展却始终相对停滞。究其原因，谢文泽指出，实际上拉美国家的工业化尚未完成，在其未能完成重化工业化时，工业化进程被20世纪80年代的债务危机暂时中断。因此，"各国的工业部门（特别是制造业）没有发展成为国民经济的主体，没有带动产业结构有效升级和经济的持续、快速增长"。而面对第三次工业革命的机遇，当东亚各经济体大力发展ICT等新兴产业时，"1980—1999年大部分拉美国家的制造业结构不仅仍以资源密集型产业和劳动密集型产业为主，而且阿根廷、巴西、智利、秘鲁等国家的资源密集型产业所占比重还有不同程度的上升，其结果是：在资本-技术密集型产业领域，拉美国家无力与工业化国家竞争；在劳动密集型产业领域,不能与中国等新兴发展中国家进行竞争"(谢文泽,2012)。

从拉美国家的战略转型来说,张勇的判断是:"初级产品出口模式和进口替代发展模式两次转型的历史延误成为拉美长期落入'中等收入陷阱'的根源之一"(张勇,2012)。对照一下全球化的三次浪潮和康德拉季耶夫长波的周期,因拉美国家并未受到两次大战的冲击,其前一阶段的初级产品出口模式大致延续到了一战之后的大萧条时期,此时第一次全球化浪潮已经在一战之前结束,而第一个康德拉季耶夫长波的成果已经渗透到整个产业体系之中,其间发生的第二个和第三个康德拉季耶夫长波似乎也并未对其产业体系的演变产生多大的影响;此后,拉美国家即转型为进口替代模式,经历了第二次全球化浪潮和第四个康德拉季耶夫长波,但这些国家的产业体系似乎也并未能够吸收该时期产生的大量技术革命的成果。

就技术进步的影响及其在产业体系演变的反映来说,制造业的份额是最具综合性的一项指标。据联合国工业发展组织的统计,直到1975年,拉丁美洲都是发展中世界工业化程度最高的区域,但之后其制造业部门开始萎缩,制造业在国内生产总值中所占份额回落到1950年的水平——15%(UNIDO,2013,Table 1.1)。也就是说,到了进口替代阶段的后期,拉美国家就已经开始呈现出过早去工业化的趋势。

拉美国家大多在20世纪80年代之后才转向出口导向的发展模式,但其增长实绩大多数仍未获得明显改善。这应与其出口产品的结构始终未能实现升级有关。将拉美主要国家制造业出口在商品出口中所占比重与日本、韩国和中国做一比较(见图5.9),即可发现其差距之大。

由图5.9可见,在短短数年之间,中国的制造业出口占商品出口的比重呈现爆发式崛起的态势,从30%以下提高到80%以上,但相比韩国,中国晚了大致有20多年。相比之下,拉美国家总体上

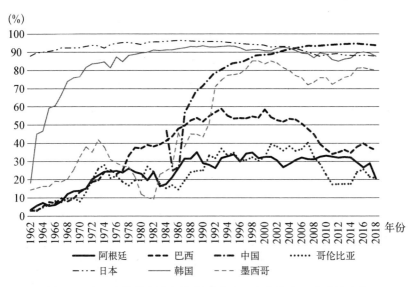

图 5.9 东亚和拉美部分国家制造业出口占商品出口比重的比较
资料来源:世界银行"世界发展指标"。

存在很大差距,但墨西哥和巴西的表现则要好得多,特别是墨西哥,甚至呈现与韩国和中国差不多的态势。然而,有意思的是,与图 3.5 中显示的这两个国家的制造业增加值占 GDP 比重的变化趋势加以对照,却可发现两者呈现出完全不匹配的特性。就巴西来说,其制造业出口占商品出口比重在 1976 年(23.03%)和 2011 年(34.12%)期间划出了一个倒 U 形曲线,顶点在 1993 年(58.86%),而这三个年份的制造业增加值占 GDP 比重则分别为 26.77%、21.66% 和 11.78%,即几乎是一路下降的。墨西哥的情况有所不同,其制造业出口占商品出口比重在 1973 年达到一个高点(41.91%),继而在 1982 年出现一个谷底(9.36%),随后即一路飙升至 1998 年的 85.24%,之后有所波动,但维持在 70% 以上,对应地,其制造业增加值占 GDP 的比重分别为 1973 年的 21.71%、1982 年的 16.96% 和 1998 年的 20.11%,实际上这一指标相对要平稳得多，并未呈现如此剧烈的变化①。

墨西哥的这一现象应与美墨联营工厂有关。露辛达·瓦尔加斯指出，"今天，它是墨西哥经济创造就业、出口和外汇收入的最重要来源之一"。以美墨联营工厂创造的工业增加值来说，1980年还不到10亿美元，而1998年达到了约106亿美元，增长近900%。美墨联营工厂出口最早有统计数据的年份是1984年，那年的出口价值约为50亿美元，占墨西哥全部出口的比重仅为17%，到1998年出口达到527亿美元，已占墨西哥商品出口的44.2%。特别是对制造业来说，在1991—1994年，其出口贡献了一半以上的份额（Vargas,1998）。但如上所述，墨西哥1998年的制造业增加值占GDP比重虽高于1982年，但却低于1973年。那么，对照上述数据，可以推断，美墨联营工厂大量生产和出口的都是附加价值较低的产品，其对制造业的增加值并未做出很大的贡献。

根据我们之前的分析，到2016年，巴西和墨西哥都仍然未能跨越"中等收入陷阱"，它们在中高等收入组中分别已经滞留了30年和27年（郁义鸿和于立宏，2019，第59页，表2.6），而近两年它们的增长仍相当低迷，看来难以对其在短期内跨越"中等收入陷阱"抱有乐观预期。

拉美为什么"掉队"？

张勇认为，从发展战略转型的时间上来说，与东亚各经济体相比，"拉美国家最终放弃进口替代工业化而选择外向发展模式是在1982年债务危机之后，整整落后了20年左右"（张勇，2012）。从

---

① 就巴西和墨西哥的商品出口额（现价美元）来看，巴西从1976年的101.3亿美元增加到2011年的2 560.4亿美元，增长了25.3倍；墨西哥则从1973年的22.5亿美元增加到1982年的240.6亿美元，到1998年更达到1 174.6亿美元，比1973年增长了52.2倍。但实际增长率不可知。

整个经济系统的运行来说,进口替代工业化作为一种发展模式有其明显的局限性:

> 该模式缺乏将进口替代与工业品出口有效结合起来的经验,而是偏执于扭曲的产业政策、财政和货币政策、汇率政策和贸易政策,这给拉美国家落入"中等收入陷阱"埋下了巨大隐患。一旦这一模式延续时间过长,四种交织性的结构性发展危机就会出现:出口丧失活力和进口结构刚性潜伏国际收支危机;忽视农业和透支工业引发产业结构危机;国家机构过度膨胀暗藏财政赤字危机;失业和收入分配不公加剧社会治理危机。(张勇,2012)

那么,产业政策在"拉美现象"的形成中究竟发挥了怎样的作用?是否可以认为,产业政策的失败是其主要原因?

威尔逊·佩雷斯对拉美的产业政策相关问题做了综述。总体来说,在进口替代工业化阶段,拉美国家的产业政策将贸易保护与投资促进结合起来,此时以国家开发银行为主要的融资机构。该阶段两个最典型的例子是20世纪70年代巴西的第二次国家发展计划和墨西哥1979—1982年的国家工业发展计划,它们与石油出口的繁荣相吻合。之后,在债务危机和20世纪80年代"失去的十年"期间,进口替代模式遭到了严厉批评,产业政策失去了主导作用。在20世纪90年代初,拉美的高层宏观经济政策制定者经常说的话是"最好的产业政策就是没有产业政策",那个时期被佩雷斯称为"华盛顿共识时代",而该地区大力推行的"产业政策"可用"竞争力政策"一词来概括[①]。到20世纪90年代中期,几乎所有拉美

[①] 可见佩雷斯也是在广义的概念上讨论产业政策的。按照我们的界定,竞争力政策属于微观层次的政策。

国家都制定了支持本国经济竞争力的计划。但按照佩雷斯的梳理,实际上按政策的不同可以区分为三组国家:一组包括巴西、墨西哥和一些讲英语的加勒比国家(如牙买加),它们拟订了专门针对制造业部门的政策;另一组包括那些以提高整个经济的竞争力为目标,而不是明确针对制造业的国家;再一组是那些没有执行任何正式的产业政策或选择性的竞争力战略的国家,包括阿根廷、智利和乌拉圭等。从21世纪初开始,明确针对部门的政策开始缓慢地重现,但仍然以提高产业竞争力为主要目标,同时也提出了实现产业升级和促进创新的政策(Peres,2013)。

按照佩雷斯所说,"拉丁美洲国家在制定产业政策方面取得了重大进展。大多数扭曲市场的政策工具已被取消或逐步取消,诸如技术革新、集群和中小型企业等主题已列入或在政策议程中变得更为重要。此外,政府现在倾向于从比过去更系统的角度来制定产业政策。在所有这些方面,该区域重新出现的产业政策不仅是对进口替代政策的修订,而且是新的和旧的目标和手段的结合"(Peres,2013),这么看来,似乎拉美国家的(广义的)产业政策应该是比较成功的。但由图5.1所见,拉美国家的增长实绩却与日、韩差距甚大,究竟是何种原因?是它们实际上缺乏明显针对制造业的产业政策,还是对制造业的扶持不够有力?或者是其产业政策的实施存在不足,使得其效应无法与日、韩相比?其近年来以产业竞争力为政策的主要目标,是否意味着产业政策的方向存在偏误?

最值得关注的或许是,从某种意义上来说,佩雷斯所说的"重大进展"都属于空中楼阁,因为他说的只是在政策的制定方面,而这些政策究竟取得了什么效果,却如其所说,"影响的实施和评估在该地区仍然很薄弱。……该区域的影响评价很少,也不健全。它几乎从不识别和测试因果机制。……它很少明确规定后续行动和评价的标准和机制。此外,对于如何评估具有多种目标、目标和行动方针的复杂政策,也缺乏共识"。佩雷斯将其称为"广泛的执行失败"（implementation failures），总体来说，"该区域几乎所有国家都缺乏政策管理和执行的体制能力"（Peres，2013）。

帕尔马指出，在进口替代时期，拉美可持续性增长的主要障碍是其几乎强迫性的政策激励，以及将资源集中在非出口的制造业，导致对出口的忽视。而自 1980 年以来，没有证据表明拉美国家在出口升级或寻找其他有效的增长引擎方面做出了很大努力（Palma，2010）。

制造业产品无法构成其商品出口的主体，或者即使占据较大比重，其附加价值也较低，从而难以为 GDP 的增长提供动力（如墨西哥和巴西），究其原因，其制造业的国际竞争力较弱应是最主要的原因，而这恐怕又缘于其在进口替代模式发展阶段中，未能实现主要产业在技术升级、成本降低和质量提升上的突破。在此意义上，拉美国家掉入的是"进口替代陷阱"。除了政府机构的"执行失败"之外，尽管拉美国家在 20 世纪 90 年代中期之后大多推行了以提高竞争力为目标的政策，但看起来收效甚微，其原因应与微观层次的企业竞争力相关。事实上，产业竞争力的孱弱体现在微观层次的企业竞争力的孱弱，产业政策的失效同样可以追溯到微观层次的企业对政策的反应。因此，我们需要对微观层次的动因做更深入的探究。

5.4 产业成长的微观基础：企业竞争力

基于本书对经济系统运行逻辑的提炼和刻画，我们强调，经济学作为关于人类行动的科学，经济系统的运行在最基本的层面上，由作为行为主体的人的行动所决定。在微观层面，当论及产业成长的微观基础的时候，我们所关注的行为主体则是构成一个产业组成部分的所有该行业内的企业，因而，企业行为对于产业发展具有基础性作用。从政策效应来说，则由行业内作为行为主体的企业对政策的反应来形成，其总体的效应一般由这些企业的个体反应加总而成。

微观层次的分析着眼于产业政策对于企业竞争力的影响。竞争力是一个比较模糊的概念，如何对其加以度量也是一个见仁见智的问题，但却是经验分析的基础和前提。在给定明确的概念界定的基础上，进一步的问题就是对关键影响因素的辨识。

在微观层面，竞争政策有助于强化企业的竞争力，并由此强化以企业竞争力为基础的产业竞争力，从而使得产业发展能够成功，也就能够实现产业政策的目标。这一因果联系的链条使得我们需要关注产业政策与竞争政策的协调。在国家战略的层面上，如果说，拉美长期实行进口替代战略最终损害了产业竞争力，使得即使转向出口导向之后也无法取得预期的增长业绩，那么，其在微观层次上的原因应与企业竞争力有关，也就是说，由于受到长期的保护，使得企业未能在竞争环境中有效提升其竞争力，从而当其面对国际市场竞争的时候，就缺乏足够的能力来获取国际市场份额。这就意味着，如果说"幼稚产业"保护政策在发展初期有其必要性的话，也必须特别关注其可能存在的负面效应，因而政府也就需要谨慎选择战略转型的时机。

就此来说，关于日本产业政策对产业竞争力影响的争论为我们提供了启示。

产业政策与产业竞争力

总体上被认为相当成功的日本产业政策，最严峻的质疑来自一项针对产业竞争力的研究。

波特、竹内广高和榊原鞠子所进行的这项研究正是基于产业竞争力概念的实证检验。他们对日本各个产业展开了全面研究,结果发现:"在日本大多数具有国际竞争力的产业中,政府的参与非常少,包括轿车、录像机、机器人、照相机和视频游戏。在这些部门,竞争几乎没有政府介入,很少有补贴、卡特尔和合作研究。但是,在非竞争部门,例如化工、航空器、软件和金融服务产业,则广泛实施了产业政策,有日本政府广泛的参与介入、频繁的合作活动,以及持续提供的保护"(Porter,竹内广高,榊原鞠子,2000,中译本第2—3页)。

关于竞争对竞争力的影响,他们认为,"在竞争方面,其中大部分国家由于政府过多参与导致竞争力削弱,并正在为此付出代价"(同上,第3页),其经验分析的核心结论是:"国内竞争的激烈程度是解释日本的行业取得国际性成功的决定性因素。相反,贸易保护或卡特尔的存在对国际竞争力的培养是不利的"(同上,第159—160页)。

对于产业竞争力的度量,波特等学者采用的是行业在国际市场上的表现。有意思的是,榊原鞠子和波特对行业的国际竞争力采用的度量指标是国际市场份额的不稳定性,而非市场份额本身(Sakakibara and Porter,2001)。这一度量指标与产业成长之间的逻辑联系似乎并不那么符合常识。对于产业成长来说,进一步对于产业结构的演变来说,一个产业在国际市场上的表现应由其所占份额来加以评价,份额越高,表明其国际竞争力越强,也就对国内的产业体系的变化产生越大的影响。

事实上,除了国际市场上的表现,波特等还从供给侧对产业竞争力进行了经验研究,所采用的度量指标则是生产率。基于此,他们认为"存在着两个日本",其中一个是"具有高度竞争力的日本",包括民用电子产业和汽车产业,它们支撑了整个经济,带动了出口和生产的增长;另一个则是"不具竞争力的日本",属于这个日本的大量产业长期以来拖累了日本的整体生产率。而这个"不具竞争力的日本"的特征是其较低的生产率,它又可以被分成两部分:一部分是一些国际贸易产业,包括农业、化工、袋装消费品(consumer-packaged)、药品、软件等;另一部分则由诸如零售业、批发业、运输和物流业、建筑业、能源业、健康护理服务业和食品加工业等非贸易产业组成。前一部分产业中的日本企业通常受到贸易壁垒和其他竞争约束的保护,但它们从未取得过引人注目的国际出口地位。实际上,这些产业始终都没有竞争力,而且很多仍然在受到保护。后一部分产业实际上非常没有效率,"它们提供了很多工作机会并且担当了一种社会福利系统"(Porter,竹内广高,榊原鞠子,2000,中译本第13—14页)①。

波特等人对于日本产业竞争力的分析是有瑕疵的,关键是,所谓产业竞争力是一个比较模糊的概念,其度量也并非没有争议。波特对于竞争力给出了界定:"国家的繁荣在很大程度上受到竞争力的影响,竞争力是指一个国家利用其人力、资本和自然资源的生产率。竞争力植根于一个国家的微观经济基本面,体现在其企业的复杂程度和微观经济商业环境的质量"(Porter,2004)。这里所指是一个国家的竞争力,波特还构建了一个系统的框架——所谓钻石模型——来对此展开分析(Porter,1990),其核心概念是生产率。这一点与其对日本的研究是一致的。但问题是,一个产业的高生产率与其在国际市场的良好表现之间并不构成充分必要条件。但波特对于国家竞争优势和产业竞争力的微观基础的强调,则是我们需特别

---

① 波特的批评实际上还涉及产业体系的结构性问题,在相当程度上,这还是一个产业发展的结构安排问题,涉及宏观层次的收入分配。事实上,以某些行业作为主导,特别是以国际市场为目标,通过这些行业的发展带来整个产业体系的结构变动,同时兼顾不同行业从业者的收入水平的平衡,这甚可能是日本经济成功的原因之一。相比之下,在宏观层面上,大多数发达国家的收入分配差距都远高于日本,其产生的负面效应是相当大的,从而也不利于整体经济的增长。对此,从现有文献关于收入差距的研究成果中,应该可以获得基本的结论,本书不拟做深入探讨。

注重的,可以说,没有微观层次的企业竞争力,就不可能有产业的竞争力。这就是必要条件分析的逻辑。

为此,我们需要进一步讨论以下两点:一是,产业政策在微观层次产生的效应;二是,产业政策得以有效实施的微观基础。从政策体系来说,也就需要关注微观层次的竞争政策和其他影响营商环境质量的相关政策。这两者之间密切相关,但分析的视角有所不同。前者属于实证问题,后者则属于规范问题。事实上,产业政策在微观层次产生的效应取决于企业对政策措施的反应,而这受到影响企业决策的各项因素的制约,至少包括企业经营目标、企业家能力和企业组织的决策机制等,还包括一个行业的营商环境;而在对第一个问题获得全面把握的基础上,则可提炼若干关键影响因素,来判断一个怎样的产业政策措施可能通过企业的可预期的反应来实现其政策目标。

进口替代、出口导向与幼稚产业保护

在前文中,我们讨论了在全球化环境下,发展战略的选择对经济增长的影响,在此基础上,由发展战略所指导的产业政策究竟可能产生怎样的效应,能否达成发展战略的预期目标,则取决于具体政策的效应,而这又由微观层次的企业反应来决定。因此,我们将进口替代和出口导向这两种战略指导下的产业政策进行比较,分析其对企业的竞争力培育可能产生的影响。特别是,从上文的比较分析中,我们已经看到,拉美国家与东亚经济体之间在战略层面上的巨大差异,恰恰表现在前者维持了相当长时期的进口替代,而后者则尽快实现了向出口导向转变的战略转型。

就企业竞争力来说,依据市场边界的不同限定,可以简单区分为国内市场竞争力和国际市场竞争力,而这一区分又可以跟宏观层次的进口替代和出口导向战略相对应。显然,进口替代战略的实施与贸易保护紧密相关,因此在这一战略实施的阶段,企业主要面对国内市场的竞争,而一旦开放经济,推行出口导向战略,企业就必须面对国际市场的竞争。那么,对拉美国家来说,其发展绩效始终不如人意,关键原因可能在于,在进口替代阶段,其企业未能很好地培育起竞争力来,虽然能够在政策保护之下得以生存,却并不能有效面对国际市场的竞争。特别是,在其全面转向出口导向战略的时候,主要拉美国家都已经进入中高等收入发展阶段——阿根廷在1991年,墨西哥在1990年,巴西在1987年①——此时其面对的挑战更倾向于技术创新,而在相对封闭的进口替代战略指导下,企业创新能力的培育可能大大落后于国际市场竞争的要求。

对于进口替代战略的推崇有着强大的理论依据,这可以追溯到李斯特。张夏准强调,回顾历史,"事实上所有当今的发达国家都积极采取了干预主义的产业、贸易和技术政策,以促进幼稚产业的发展"(Chang,2002,中译本第18页)。而且由此形成了一种"一贯模式","在这个模式中,所有后进的经济体都使用积极的产业、贸易和技术政策——但正如我所重复指出的,并不仅仅是用关税保护——来促进经济发展,就像在李斯特之前的时代那样"(同上,第136页)②。但以贸易保护为特征的产业政策无疑扮演着核心角色。

基于历史视角及必要条件追索的逻辑,我们需要特别关注幼稚

---

① 因世界银行自1987年才开始进行基于人均GNI的收入分组,巴西达到中高等收入水平的年份可能略早于1987年。详见郁义鸿和于立宏(2019,第2章)。

② 张夏准的著作引发了不少批评,如道格拉斯·欧文指出,张夏准《富国陷阱:发达国家为何踢开梯子》一书的历史分析及方法论存在很多纰漏,"该书最令人失望之处……就是张夏准对发达国家的历史经验的处理是相当肤浅的"。对于张夏准"扶植新生工业(不只是关税保护)是大多数国家发展的关键"这一观点,欧文提出了质疑。他认为,张夏准并未证明扶植幼稚工业与经济发展之间有直接联系。实行工业扶植政策的同时,经济得到发展,"并不能说明经济发展的成果是由这些政策造成的"。欧文提出,诸如美国这样的国家,可能是克服了保护主义政策的不良影响后,才由于其得天独厚的人口因素和政治环境在19世纪发展起来。欧文还指出,张夏准的研究方法和分析带有选择性偏见(Irwin,2004)。

产业保护政策和进口替代战略选择的相关条件。对于幼稚产业的相关争论，安妮·克鲁格和巴朗·坦瑟指出："这场争论完全是理论性的。实际上，对幼稚产业这一论点的经验主义解释，并没有得到系统的检查。……即使在某些情况下，幼稚产业的动态因素和外部性可能需要干预，但这不能证明这些条件实际上已经满足。"他们概要地归纳了与此有关的论点，包括："① 一些新成立的企业与已建立的外国企业相比，初期成本较高，需要时间使其具有竞争力；② 它不向任何单个企业家支付以自由贸易价格进入幼稚产业的费用；③ 该行业如果发展起来，就足够经济，可以对最初的亏损有合理的回报率；④ 该行业需要一段时间的保护或扶持，在此期间其成本将下降到足以允许它在没有援助的情况下在国际竞争中生存。"第四个命题实际上是前三个命题的逻辑推论（Krueger and Tuncer, 1982）。

但实际上，回到李斯特，或许他对贸易保护的必要条件的论述始终被大多数学者有意无意地忽视。李斯特对于采取保护的必要条件是这么说的："只有以促进和保护国内工业力量为目的时，才有理由采取保护措施。有些国家有着广阔完整的疆域，人口繁庶，天然资源丰富，在农业上有很大成就，在文化与政治方面也有高度发展，因此有资格与第一流农工商业国家、最大的海陆军强国分庭抗礼；只有在这样情况下的国家，才有理由实行保护制度"（List, 1928，中译本第292—293页）。这里强调的条件与一个经济体的自然禀赋有关。

更值得重视的是基于动态演变视角的分析。李斯特就此给出了明确的阐述："的确，保护关税在初行时会使工业品价格提高；但是同样正确的，而且也为流行经济学派所认可的是，经过相当时期，国家建成了自己的充分发展的工业以后，这些商品由于在国内生产成本较低，价格会低落到国外进口品价格以下的。因此，保护关税如果使价值有所牺牲的话，它却使生产力有了增长，足以抵偿损失而有余"（List，1928，中译本第144页）。由此可以得到的一个逻辑推论是，贸易保护的目标最终是要能够使得被保护产业得到充分发展，而其基本表现是价格优势和生产力的增长①。换言之，如果保护政策最终未能实现被保护产业的生产力优势，则可以认为保护政策是失败的。具体到拉美的情况，这种生产力优势应更多体现在其参与国际竞争并获取市场份额的能力，而在20世纪90年代以来的技术革命背景下，又应更多体现在其自主创新的能力上。

但李斯特并没有给出所谓"生产力"（productive power）这一概念的明确定义，甚至从未使用"生产率"（productivity）这一术语②。相比之下，波特的所谓"竞争力"概念则具有更丰富的内涵，并为此构建了一个微观经济竞争力指数来对各国的竞争力及其经济绩效展开比较分析。波特就此说明道："微观经济竞争力指数主要考察能够保持一个国家繁荣的微观经济基础"（Porter，2003）。世界经济论坛发布的《全球竞争力报告》则给出了竞争力的如下定义："竞争力是制度、政策和决定一个经济体生产率水平的各项因素的一个组合，它决定这一经济体能够赢得的繁荣程度"（Schwab，2016，p.4）。对于已经进入中高等收入发展阶段的国家来说，其增长主要应依赖于创新驱动，因此，企业创新能力的培育对于国家竞争力的提升来说就具有更为关键的意义③。

---

① 实际上，李斯特反对出口奖励政策。他说，"为了使本国工业品于输出后能够与先进国家的工业品在局外的中立市场相竞争，而用奖励金作为经常办法，这是应当反对的；如果以此为手段，使本国工业品得以占有在工业上已经有了进展的那些国家的国内市场，这样的行动就更加应当反对"（List，1928，中译本第298页）。

② 李斯特批评了亚当·斯密的"价值理论"："假使他不是把全部精神贯注在'价值''交换价值'那些概念，而同时还能够注意到'生产力'概念，他就会看出，要解释经济现象，除了'价值理论'以外，还必须考虑到一个独立的'生产力理论'"（List，1928，中译本第136—137页）。

③ 波特的国家竞争优势理论为全球竞争力指数的研究提供了理论支撑（Porter，2003）。我们认为，对于中国来说，跨越"中等收入陷阱"的关键在于实现创新转型，即经济增长的模式必须由模仿式创新驱动转变为自主创新驱动，而这一论断应该也适用于拉美国家。详见郁义鸿和于立宏（2019）。

对于贸易保护究竟产生了怎样的效应，在经验研究中采用何种方法和具体指标来加以度量往往对其结论有着重大影响。安·哈里森和安德列斯·罗德里格斯-克莱尔对相关研究做了综述。他们区分了度量幼稚产业保护的三类不同方法：第一类侧重于受到保护的特定行业；第二类考察生产率增长和不同的政策支持措施之间的联系，检验被支持的行业是否表现出更快的增长；第三类则侧重于特定国家或对不同国家进行横截面比较分析，来研究贸易政策和经济增长之间的联系。对于第三类研究，综合大量证据的主要结论是：首先，在20世纪下半叶，平均保护水平和经济增长之间没有明显的关系；其次，贸易量与增长之间存在正相关关系；再者，平均关税与经济增长之间缺乏显著的相关性，而贸易份额与经济增长之间存在很强的关系，这表明任何成功的产业政策战略最终都必须提高国际贸易在 GDP 中的比重（Harrison and Rodríguez-Clare，2010）。可以认为，经济开放是经济增长的必要条件，但仍需关注所研究的样本经济体的发展阶段和所处的国际环境，而这一点对于拉美贸易转型国家来说则是更为直接的。但经济开放未必构成增长的充分条件，正如我们在第4章中论及的，巴西在降税之后的长期增长率反而低于降税之前（表4.3），就是一个明确的证据。

为此，可能更需要关注以单个行业为对象的经验研究。爱德华多·卢西奥和肖恩·格林斯坦研究了20世纪80年代巴西对微型计算机行业实行保护的影响。他们发现，尽管巴西这一受保护行业的生产率增长迅速，但它从未赶上同样快速增长的技术前沿。事实上，直到1990年科洛尔就任总统之前，巴西政府一直大力保护国内电子产品生产商，但研究表明，这些政策未能在许多市场实现其既定目标。就个人计算机产业来说，他们发现，虽然巴西的发展速度与国际技术进步的速度大致相当（或稍慢），但巴西个人计算机的价格起步较高，并一直高于其国际竞争对手，以前沿技术的价格/性能指标衡量，巴西在国际市场上总是落后3年甚至5年。他们甚至估算出，采取这种保护政策而不是向国际市场开放的机会成本约为7.164亿美元，约占其国产微型计算机总开支的三分之一（Luzio and Greenstein，1995）。或许可以说，巴西的个人计算机行业并没有从保护政策中真正获益，按整个经济来衡量更可能是得不偿失的，特别是，行业内企业显然没有培育起自主创新能力来，因而在国际技术竞争中无法实现赶超。

这里有必要再提及在转向出口导向模式之后，产业政策的制定也可能存在类似的问题，从而最终使得企业并不能真正在国际市场的竞争中脱颖而出。目前相当流行的刺激出口的政策采用的是出口补贴。在理论上，出口补贴相对于贸易保护有三个优势：受补贴的出口企业必须遵守国际市场的规则，这将迫使它们提高生产率；对出口企业的补贴含蓄地帮助了具有一定生产力水平的企业；国内市场可能太小，无法获得外部性的全部好处（Harrison and Rodriguez-Clare 2010）。但实际上，遵守国际市场规则并不意味着企业将被迫提高生产率，而出口补贴恰恰是与提高生产率相违背的，这一点跟关税保护所产生的效应并没有什么差别。

竞争政策与企业竞争力

产业政策总体上是选择性地为部分行业甚至部分企业提供支持和保护，而企业竞争力的强化归根结底必须依靠其自身的能力培育，特别是在充分竞争的环境下来提升各方面的能力。就此来说，竞争政策是更具根本性的推动产业发展的有效政策。竞争政策无疑需要充分考虑产业的规模经济性等基本特性，因此，竞争政策和产业政策之间存在互补性，两者之间的协调也应是政府政策制定的一个重要原则。

菲利普·阿吉翁等为了验证竞争和产业政策之间的潜在互补性，使用了一个全面的中国大中型工业企业数据集，时间跨度为

1998—2007年,就产业政策对企业生产率增长的影响进行实证检验。其基本结论是:"面向竞争性部门的产业政策或者旨在维持或促进竞争的产业政策,促进了企业生产率的增长。"他们所分析的产业政策主要包括补贴、税收减免、(低息)贷款和关税,用来度量产业竞争的指标是勒纳指数(Aghion et al., 2015)。

值得注意的是,竞争政策的效应究竟如何也是一个可能存在较大争议的论题。虽然基于主流经济学理论,竞争无疑是相比垄断更有利于提高市场效率和市场绩效的市场结构,但这里存在两个必须加以考虑的因素:一是规模经济性,二是市场边界的界定。基于前者,对于存在较明显的规模经济性的行业,很可能寡头垄断的市场结构反而更有利于市场效率的提升,这里的市场效率应主要以企业效率为基础,而非简单地以静态的所谓"社会福利三角形"为度量基准,这一点特别在论及科技进步和创新能力培育的时候更具有关键意义。对于市场边界问题,实践中最重要的区分在于国内市场和国际市场,这一点在上文中已有所讨论;关键在于,企业在国际市场上的竞争力通常难以通过其在国内市场的竞争得以培育和强化,对于采取进口替代战略从而导致经济相对封闭的经济体来说更是如此。

这一点或许可以通过比较拉美和东亚经济体在国际市场上的品牌地位来加以证明。事实上,我们在国际市场上几乎看不到拉美国家的知名品牌,而对日本、韩国的品牌则耳熟能详。就产业发展的推进和产业政策的实施来说,日本和韩国的一大特征是政府与财阀之间的协调(Johnson, 1982; Wade, 1990),而财阀通常都具有相当强的市场势力,这正说明,相关市场大多属于寡头垄断的市场结构,其竞争格局与充分竞争有着很大差异,与"教科书经济学"所推崇的完全竞争更不可同日而语。就此看来,市场结构特别是寡头垄断市场的竞争与产业政策效应之间的关系,乃是一个值得深入研究的问题。

技术扩散、学习能力与动态比较优势

考虑到技术进步是长期发展的关键影响因素之一,对企业竞争力的研究还必须关注企业在技术提升方面的学习能力。对于国际竞争来说,以动态视角强调的动态比较优势也是以企业的这一优势为基础的。

在全球范围内,技术革命的模式都是首先发端于一个或少数国家或地区,然后向其他国家和地区扩散。根据"大爆炸"的起始事件,可认定第一次和第二次技术革命发源于英国,第三次发源于美国和德国,之后的两次均发源于美国,进而向欧洲和亚洲扩散(Perez,2010)。对照一下发达国家经济增长的历史,即可看到技术革命对于经济增长所产生的作用决定了谁成为先行者,谁可能落后,而对于先进技术的学习能力和应用能力,则决定了后进的经济体是否可能较快地实现赶超。因此,从历史视角看,一个经济体产业体系是否具有跟先进技术相匹配的特性,可以反映出该经济体大致的发展水平。

技术的传播和扩散无疑也受到了全球化的影响。以信息和通信技术为例。大卫·瓜勒齐和爱德华·内尔分析了20世纪90年代的信息与通信技术发展对美国经济的影响。基于该技术的发展,"可以更好地理解通信技术所发挥的关键作用,在这种通信链路中,信息处理现在已相互连接在一个网络中。网络的发展,特别是互联网的发展,确实是90年代最基本的新奇事物,也是新经济转型的关键。在信息和通信技术部门本身,硬件和软件的开发越来越以网络为导向。更重要的是,通过网络外部因素的发展,对经济产生了普遍的影响,从而有可能重新组织生产过程和销售,最终引导出新的产品和服务"。在全球经济一体化的背景下,基于美国经济在全球经济中的地位,美国经济的繁荣对其他国家的经济增长产生了正面的带动作用。这对于发展中经济体而言同样具有重大影响，但对于任何一个特定的经济体，这种影响的强弱取决于该经济体在多大程度上融入了全球经济体系（Gualerzi and Nell, 2010）。

然而，如果以为只要实行经济的开放就可以轻易获取先进技术，那就把事情想得太简单了。更重要的是一个经济体自身的一些内在的因素，特别是其学习和消化并应用先进技术的能力。吉恩·格罗斯曼和埃尔哈南·埃尔普曼沿着内生增长理论的思路，从理论上讨论了全球化对于经济增长的影响机制，触及知识在国际上的扩散和不同经济体的知识积累，而技术的扩散无疑是知识传播的最重要的途径。他们的结论是：

> 理论文献确定了全球化和增长之间的许多不同的潜在联系。不幸的是，经验并没有跟上步伐。对于哪些机制是有效的，以及它们的数量意义，我们仍然知之甚少。……关于贸易和增长的实证工作受到了自然实验的缺乏和我们对"长期"观察的有限数量的阻碍。在这种情况下，跨国回归方法是有缺陷的，不仅因为有许多内生变量和很少的工具，而且也因为贸易意味着国家的经验不能作为独立的观察加以有意的对待。此外，一体化和知识积累之间的关系应根据一个国家的基本特征，包括其要素、资源禀赋和历史而有所不同。很少有将增长结果与开放或贸易政策联系起来的实证研究考虑到这种依赖。（Grossman and Helpman, 2015）

随着技术革命的深化，对于技术扩散的接收方来说，其接受能力构成一个关键因素。技术特性的差异以及大多数发展中经济体在技术水平和创新能力上的薄弱直接对其产业体系的演变产生影响，反映这种能力的一项重要指标是劳动力的质量。罗德里克发现，就去工业化来说，在发达经济体表现得更明显的是就业而不是产出的去工业化，基于技术因素的分析可以相当好地对此给出解释，"有证据表明，一种特殊的技术进步，即节省不熟练劳动力的技术进步，是造成制造业劳动力流失的主要原因"。根据其统计分析的结果，"1995—2009 年，制造业低技能就业的比例下降了 4 个百分点，这一降幅在统计上非常显著。相比之下，中等技能就业的下降微乎其微，而制造业中高技能就业的比例实际上在同一时期略有上升"（Rodrick，2016）。对于拉美国家来说，正如马里奥·西莫里和乔治·卡茨所指出的，其经济活动的特点是较低的国内知识创造和贫弱的附加值创造，从而将拉美经济推入了一个"低发展陷阱"（Cimoli and Katz，2003）。

就贸易保护和进口替代来说，如阿吉翁等所指出的，"幼稚产业的特征在于：该产业对整个经济系统具有潜在的知识外部性，但在发展的初始阶段生产成本很高，只能通过'干中学'随时间推移逐渐降低"（Aghion et al.，2015）。因此，当拉美国家不能在进口替代阶段通过"干中学"来大幅提高其技术能力和创新能力的情况下，当其转型为出口导向战略的时候，在国际竞争中的失落就是必然的结果。

为此，需要就比较优势问题给出简要评论。

国际商品（包括服务）贸易的作用就是在各个国家（地区）之间互通有无，来满足各个国家（地区）民众的各自的需求，而基于贸易理论，比较优势是国际贸易的基础性原则，但在经济学之外，考虑到国家（地区）利益和政治因素，大量的国际贸易其实是违背比较优势原则的。从发展的未来导向来说，更重要的也还有动态比较优势这一原则。

如林毅夫和李永军（2003）所说，"技术可获得性差异理论既可以用来解释发达国家之间的贸易，也可以用来解释发达国家与发展中国家之间的贸易"。而对于比较优势和竞争优势之间的联系，他们指出，"只有充分地发挥经济的比较优势，企业和产业的竞争优势才有可能形成。或者说,比较优势是竞争优势的基础与必要性条件"。对此,我们也特别强调这里所说的必要条件这一逻辑①。进一步,从动态演变的角度来说,"作为一种经济发展理论的比较优势理论是一种动态的比较优势理论"(林毅夫和李永军,2003),因此,对于发展中经济体来说,随着发展阶段的提升,就必须不断提升其比较优势的位势。为此就需要谨慎权衡静态比较优势和动态比较优势的相对地位,以及在试图提升产业技术的时候,又该如何面向未来,来投入研发活动,提升企业的创新能力②。

需要特别强调的是,无论静态还是动态,所谓比较优势主要应体现在企业层次,而产业的比较优势则是在企业层次的基础上整合而成的。因此,对政府来说,无论是以特定产业的技术提升为目标的产业政策,还是一般意义上的技术政策,都需要着眼于企业层次的能力提升。就此来说,微观层次的企业营商环境的改善应该是政府最重要的职能。

强调知识这一要素是内生增长理论的深刻洞见之一,相比于发达经济体,发展中经济体在知识积累方面显然要薄弱得多,而知识积累又需要长期努力才能有所获益。这就受到制度特别是行为主体的激励环境的影响。这属于微观层次的问题。就经验研究来说,由于知识及其积累本身是一个相当难以度量的因素,因而难以通过经验分析对理论模型进行检验。就此来说,一方面,在数据可得的情

---

① 林毅夫和李永军批评了"将比较优势与竞争优势完全割裂、相互对立的观点",并指出"波特本人大体上就持这种观点","实际上,二者之间的关系更接近于一种相互补充的关系"。就此,可能需要更明确地从研究性质出发加以区分。事实上,贸易理论和比较优势理论大体上应属实证性的(positive),而竞争优势理论则主要是规范性的(normative),因此,作为规范性的政策研究应更多借助竞争优势理论来展开分析。

② 张夏准指出了他与林毅夫在比较优势问题上的观点差异:"毅夫相信国家干预虽然重要,但应该主要是促进一个国家比较优势的利用,而我则认为,比较优势虽然重要,却不过是一个基线,一个国家想要升级产业,就需要违背其比较优势"(林毅夫,2012b,第114页)。但同样考虑到产业升级与动态比较优势的关联性,"分歧主要在于,对比较优势何种程度的偏离在我们看来才是明智的"(同上,第131页)。

况下,跨国经验分析仍有其价值;另一方面,也确实需要并可能通过案例分析来为此提供更充分的支撑。尽管技术传播并不能完全等同于知识传播,但比较技术传播以及各个经济体的技术积累构成技术影响的关键因素,而工业革命则构成全球技术进步的主线。

如钱纳里等所指出的:"发达国家较早的结构转变经历了一个世纪,甚至更长的时期,因此,即使能够得到有关资料,我们也不能指望根据它们的历史经验证实多国模型揭示的结构关系"(Chenery et al., 1986, 中译本第77页)。赛尔奎因则认为,"在工业化过程中,制造业的构成发生了很大的变化。在更细分的层面上,国家的具体特点和政策在确定专门化模式方面变得更加突出。然而,各国之间在很长一段时间内仍然高度一致。大多数分类分析是在国际标准行业分类两位数字的水平上进行的,并且通常包括试图将各部门分为同类类别,这些类别的产品需求、技术或活力各不相同"(Syrquin, 1988)。

另一点特别值得强调的是,基于其"生产力理论",李斯特提出的产业发展的必要条件绝不仅仅是经济方面的。他指出:

> 在工业建设的方面所以会缺乏基本条件,原因是种种不一的,要改正这些情况,有些比较容易,有些则比较困难。比较容易改正的一类是,国内交通运输工具的缺乏,技术知识、有经验工人与企业精神的缺乏;比较难于改正的一类是,在人民方面刻苦耐劳精神、重视公道精神以及文化、教育与道德的缺乏,健全有力的农业系统、因此也就是物质资本的缺乏,政治制度的不良,公民自由与法律保障的缺乏,还有一点是领土地形散漫,无法制止走私买卖。(List, 1928, 中译本第297页)

用这段话来解释"拉美现象"的原因,应该是十分贴切的。李斯特所说比较容易改正的"技术知识、有经验工人与企业精神的缺乏",实际上恐怕并不那么容易改正,因为,人力资源的培育和精神层面的企业精神的培育都与一个民族的文化基因直接相关,而文化作为一种基因,其改变绝非短期内可能完成。

从长期来说,关键的是制度和文化,诺斯的分析指出了欠发达国家在接受技术扩散和提高技术能力方面可能存在的关键障碍。诺斯将工业革命认定为人类的第二次经济革命。所谓经济革命,"试图表达经济体制中两种不同的变化:作为知识存量基本变化结果的社会生产力的根本变化和随之而来同样重要的实现这种生产潜力的组织变化。……第一次经济革命创造了农业和'文明',第二次经济革命创造了把经济增长纳入经济体系的新知识弹性供给曲线。两者都蕴含了根本性的制度重构。现代世界的组织转换只能被理解为第二次经济革命的一个部分"(North,1981,中译本第192页)。

正是在制度的影响下,一些同样的产业政策却可能有着不同的政策目标。现有证据表明,贸易保护并非都以产业成长为目标,而是可能为了保护特殊集团的利益。例如,安·哈里森和戈登·汉森研究发现,墨西哥在20世纪80年代的贸易保护模式偏向于食品加工和服装,这大概是出于政治经济原因,因为当时墨西哥在这些领域已经具有比较优势(Harrison and Hanson,1999)。

6 协调失灵与政府干预的必要条件

从争辩各方的论点来看，关于产业政策的"林张之争"，其根本的焦点在于政府与市场的定位问题。林毅夫推崇的"有效市场，有为政府"构成其新结构经济学的核心理念，就此来说，相关的问题包括："有效市场"和"有为政府"究竟是一个实证问题还是规范问题？如果说市场是有效的，那么其有效性是如何被验证的？在时间维度上对其有效性的验证需要多长的时间？如果说政府应该有为，而政府有为的理由是市场失灵，那么，市场失灵是政府干预的必要条件还是充分条件？政府失灵的存在应该是一个实证结果，这又是否构成否定政府干预的充分理由？从规范角度来说，政府究竟应该如何作为？同样地，对于政府干预的效应需要多长的时滞作为检验的必要时间长度？

要回答上述问题，需要深入到经济体系运行机制的分析。现有的大量争论以作为市场失灵原因的外部性、信息不对称、公共品等作为立论的依据，但这些概念迄今主要在单个市场的范畴中展开，而要对政府干预给出客观评估，就必须分析其对整个经济系统带来的影响，且需要考虑其短期效应和长期效应，而这些都是建立在对经济系统运行规律的整体分析之上，特别是建立在对经济系统运行的机制有效性的分析之上。

在本章中，我们将从经济体系运行的机制着手，分析不同机制的特征及其逻辑，进而讨论作为政府职能范围界定的依据，在此基础上，我们才有可能对政府干预的必要条件给出明确推断。

6.1 经济系统运行的协调机制

经济系统的运行机制是一个复杂的论题。按照流行观点，可以将其划分为计划和市场两类，但考察现实中的不同经济体，可以发现，如果将纯粹的计划和纯粹的市场视为两种极端状态，则处于中间状态的还有着不同的机制。虽然两端之间并不可能产生一个连续谱，且这种"连续"也不具有现实意义，但对于中间状态的研究是必不可少的一个论题。从经济学史上著名的计划和市场论争以及关于产业政策的政府协调的相关文献中，可以看到这种进一步分类的必要性。

在一般意义上，斯蒂格利茨无疑是正确的："政府干预从来不会是完美的，也未必具有改善经济绩效的效果。问题不是在不完美的政府和完美的市场之间做出选择，而是在不完美的政府和不完美的市场之间做出选择，二者应该成为互相校验的工具。它们应被看作是互补性的，我们需要在二者之间取得一个平衡。这种平衡不应仅仅是给一个分配一些任务，给另一个分配另外一些任务，还应设计一些制度使二者有效地互动起来。"（转引自林毅夫，2012b，第58页）但即便如此，基于一些基本的经济学原理，对于某些领域来说，有些"任务"必然应由政府来承担，而有些"任务"则必然应由企业来承担。对于产业政策问题来说，关键在于某些中间领域，对于那些政府和企业均有可能承担的"任务"，我们应该如何设计有效的制度,来很好地完成。就此来说,"协调"这一概念在这里有着基础性意义。

"市场增进论":作为一种协调机制

青木昌彦等"一致认为,把关于东亚经济发展的看法简单地区分为'亲善市场论'和'国家推动发展论'是没有意义的、不幸的。因此,世界银行的研究试图调和'亲善市场论'和谨慎的、略加修改的'国家推动发展论',走一条中间道路,是一种有益的尝试"(Aoki et al., 1996, 中译本第18—19页)。但从经济体系运行机制的角度来看,青木昌彦等提出的"市场增进论"并不是一种简单的调和或者"中庸",更重要的是,它可以被理解为对经济体系运行的根本特征的洞察。任何一个经济体系的运行都需要对各种经济活动进行协调,在一般意义上,计划和市场都可以被视为一种协调模式。在现实中,可以看到大量的所谓"协调失灵"的现象,由此需要考察和回答的问题是:导致协调失灵的原因是哪些?什么样的协调方式可能是最为有效的,也就是说,最能防止出现协调失灵的?

可以认为,协调失灵问题比市场失灵问题更具根本性,也更具一般性。"缺乏对可能的市场机会和技术前景的了解就可能会导致协调失灵,并且也不易被认识到。这些协调的失灵问题或许可能通过包括非政府组织在内的分散化的私人实验而得到逐渐解决。这样的话,就可能会产生对政府的另一种不同的看法。政府可能的作用之一将会是补充培育民间部门的协调秩序,而不是替代民间部门。对市场的含义做出更宽的解释,使之涵盖民间部门的协调秩序,我们就可以对之冠以'市场增进论'的称谓了。依此看来,解决协调问题就不再是政府的责任了。政府的职能应是协助民间部门的制度发展,凭此解决失灵问题"(Aoki et al., 1996, 中译本第10页)。

青木昌彦等构建了一个分析框架来对其"市场增进论"进行论

证,如图 6.1 所示。图中的横坐标表示协调机制,纵坐标表示协调的范围。左上的点状区域属于亲善市场论支持者,他们"强调解决协调问题的首要方式是市场和企业,而政府负责公共商品的供给及维持竞争性的市场环境"(Aoki et al., 1996,中译本第 25 页)。其中左上角更小的区域"是瓦尔拉式的市场,在这一市场内,经济协调仅仅通过价格调整便能达到"。图中右下角的则是"另一个极端,即命令经济,其中所有的经济协调都是在中央政府的数量指示下进行的"(Aoki et al., 1996,中译本第 24 页)。

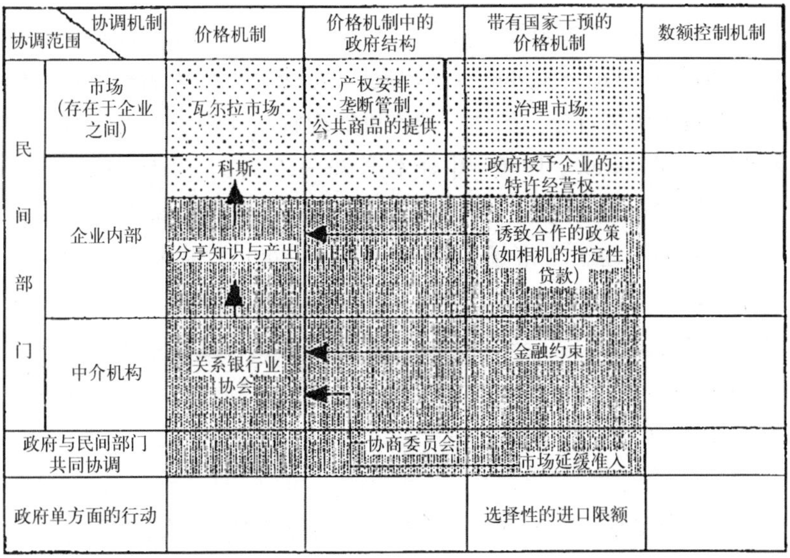

协调范围	协调机制	价格机制	价格机制中的政府结构	带有国家干预的价格机制	数额控制机制
民间部门	市场(存在于企业之间)	瓦尔拉市场	产权安排 垄断管制 公共商品的提供	治理市场	
	企业内部	科斯 分享知识与产出		政府授予企业的特许经营权 诱致合作的政策(如相机的指定性贷款)	
	中介机构	关系银行业协会		金融约束	
政府与民间部门共同协调			协商委员会	市场延缓准入	
政府单方面的行动				选择性的进口限额	

图 6.1 经济协调矩阵

资料来源:Aoki et al.(1996,中译本第 23 页)。

尽管他们解释道,该图所显示的框架"很显然是简化了的,主要是为了形成一种概念性框架。实际上,不同范围和协调机制的差别并不明显,并且达到各种不同协调形式的方式也在很大程度上依赖于经济中的各种重要的制度性特征"(Aoki et al., 1996,中译本第27页),但这恰恰说明了以下两点:一是,不同协调机制的差别体现在很多细节上;二是,这种差别与制度特征之间存在紧密的联系。为此,我们需特别关注不同协调机制的差别究竟体现在哪里,而这种差别跟制度之间又存在着怎样的联系。我们仍需从"市场增进论"与两种极端状态的比较出发,并以青木昌彦等的阐释为分析的基础。

"亲善市场论的观点强调协调问题应通过以市场为基础的制度加以解决,而国家推动发展论的观点则强调许多重要的协调问题应通过政府解决。两派观点认为市场和政府在协调活动的定位方面,是两种相互替代的制度安排"(Aoki et al.,1996,中译本第22页)。但从东亚经济发展的实绩出发,"如果不对图中阴影所着重标示的中间区域进行分析的话,便不可能理解东亚经济发展最基本的要素"(Aoki et al.,1996,中译本第25—26页)。对于该阴影区域所反映的"市场增进论"观点,需从图中"带有国家干预的价格机制"一列中处于"市场(存在于企业之间)"横栏下方的那个部分沿着箭头的指向来加以把握。它强调的是,需要"认识到民间部门可以协调一大部分经济活动(或通过市场,或在企业内部,或利用中介机构,或与政府互相配合)的能力,同时看到政府促进民间部门发展的潜力"。因此——

> 各种政策工具,如相机性租金、金融约束、协商委员会以及市场延缓准入策略,将会引导民间部门的协调与合作。依此看法,政府政策并非旨在直接引入一种解决市场失灵的替代机制,而是以增强民间部门解决市场失灵的能力为目标。现在应该清楚政府是如何补充民间部门功能而并非是作为市场机制的替代物的了。(Aoki et al.,1996,中译本第26页)

基于此,可以认为,将政府干预视为市场机制的替代物是无视处于两种极端状态之间的大量混合机制的存在，是对现实中经济系统运行机制的一种严重的误解。

协调与协调失灵

在经济学关于经济运行的研究中，"协调"并不是从一开始就具有核心术语地位的。根据丹尼尔·克莱因和亚伦·奥斯本通过电子检索得到的结果，"协调"一词最早出现在1880年左右的专业经济学文献中，用来描述公司内部各种因素或活动的直接生产性连接；此后，这一概念主要在运输文献中得到使用（Klein and Orsborn, 2007）。1933年，哈耶克在伦敦经济学院发表了题为《经济思维的趋势》的演讲，明确采用了这一概念（Hayek, 1933），但直到1998年，伊斯雷尔·柯兹纳仍认为，"'协调'一词有些含糊不清，亟须引起我们的注意"（Kirzner, 1998）。

"协调"一词通常具有及物动词和不及物动词两种用法，其基本含义是"配合得适当"（参见《现代汉语词典》）。作为及物动词，协调有其作用的对象；作为不及物动词，通常涉及相互协调，即不同行为主体之间的协调。"尽管亚当·斯密从未使用过'协调'一词，但他在描述生产羊毛外套的一系列活动时，还是提到了协调的一种形式"，而当博弈论方法在经济学中得到普遍运用之后，协调即更多地被作为相互协调的概念而采用（Klein and Orsborn, 2007），显然在此情况下这一动词是不及物性质的。对于协调和协调失灵的讨论来说，区分上述两种不同的用法十分重要。事实上，如果以整个经济系统的运行为对象，那么协调的具体对象是什么？如果要准确地说明什么是协调失灵，其前提是需要明确阐述，不失灵的协调的结果是怎样的？

按照松山公纪的说法，协调应是针对整个经济系统的所有活动进行的。在这里，"所谓活动，指的是那些具有潜在经济价值并且必须花费成本去完成和生产的所有的任务、服务，商品和产品。至于一个经济体系，是指高度互补的经济活动（即任务、服务、商品等）的一个组合，这些活动组合起来的时候，就构成一个密切结合的整体。这些活动由一系列不同的当事人来完成，每个当事人可能拥有关于这些活动的独有知识和技术专长。一个高级经济体系的发展要求高水平地协调这些多样化的活动"（松山公纪，1998，中译本第159—160页）。

从协调这一视角出发，市场和计划都可以被视为协调机制，且大致处于一个光谱的两端。在此意义上，所谓市场失灵实际上是市场机制失灵，是市场机制作为一种协调机制的失灵；而所谓政府失灵，虽然同样也是作为一种协调机制的失灵，但其表现则可能更为多样，其背后的原因也要复杂得多。但无论哪种协调机制，一旦论及失灵，首先应明确其在并不失灵情况下的有效性是如何度量的，也就是说，我们在何种意义上认可一种协调机制是有效的？

就此来说，首先值得强调的是，对于任何协调机制来说，鉴于经济系统的复杂性，如松山公纪所指出的，协调问题存在一些"本质性的困难"，因为"任何一个配置机制的任务都是对大量活动进行协调，……这个问题的主要方面是找出哪些活动组合应该被协调。这个问题——与几百人分散在浓雾笼罩的森林中找出相互的位置并无不同——是没有一种算法能解决的基本难题"（松山公纪，1998，中译本第150页）。但松山公纪并未指明这一本质性的困难是体现在哪个层次上的，因为至少就困难的程度来说，宏观层次和微观层次恐怕有着巨大的差异。而无论哪个层次，经济学至少在理论上仍试图寻求一个最优解，即一种能够实现最优的协调结果的最优机制。于是，就必须给出最优协调结果的评价基准，以及对应的最优机制的运行逻辑。

对于新古典主义主流经济学来说，这一基准是十分明确的，即对应于微观层次的单个市场的完全竞争均衡，以及对应于宏观层次的经济系统整体的一般均衡。尽管理论上已得到证明,所谓均衡结构具有作为一种基准的良好特性,但基于其假设与现实世界之间存在的巨大偏差,其解释力越来越受到质疑。而就协调机制来说,如果以实现这一状态为结果来判断协调是否失灵,那么在现实世界中就不存在不失灵的协调。就此来说,这一基准的设定对于现实世界问题的解决并不能提供多少帮助,也无法为政府干预的合理性提供可验证的理论依据。

就完全竞争和一般均衡理论来说,尽管其具有数学上的优美性质,但至少在以下方面有着内在的缺陷,从而使其具有"教科书经济学"的特征。

首先,构成这一理论基础的均衡概念在本质上具有静态特性,而现实的经济系统是处于永恒的演变之中的[①]。

其次,在一般均衡的理论体系中,企业只是一个原子,企业活动被浓缩为单一的无差异的活动,但在现实中,企业本身就是一种协调机制,通过其内部组织对大量不同的活动进行协调。这样一种机制与政府干预类似,与市场机制对应,可称为"看得见的手",

---

① 哈耶克就此强调了两点:一是,"一个人只有在他的预期被证明是正确的期间内所采取的行动才能构成均衡关系";二是,"由于均衡是行动间的一种关系,又由于一个人所采取的行动从时间上讲必定是相继发生的,所以显见不争的是,就赋予均衡这个概念以任何意义而言,时间的推移便是至关重要的"(Hayek,1937,中译本第57页)。不仅如此,就整个社会来说,"就我们用均衡这个概念来描述一个人的不同行动之间所存在的相互依存关系而言,这个意义上的均衡概念根本就不可能被直接用来描述不同的人所采取的行动间的关系"(同上,第58页),而"唯一能够证明我们关注的这种均衡状态的合理理据乃是这样一种假定:社会中存在着一种倾向于均衡的趋势"(同上,第67页)。而事实上,我们要"牢记这样一个显见的道理,即均衡要么在过去不存在,要么正在被扰乱"(同上,第76页)。值得注意的是,哈耶克在一定程度上也认可均衡概念可能具有的非静态的特性,他指出,"对于一个社会来讲,我们可以说它在某个时点上处于一种均衡的状态,但是需要指出的是,这仅仅意味着,组成该社会的个人为即时性行动所制定的不同计划是彼此融合的。再者,一旦社会达致了这种均衡状态,那么只要外部基据与该社会所有成员的共同预期相符合,这种均衡状态就会持续下去",因此,"从理论上讲",均衡分析也可以被用来描述"只具短暂性质的价格关系"(同上,第63—64页)。显然,由于这里论及的条件实际上在现实中难以满足,对于一个处于永恒变动中的经济社会来说,赋予这种均衡状态以静态特性或许更有利于相关分析的展开。

在部分行业或部分经济体中甚至扮演着比市场更重要的角色。这一点对于产业体系的演变来说,具有更重要的意义。

再者,就宏观层次的经济系统演变来说,尽管单个市场的局部均衡看起来相对较为接近现实中的部分市场,但以所有市场的同时均衡为基础所构建的一般均衡架构只具有形式上的宏观意义,因而从本质上远离了现实世界。就宏观经济的长期增长来说,特别是在创新构成增长的主要驱动力的情况下,更无法将这种一般均衡的"理想"状态作为参照基准来对协调的作用进行评价。就此来说,如果实际上"协调失灵论首先在宏观经济学解释经济周期中得到普遍应用"(松山公纪,1998,中译本第150页),那只能说其初始的研究就走入了误区。

松山公纪对于所谓最优状态的实现是抱有否定态度的:"由于协调问题的基本困难,任何机制,包括价格机制这只看不见的手,加上企业家和官僚阶层看得见的手,都必然找不到有效率的经济体系。每个社会,不管采用什么样的机制,都会演化为一个特殊的经济体系,采用一个特殊的活动组合,这至多在局部是最优的"(松山公纪,1998,中译本第163—164页)。

就此来说,不妨比较一下柯兹纳给出的对于完全协调的界定。柯兹纳所界定的是一种协调状态(a state of coordination),而"一个完全协调的状态(a fully coordinated state)就是这样一种状态,即在划定的一个行动的集合中,每一个人的行动正确考虑了:(a)其行动实际上被集合中其他人所考虑;(b)其他人可能采取的行动与自己的行动是不同的"。柯兹纳并以繁忙机场中的空中管制员的活动为例来加以说明:"一般的理解是,空中管制员的职能是协调这些航班,以确保顺利和安全地安排离港和抵港时间"(Kirzner,1998)。容易看到,柯兹纳所给出的例子具有明显的组织内部命令体制的特征,如其所说,"空中管制员的协调活动是经过深思熟虑和中央计划的"(Kirzner,1998),而更重要的是,就其对完全协调状态的定义来说，所涉及的实际上只是行为主体的决策模式，而非明确的经过协调之后的状态（coordinated state）。

由此可见，协调失灵这一概念并非也不可能以最优协调或者某种"完全协调的状态"作为基准来加以评价①。在现实中，我们至多只能在比较的基础上对不同的协调机制做出何者为优的判断，而这里所谓的"优"也绝不能仅用一种单一的维度和指标来加以评估。如上文已经展开的分析所显示的，对于一个极其复杂的动态演变的经济系统来说，这种优劣的评价至少也需要在宏观、中观和微观三个层次上分别展开，而作为基础的和具有根本意义的则是微观层次上的评价。

市场过程与协调机制

鉴于现实经济系统具有永恒的动态演变的特征，对于协调和协调机制的评价在本质上也必须与这一特征相契合，也就是说，必须采用动态视角。就此来说，奥地利学派的市场过程理论采用与新古典主义主流经济学完全不同的视角，从而更符合理论与现实的逻辑联系的本质。

小杰拉尔德·P.欧德里斯科尔指出："由于缺乏理解，英美经济学家未能理解哈耶克思想的更大意义。哈耶克呼吁对经济理论进行全面重组。……在某种程度上，他试图对抗人们对一般均衡理论重新燃起的兴趣。……然而，不幸的是，甚至在普遍采用一般均衡模型之前，经济学实际上已经成为力学的一个分支。"欧德里斯科尔指出，在哈耶克之前，"寻找能够最佳地协调经济活动的社会制

---

① 即使以福利经济学核心结论为依据，也并不能给出一个为所有参与者所接受的唯一的所谓最优结果。对于整个经济系统来说，其评价标准完全不同于机场空管这个例子中存在的相对客观而并不会带来多大争议的情况，正如柯兹纳所说，"协调的概念似乎毕竟不是完全客观的。从一种特定产权制度的角度来看，基于一种特定的道德框架的协调，很可能被视为基于另一种不同的道德框架的产权制度的不协调"（Kirzner, 1998）。

度的重要问题已被忽视"。而"在哈耶克看来,经济学是从直接观察被忽略的地方开始的"(O'Driscoll Jr., 1977, p. XXi)。

为了更深刻地理解市场过程及其协调机制,有必要先概要提及哈耶克关于知识分工的洞见。

哈耶克对于知识分工的认识具有革命性意义。哈耶克认为,"这个问题不仅与劳动分工问题颇为相似,而且还至少与劳动分工问题一样重要"(Hayek, 1937, 中译本第 74 页)。哈耶克指出,在给定一系列严格假设的前提下,相关的最优问题"可以经由数学的形式而得到最佳的陈述",但"需要强调指出的是,这根本就不是社会所面对的那种经济问题。……这种经济运算方法的发现之所以无法解决社会经济问题,其原因在于:作为这种经济运算方法之出发点的'数据'或'基据'(datum),就整个社会而言,对于一个能够计算其结果的单一心智来说,从来就不是'给定的',而且也绝不可能是如此给定的"(Hayek, 1945, 中译本第 116—117 页)。他认为:

> 社会经济问题毋宁是这样一个问题……也就是如何才能够以最优的方式把那些资源用以实现各种唯有这些个人才知道其相对重要性的目的的问题。简而言之,它实际上就是一个如何运用知识——亦即那种在整体上对于任何个人来说都不是给定的知识——的问题。(Hayek, 1945, 中译本第 117—118 页)

这个问题被柯兹纳称为"哈耶克的知识问题"(Kirzner, 1992, 中译本第 167 页)。

那么,从协调这一角度出发,如松山公纪所说,"任何一个配置机制的任务都是对大量活动进行协调,这些活动是由很多人完成的,每个人都具有哈耶克(Hayek, 1945)所说的'特定时间和特定地点下的知识'。这个问题的主要方面是找出哪些活动组合应该被协调"(松山公纪, 1998, 中译本第 150 页)。容易看到,松山公纪的这一论述是出于协调者的视角,或者从理论上来说,经济学家需要采用这种视角,来分析哪些活动的组合应该被协调,进而分析怎样的协调机制可能达致更佳的状态。但事实上,哈耶克更为强调的是一个社会的经济秩序,而"经济学理论的任务乃在于解释一种整体性的经济活动秩序是如何实现的,而在这个秩序中,人们运用并非集中在任何一个心智之中而只是作为无数不同的个人的分立知识而存在的大量知识"(Hayek,1965,中译本第216页)。在此基础上,哈耶克又进一步强调了社会制度对于人的行为构成的约束,因此,"抽象规则对于协调人们在那些不可预见的新情势下所采取的持续性行动来说乃是不可或缺的;然而需要指出的是,抽象规则在下述情形中就更是不可或缺的了:协调众多不同的个人在那些只是部分上为每个个人所知道而且也只有在发生的时候才能为他们所知道的具体情势中所采取的行动"(Hayek,1965,中译本第215页)。

那么,动态地考察,一个市场过程究竟是基于一种怎样的运行机制,又具有怎样的特征?这里首先应该考虑的是不存在政府干预的市场。对此,柯兹纳认为,"在奥地利学派经济学家的市场观点中,其最重要的特征乃是(过去也是)动态的企业家-竞争性发现过程"(Kirzner,1992,中译本第112页)。

柯兹纳给出了关于市场过程的一个完整的表述。首先,他区分了影响系统状态及其变化的两种变量:一种是基本变量(underlying variables, UVs),通常包括偏好、可用的资源以及技术可能性;另一种是引致变量(induced variables, IVs),"由市场在任何给定时点受到基本变量UVs的冲击而产生的价格、生产方式以及产出的数量和质量所组成"。在此基础上,柯兹纳比较了两种市场过程理论。"第一种市场过程理论把市场过程看成是引致变量IVs在时间中实际的值的序列。……拒绝承认(a)和(b)两种力量之间存在着任何实质性的分析性区别。"这第一种理论主要来自拉赫曼(Lachmann,1986)。柯兹纳认为应该强调的是第二种理论,即"完全只根据前面讲到的第二种市场力量来定义市场过程"(Kirzner,1992,中译本第45—46页)。由此给出的具体表述是:

> 市场过程是一个分析性的概念。我们在引起引致变量变化的力量中区分出一组在每一时刻由于均衡的缺失而未被释放的显著的力量。由这些力量引发的变化构成了市场过程。……在现实中,我们遇到的是引致变量中大量的各种变化,它们同时反映了基本变量的连续的变化。因此,引致变量的这些变化所表达的不仅是这一个市场过程,而且还是无数个分开的(且可能是相互冲突的)运行中的市场过程的总体影响,这些市场过程在不同的时点上由存在于现实中的引致变量与其各自相关的均衡值之间的差异所引发。这些独立的市场过程相互碰撞、相互加强,因此引致变量值的实际序列被视为无数相互作用的力量所产生的高度复杂的结果。(Kirzner, 1992, p. 43)

基于柯兹纳的这一表述,对于单个市场来说,在明确界定了市场边界的条件下,不妨将其所称引致变量简化为该市场中的价格和交易量,而将其所称基本变量表述为可能影响该市场交易双方所有参与者供需行为的关键影响因素来加以理解;进一步,对于整个经济系统来说,则意味着该系统中所有单个市场之间存在着的高度复杂的相互联系和相互影响,以及由此可观察到的所有市场中价格和交易量的变化的实际序列。于是,奥地利学派的市场过程与新古典学派的均衡理论的本质区别,在于对均衡概念界定的不同,以及关于市场如何趋向于均衡及其关键驱动力量的解释的不同。柯兹纳认为,奥地利学派对于市场现象的认识"大大超越了均衡经济学的范围",而特别值得强调的则是驱动市场运行的力量背后的激励行为主体:

> 市场过程观点关注由非均衡的市场条件创造出来的激励,

在这些激励下各种导致系统性的均衡性力量被发掘出来。它看到这些激励持续地吸引潜在的新的竞争者；它认为这些新竞争者的注意力一定是以企业家对于潜在的利润机会的察觉形式出现。（Kirzner，1992，中译本第53页）

于是，我们看到：新古典经济学虽然也强调激励，但在其一般均衡理论中并不存在任何创新活动的空间，而在一定意义上，创新活动恰恰在熊彼特之后构成了经济学理论发展的主线，而企业家的作用则是奥地利学派所重点关注的。在柯兹纳看来，遵循着亚当·斯密对于市场的理解这一科学传统，我们可以得出如下结论：

市场过程方法实现了对于市场理解的一个重大的进展，这一进展来自对竞争性-企业家发现过程的洞察，而在这种方法中，这一过程构成了贯穿时间的市场现象的本质核心。（Kirzner，1992，p.51）

计划、市场之争与经济转型

基于协调和协调失灵这一视角，在现实世界中，我们能够寻求的至多是次优解。比较不同的协调机制，问题则转变为：究竟何种机制能够较好地协调整个经济系统的难以计数的活动，以达成尽可能好的运行绩效？从史上著名的计划经济和市场机制之争来看，市场一方和计划一方在对于市场机制和计划机制的界定上是否存在共识，是所有讨论的出发点。基于本书关于经济系统架构的分析框架，为了更深入地对不同的机制进行比较，我们将重点关注不同机制在微观层次上的不同的激励。

本书并不准备对计划经济与市场经济之争做更全面的梳理，这里仅基于奥地利学派的观点，从深层次的关于知识的角度去加以分析。基于上文的讨论，在接下来对于计划机制和市场机制展开更深入的比较分析之前，我们先概要地提出四个基本的观点：

一是，协调作为经济系统运行的基本机制，是一个普遍适用的概念，在此概念基础上，所谓市场机制和计划机制是两种不同的协调机制，而这两种纯粹的机制之间还可能存在诸多的混合机制，即由市场和计划的不同组合而产生的实际运行机制。

二是，所谓市场失灵，从严格意义上来说是市场机制失灵，类似地，政府失灵是指政府控制和干预经济体系运行的机制失灵。但失灵是相对于有效而言的，在不同的层次上，市场机制有效的基准并不相同，因而，对应的所谓市场失灵也有着不同的含义，基于同样的逻辑，政府失灵也有着不同的含义。但在所有层次中，微观层次的运行机制是根本性的，因而市场失灵和政府失灵首先表现在微观层次的机制失灵上，特别是，表现在微观主体行为的激励扭曲上。

三是，在严格意义上，计划机制的运行并非基于协调，而是基于命令，是由上而下的，因此，企业内部的机制更接近于计划机制。由此可见，就经济系统运行的机制来说，存在两种不同的发展路径：一种是从不成熟的或缺失的市场发展为成熟的完整的市场体系；另一种则由完全的计划经济转型为市场经济。前者属于经济成长的范畴，后者才是真正的转型。

四是，从系统观点出发，我们不仅需要分析微观层次的协调，还需关注对于整个经济系统的运行来说，基于微观层次协调的不同机制可能产生的对产业体系和宏观增长绩效的影响。这里需重点关注的是产业体系中不同部门的分工，以及决定各个部门在整个体系中的职能的产业特性。

基于我们所强调的比较分析的历史视角，应将体制转型与市场的发展这两种不同的经济系统演变的路径加以明确的区分，这对于我们的分析具有重要意义。

所谓体制转型，意味着从几乎完全的计划体制转型为市场机制，中国自1978年开始的从计划经济向市场经济的转型是这一路径的典型案例。另一路径则可称为市场发展，即市场和市场体系从不成熟逐步成长为成熟和完备，这是一种不断完善的过程，是大多数发展中国家所遵循的发展道路。值得强调的是，虽然在体制转型这一过程中，各类市场也都是从无到有，或者说从不成熟到成熟，但这一路径与市场发展路径有着本质上的不同，因为由原来的计划配置资源转变为由市场配置资源，就必然存在着路径依赖的巨大影响，特别是，作为微观行为主体的人——无论属于哪个群体——都在观念和文化中留存着深刻的计划经济的烙印。因此，这样的系统分析需要采用本书所提出的大框架，不仅涉及经济因素，还涉及社会、制度和文化等深层次因素，我们需要时刻将此作为比较分析的底层逻辑保持在头脑之中。正如欧德里斯科尔所指出的：

> 经济学与制度密切相关——社会、政治和经济；因为正是这些制度塑造了有效的经济力量，并决定了结果。如果要阐明社会现象，经济学必须是理论的和制度的。是否会出现令人满意的经济秩序，取决于这些制度的运作，从而取决于它们的确切性质。个人决策与市场价格可能会也可能不会产生协调的结果；结果取决于这些制度的运作。（O'Driscoll Jr., 1977, p. XVii-XViii）

6.2　竞争市场中的协调

我们先对市场机制的运行展开分析。

遵循奥地利学派的思路，需概要考察价格体系对于协调的作用,并强调企业家作为行为主体对于市场发展的关键作用。值得强调的是,除了"看不见的手"之外,大企业的"看得见的手"对于经济系统运行也有着重要的作用,且在相当程度上决定了整个体系的运作效率。

此外,基于系统论观点,我们需要考察,对于那些在产业体系中承担公共服务和提供基础设施条件的部门,其协调机制具有何种特征。在一般意义上,我们可以从营商环境的角度来加以分析。事实上,企业竞争力不仅受到企业家激励环境的影响,在相当程度上还受到营商环境中除了激励之外的其他条件的影响。后者在奥地利经济学中几乎被完全忽视①。

市场、价格与企业家的"被协调"

在市场机制下,价格作为最具效率的信息传递者发挥着协调作用。在此意义上,价格是"协调者",或者说整个市场机制是"协调者",而企业或企业家是"被协调者"。这里的关键是企业作为行为主体对于市场的变化的反应,而对于推崇个人主义方法论的奥地利学派来说,企业家才是行为主体。

但值得注意的是,奥地利学派并不认为行为主体对于分散性知识——特别是关于特定时空环境的知识(knowledge of particular circumstances of time and place)(Hayek,1945)——能够拥有完全的了解,即使是企业家也无法规避这种决策所面对的知识的约束。按照标准的决策模型,我们也可以将个人视为计划者,而实际上,"每个单个计划都具有潜在相关性的知识问题"。柯兹纳认为这是一个比"哈耶克知识问题"更"基本的知识问题",即"由于计划者

---

① 事实上,林毅夫对于市场机制的作用也是持相当支持的态度的。在林毅夫所称的新结构经济学三大支柱中,第二个支柱即"在发展的任一个阶段都把市场作为最优的资源配置机制"(林毅夫,2012b,第97页)。

对其实际情况的了解知识并不充分,他的计划也就可能并不足以带来最优的现实效果"(Kirzner,1992,中译本第169页)。因此,对于市场过程理论来说,关键在于所谓"企业家的竞争性发现程序"。

针对可能存在的对哈耶克分散决策论述的误解,柯兹纳指出:

> 价格在解决哈耶克知识问题过程中的重要作用,并不在于均衡价格能准确无误地传达其他有类似信息的人的行为的信息。相反,它的重要作用在于非均衡价格能够提供纯盈利机会,它能吸引那些警觉、逐利的企业家的注意。……人类行为中的企业家因素,就是对纯利润机会信号做出的反应,这种纯利润源于社会中分散知识产生的错误。正是这种激励促成了竞争性的企业家发现过程,它让市场参与者了解越来越多的、分散于市场中的相关信息。正是这种企业家的竞争性过程,解决了集中计划者难以回避的根本性的知识问题。(Kirzner,1992,中译本第176页)

基于历史的视角,以发展中经济体为对象,我们可以由此提出的问题是:企业家是一个怎样的群体,他们是天生的吗?他们对利润机会的警觉和做出逐利的反应是否需要独特的能力?对于经济发展来说,企业家能力是否构成其充分条件或必要条件?营商环境的质量对于企业家能力的发挥又有怎样的影响?

企业家与企业家精神

基于个人主义的研究方法,可以认为真正的行为主体是个人,因此我们首先以此为基础来探讨:哪些个体可以被称为企业家?什么是企业家精神?

大量的文献将企业家、企业家精神与创新相联系。

汪丁丁的界定是："企业家是从事创新的人，凡正在从事创新的人，就叫作企业家。"而企业家精神，"不论中国式的还是西方式的"，都应包含更具体的三种精神——"创新的精神、敬业的精神、合作的精神"（汪丁丁，1992）。

熊彼特则根据是否从事创新活动来鉴别企业家的身份。熊彼特的所谓创新就是实现新的组合，他"把新组合的实现称为'企业'，把职能是实现新组合的人们称为'企业家'"（Schumpeter，1934，中译本第83页）。熊彼特并不认同马歇尔将企业家职能看作最广义的"管理"的观点，而是明显地以功能为指向。他强调，"每一个人只有当他实际上'实现新组合'时才是企业家；一旦当他建立起他的企业之后，也就是当他安定下来经营这个企业，就像其他的人经营他们的企业一样的时候，他就失去了这个资格。……由于充当一个企业家并不是一种职业，一般说来也不是一种持久的状况，所以企业家并不形成一个从专门意义上讲的社会阶级"（Schumpeter，1934，中译本第87页）。依此理解，熊彼特并不认为职业经理人就是企业家，而且任何个人只有当其从事创新活动的时候才可被称为企业家。

而管理学家与经济学家常常持有不同的视角。在德鲁克那里，企业家精神几乎等同于创新活动，也就是说，从事创新活动的人可被认为具备企业家精神，反之则反是。德鲁克"将创新与企业家精神视为一种实践、一门学科。它并没有涉及企业家的心理和个性特征，而是探讨了他们的行动和行为。……将创新与企业家精神视为有组织——且需要加以组织——有目的的任务和系统化的工作"（Drucker，1993，中译本第 XXVI 页）。更有意思的是，德鲁克认为，企业家精神甚至企业家都要和开办企业加以区分，"并不是每一个新办小企业都是一种企业家行为，或者代表着企业家精神"（Drucker，1993，中译本第19页）。另一方面，"企业家精神并不仅仅局限于经济性机构当中"（Drucker，1993，中译本第20页）。

基于市场过程的视角，柯兹纳比较了与此相关的不同观点。在两种对立的关于企业家的极端观点中，"第一种观点把企业家看成是对市场条件做出无摩擦的反应，并且与其完全协调"，第二种观点则"几乎以完全相反的视角来看待企业家能力"。后者主要体现在沙克尔的文献中。沙克尔（Shackle，1972）认为，"企业家根本就不能被纳入基于严格的理性选择的均衡理论的框架中"。更严重的是，"对沙克尔来说，人类所有表现出来的选择（正像企业家行为那样），都涉及一种'原创性的和想象性的技艺'，在任何意义上都不能化约为对给定条件的机械反应"（Kirzner，1992，中译本第6—7页）。柯兹纳将其自己所持有的奥地利学派中间立场作为第三种观点，这种观点"承认企业家能够警觉地发现现有市场选择协调模式中的缺陷，允许我们看到为何可以把系统性（'均衡化'的）市场趋势归因到创造性的、原创性的企业家的警觉（entrepreneurial alertness）"（Kirzner，1992，中译本第8页）。

鉴于本书所讨论的是整个经济系统的协调机制，且特别关注企业特别是大企业作为"看得见的手"进行的协调活动，因而不宜以是否创新或创新程度多强作为区分企业家的标准，甚至柯兹纳的所谓对市场机会的警觉也未必是一种适当的划分准则，因为是否参与协调与协调的效果如何无关。事实上，只要是作为企业管理者，除了那些极小型的原子型企业之外，他们就必然从事一定的协调活动。就此来说，我们将所有企业经理人视为经济活动的协调者，并通过命令机制加以实施，但考虑到流行的用法，我们仍采用企业家这一概念。另一方面，在企业对于市场环境的变化做出反应的时候，企业成为"被协调者"，即根据其对市场价格等多重变量的变化趋势进行判断，并对企业发展的战略性选择进行决策，就此来说，企业家在面对企业内部时扮演的是协调者的角色，并主要采用命令式的协调手段，而当其面对外部环境变化需做出反应时，则扮演着"被协调者"的角色，只有在这个时候，其"企业家的警觉"

才与企业家精神相联系。

对于企业家精神与职业经理人之间的不同，米塞斯是加以明确强调的。米塞斯指出：经理的活动是"关于资本之配置于各种生产部门。问题是：哪个部门的生产应该增多或减少，哪个部门的生产目标应该改变，什么新的部门应该创设？关于这些问题不是忠实的公司经理和他的高度效率可解答的。凡是把企业家精神与经理才干弄混淆的人，是看不清经济问题的"（Mises，1962，中译本第 654 页）。

虽然基于个人主义的方法论，奥地利学派强调个人作为行为主体的基础性作用，并由此特别强调企业家的警觉对于解决市场体系的协调性问题的关键意义，但这毕竟是高度抽象的，如果仅仅停留在个人层次上进行分析，将使得这一理论跟一般均衡理论类似地脱离现实。就此来说，柯兹纳关于企业的简短论述就显得特别重要。事实上，在现实中，我们所观察到的大量活动是以企业为基本单位来展开的，而企业规模的大小对于整个产业体系的运行具有重要意义。

知识分类、企业规模与"看得见的手"

柯兹纳指出："人们认识到，市场经济中的每一家企业就好像是由诸多自发形成的、激荡澎湃的竞争性市场力量构成之大海当中的一座地方性'集中计划'孤岛，这种认识至少可以追溯到 1937 年科斯关于企业理论的论文当中，在企业内部，生产行为都是通过集中指导的协调来实现的，而不是通过价格机制和利用市场竞争来实现的。"而从解决"基本的知识问题"这一要求出发，"企业会自发地扩张到一个点为止，在该点，由'集中计划'带来的额外好处，刚好被信息分散所产生的、渐次增长的知识困难问题所抵消。……当超过某个临界点之后，知识问题就会削弱超大企业的盈利能力。因此，不同规模和范围的企业之间的竞争，将会揭示这种

'集中计划'的最优范围"（Kirzner，1992，中译本第177—178页）。

柯兹纳的这一分析跟交易成本理论关于企业规模决定的分析有着异曲同工之妙。然而，无论是知识还是交易成本，都是在对现实进行高度抽象之后所获得的概念，并由此建立起相关理论。那么，基于现实-理论-现实的逻辑进路，当将知识理论应用于现实的时候[1]，与知识的分工相对应的，需要考虑的关键步骤就是知识的分类。如诺斯所指出的：

> 因为劳动分工使得知识也具有专业性，不同类型的知识以不同的方式组织起来，知识协调需要比价格体系更复杂的体系来保证知识在解决人类问题时的有效性。……经济发展需要复杂的制度结构和符号储存系统以低交易成本来整合关于当今复杂世界的分散知识；知识整合的成败是经济发展的核心问题。（North，2005，中译本第67页）

诺斯所说的"比价格体系更复杂的体系"应与企业的组织有关，而其背景则在于伴随着技术革命的深化所导致的知识复杂程度的提高。为了更明确其间的联系，有必要对知识进行分类。基于知识与经济活动相关的专业性，其分类至少可以从两个不同的维度展开：一个维度与产业部门的划分相对应，另一个维度则与知识的复杂程度相对应。这两种维度的划分实际上都可以更明确地以技术为中间媒介建立起来，但后者与企业能力有着密切联系，我们在下文中再做讨论。基于前一个维度的划分，并结合规模经济性和范围经济性等产业特性，我们就可以至少部分解释在现实经济中呈现的不同部门的市场竞争结构的差异。

---

[1] 交易成本理论的应用存在的主要困难在于其外延的界定和具体的度量，知识理论也有类似的问题，但其困难程度应略微轻一点。

基于协调的分析视角，这种竞争结构的差异对于经济系统的运行机制有着十分重要的影响。事实上，对于那些以充分竞争为市场结构的产业部门来说，由于几乎每个企业的规模都很小，使得相应的市场运行完全依赖于价格机制，从而企业家总体上扮演着"被协调者"的角色；而对于那些有着较强规模经济性的产业来说，通常数家大企业占据着市场主导地位，从而其市场价格常常受到这些寡头垄断者的竞争行为的影响，此时企业并非只是"价格的接受者"，因而也就不是完全的"被协调者"，反而是企业之间的博弈行为将在很大程度上决定市场价格。对于那些具有明显的规模经济性的"自然垄断者"，其价格通常受到政府规制，此时政府部门在一定意义上成为协调者。这些差异导致现实中的价格体系呈现出复杂多变的状态，而奥地利学派则很少就此进行深入讨论，该学派的文献实际上主要以充分竞争市场为对象，并基本上以制造业的市场运行为例子来论证其观点，就此来说，对于我们充分理解现实中的协调问题来说是有着一定的局限性的。

事实上，在东亚经济体中，特别是在日本和韩国，政府和寡头垄断的财团之间的协调对于其经济系统的整体协调具有十分重要的作用，这可以说是青木昌彦等所提出的"市场增进论"的基本背景。为此，在将计划机制也视为一种协调机制的前提下，我们必须给予企业组织内部特别是大企业内部的协调以充分的重视。对于不同的经济体来说，在整个经济系统中，企业内部的协调在总体的协调中扮演着怎样的角色，可以被认定为系统协调机制的一个重要特征，而这只"看得见的手"如何影响整个系统的协调效率从而影响整体的经济增长，是一个值得深入分析的话题。

技术革命的演进与协调机制的演变

企业作为一种组织承担大量的协调功能，是随着工业革命之后的规模化生产经营而发生的必然结果。小阿尔弗雷德·D. 钱德勒在《看得见的手：美国企业的管理革命》一书中对此做了分析：

> 现代大量生产的兴起，需要生产过程的组织和技术上的彻底改变。基本的组织创新反映了协调和监督高额通过能力这一需要。生产率的提高和单位成本的降低（通常总是把它等同于规模经济）主要是来自通过能力在数量上和速度上的增加，而不是由于工厂或者设备在规模上的扩大。这种经济性主要来自对工厂内材料流动的结合和协调的能力，而不是厂内工作的更趋专业化和进一步分工。……因为新的大量生产工业成了资本密集型和管理密集型的工业，它引起了固定成本的增加和充分利用其机器、工厂和管理人员的迫切需要，这样一来，也就对老板和经理形成一股压力，要求他们控制自己的原料和半成品的供应，并接管自己产品的营销和分配。资本-劳动比率以及经理-劳动比率的变化，也产生了一股压力，要求把大量生产和大量分配的作业结合于一家工业公司之内。到了 1900 年，在许多大量生产的工业中，一些制造厂和工厂都成了一家大得多的公司的一部分。在劳动密集和技术水平低下的工业里，大部分公司仍然只经营一两家工厂。但是在使用更复杂、高产量，且为资本密集型技术的工业里，公司都已成为多功能和多单位的企业了。……他们所管理的是从原材料供应者开始，经过所有的生产和分配过程，一直到零售商或最终消费者的整个流程。(Chandler, 1977, 中译本第 281—283 页)

在前文中，我们对于技术革命作为一种长期因素对经济发展的影响做了概述，而就协调问题来说，在微观层次上，其对于企业组织和产业组织变化的影响同样是非常关键的，由此也就带来企业内部的协调和企业之间的协调方式的变化。

随着技术革命的深化,企业组织及其协调方式是否发生了深刻的变化,特别是在信息技术日益先进的今天,钱德勒的断言是否还仍然成立,在学界甚至商界都是存在争议的。首先,作为工商业史的大家,钱德勒在众多学者对信息通信技术对美国的产业组织所产生的影响展开深入的历史研究的基础上,给出了总结性的判断:"当我们进入一个新世纪时,我们可以把互联网及其相关技术(例如电话和计算机)看作是这个国家发展了 300 年的技术的历史性扩展。……过去的模式以及对未来的预期都源于一个不可逃避的事实,那就是,信息和信息技术在这个国家已有一段很长的历史。因此,从很大程度上说,站在历史的角度看待信息时代,对我们理解信息在从殖民时代到现在对美国的改变中所扮演的角色是至关重要的"(Chandler, 2000, 中译本第 296—297 页)。在此意义上,信息——包括知识——实际上从人类活动的一开始就存在,只是当大量的信息技术对人类生活和经济活动产生了日益巨大和深刻的影响之后,我们才将其抽象为一种关键因素来加以分析,以至于钱德勒在美国经济发展的商业时代和工业时代之后,专门列出一个信息时代来(Chandler, 2000)。

但也有人对所谓"钱德勒范式"(Chandler Paradigm)提出了挑战,这主要表现在对企业组织的综合上[①]。娜奥米·R. 勒莫劳克斯等认为:"到 20 世纪末,人们已经清楚地意识到,由小阿尔弗雷德·钱德勒在《看得见的手》和《规模和范围》及其他著作中所提出的'大综合论'急需修改。它之所以需要修改,是因为钱德勒所认为的资本主义经济组织巅峰状态的企业类型——大型的、垂直整合的、水平多元化的、管理导向的企业——显然正在隐退。这一发展不仅使人们对钱德勒所阐述的实质性内容产生了怀疑,也使人们对其方法论基础产生了怀疑"(Lamoreaux et al., 2004)。他们所

---

① 参见秦海(2007)。

观察到的是:"从21世纪初的角度来看,这类大型企业不再那么优越。事实上,随着20世纪80年代和90年代经济环境的变化,经典的钱德勒式公司发现,他们的业绩被规模更小、更专业化、垂直解体的竞争对手超越,甚至在他们的本土行业也是如此。……大型的钱德勒式公司转而寻求通过将资源重新集中于其'核心'业务,出售子公司甚至整个部门,并在此过程中显著减少需要管理协调的经济活动范围,来提高其在新环境中的竞争力。"面对这些现象,他们批评钱德勒的工作主要是描述性的,而"理论的缺乏使得钱德勒很难解释20世纪晚期这些大公司地位的下降"(Lamoreaux et al.,2003)。

勒莫劳克斯等为此提出了一个新的综合分析方法,借助信息不对称、委托-代理理论和交易成本等理论,对企业组织内部和企业之间的协调机制展开分析。他们基于以交易关系的持久性这一考量维度,提出纯粹的市场交易是一种极端状态,此时交易是离散的,所涉及的各方之间并无持续的联系;另一种极端状态则是纯粹的等级制度——一种永久的或至少是长期保持的命令关系;而"中间是独立的经济行动者之间的长期关系,这是一种重要到足以被确定为第三种主要类型的协调机制的中间形式"(Lamoreaux et al.,2003)。

几乎同时,另一位学者理查德·朗格卢瓦提出了"正在消失的手"(The Vanishing Hand)这一新的概念来对现实中企业组织的变化趋势进行刻画。朗格卢瓦所提出的假设是:"受人口和收入增长以及技术和法律的贸易壁垒减少的驱动,劳动分工的斯密过程总是倾向于导致更精细的功能专业化和更多的通过市场的协调,……但这个过程的组成部分——技术、组织和制度——以不同的速度变化。钱德勒编年史上的管理革命就是这种不平衡的结果,……随着市场规模的进一步扩大和协调技术的改进,垂直一体化生产阶段的中央管理越来越屈服于专业化力量。"朗格卢瓦的分析视角注重组织对于环境变化的应对,由于所有的组织都需要考虑如何应对不断变化的环境,因此,"理解组织缓冲不确定性的方式对理解组织结构至关重要"。另一方面,"为了生存和繁荣,组织必须感知和解释来自环境的各种信号,并根据这些信号来调整其行为。简而言之,组织就是信息处理系统。……从真正意义上说,经济长期以来一直是知识经济。同样地,像生物有机体一样,商业组织在处理信息和处理变化和不确定性的机制上也有所不同"。由此,组织问题可以视为一个"演化的设计问题",基于其所归纳的企业组织演变的"模块化"现象,他认为,"将组织分解为市场有时会带来经济学家所熟知的额外缓冲的好处,尤其是分散风险的能力"(Langlois,2003)。

面对质疑和批评,钱德勒进行反驳,他指出,批评者对趋势的判断"违反了历史现实"(Chandler,2005a)。基于对丰富史料的梳理,钱德勒归纳了信息革命和生物技术革命所具有的若干重要特征,包括对新的科学技术的商业化需要技术知识与产品开发、制造、营销和分销知识的结合和协调,形成一个一体化的学习基地;一种能够利用共同成本或范围经济以及规模经济的"良性战略";一种多部门的组织结构;可能的非相关多元化的选择。而信息革命(生物技术革命也类似)的一种非常重要的特征是,"建立一个由大型和小型企业组成的支持性网络,为工业新产品的商业化提供其所需的关键产品和服务,从而形成这一产业的基础设施"。比较美国的128号公路、硅谷以及日本在东京和大阪之间存在的众多小型公司,可以看到欧洲在信息技术方面的失败反映了欧洲在发展小型公司之间的联系方面的无能,"事实证明,小型和大型公司的联合对一个国家在国际市场上的成功或失败至关重要"(Chandler,2005a, p. xv; Chandler, 2005b)。

综合来看,无论是长期契约还是模块化作为一种趋势,都并不会导致钱德勒所称"管理革命"的终结,而是使得其内涵及其表现形式变得更为丰富。可以认为,长期关系从来都存在于社会和经济系统的运行之中,新的变化可能主要体现在正式合同的建立上,而这与法律制度和司法体系的完善是分不开的，同时也与社会观念的现代化有着密切的联系。此外，在企业内部的管理中也出现一些引进市场机制的现象，反映了现实中的企业内部协调也并非绝对的采用自上而下的命令形式，这对于创新驱动具有更为重要的意义。

值得强调的是，无论是通过价格机制进行的协调，还是企业内部的管理协调，制度和文化都在深层次上产生着非常重要的影响。市场经济的有效运行依赖于制度的有效性，在此意义上，市场经济就是契约经济，因而有关的法律制度的完善就是其有效运行的前提，相应地，一个社会的契约精神的建立也就是这些制度得以建立并遵守的前提。在企业内部，当我们将不同个人的活动视为高度分工之下的个别活动，而将企业管理视为一种协调机制的时候，由信息不对称和委托-代理理论所揭示的问题是否能够很好得以解决，与制度和文化同样有着非常密切的联系。日本企业的终身雇佣制就是一个很好的例子。

针对"哈耶克的知识问题"或柯兹纳的"基本的知识问题"，市场机制给出了微观层次的有效解决方案，但其有效性直接依赖于行为主体所面临的激励环境。信息与激励两者共同构成一种协调机制能否有效的基础性因素。通过对计划体制的分析，我们可以更明确地看到市场机制的优越性究竟体现在何处。

6.3 计划体制与政府失灵

从协调这一视角出发，在分析了市场机制的协调问题之后，作为比较，我们接下来分析，计划体制作为一种协调机制，其根本缺陷何在？相应地，对于政府失灵究竟是怎样界定的，又是以什么标准来做出判定的？进一步，导致政府失灵的主要原因是哪些？

在产业政策的论辩中，政府与市场的关系与定位是主要论题之一。虽然基于经济学基本原理，政府在整个经济系统中应有的职能和定位应该是相当清楚的，但可以看到在论辩中存在明显的误区。有必要先就此加以廓清，并就相关问题做一概要讨论。

公共领域的界定与政府基本职能

在某些细节上，"林张之争"中出现的混乱是令人诧异的。这一点或许突出表现在对于公域和私域的边界界定中。林毅夫多次以政府对基础科研的资助为例，来论证发达国家也曾经使用了产业政策，这表明他将基础科研也视为非公领域。但正如顾昕所指出的，产业政策的"拥趸"们"常常将政府实施知识产权保护、扶持基础科学研究也视为产业政策，但这些作为是因为创新和科研具有社会效益，即经济学家所谓的'正外部性'，实属新自由主义者也认可的政府职能"（顾昕，2018，第384页）。而哈耶克则"特别强调指出"：

> 尽管我们主要关注的乃是如何使市场在它能够发挥作用的任何地方都发挥作用的问题，但是我们也绝不能忘记，在现代社会中，有相当数量的必不可少的服务（如卫生和健康服务）乃是不可能由市场予以提供的；当然，市场无法提供这类服务的原因也是显而易见的：这类服务的提供者无法向这些服务的受益人索价，或者更为准确地说，这些服务的提供者不可能只让那些愿意支付费用的人或有能力支付费用的人独享这些服务的好处。（Hayek，1949，中译本第163页）

通常认为，市场失灵的存在是政府干预的理由，因此对于市场失灵的界定是否达成共识是解决论辩问题的前提。斯蒂格利茨列举了市场失灵的六种情况，分别是：① 不完全竞争；② 公共品；③ 外部性；④ 不完全市场；⑤ 不完整信息；⑥ 失业和其他宏观经济动荡（Stiglitz，2000）。对于与此有关的大多数结论通常并无异议，但其中有些问题引发的争论却有必要加以讨论。

第一，关于国防。国防是典型的公共品，这一点在概念上并无争议，但具体到政府政策的效应，似乎确有容易混淆之处。由于国防建设必然涉及大量的政府购买，其支出在有些国家数额相当巨大，由此确实引发或强化了对某些产业部门的需求，这自然有利于这些产业部门的发展。以美国的航空工业为例，几大飞机制造公司有大量订单来自军方，同时它们又是该行业的主要生产商，这种军民结合的生产方式，对这些企业和整个行业的发展有着强大的支撑作用。但对其他行业，类似的作用可能并不明显，如军队所需的重武器对重工行业的影响较大，而其制服和日用消费品对相关行业的影响则要弱得多。将这些需求认定为政府对某些特定产业部门的扶持从而将其归为产业政策，在逻辑上显然是站不住脚的。由此可知，是否可以归属于产业政策，应该以政策目标为基本判断标准，而非以对特定产业部门的影响为判断依据。这一点不仅体现在国防上，而且也体现在其他所有公共品的政府供给上，毕竟，在整个经济系统中，任何公共品的政府提供都必然产生对某些产业部门的需求。

第二，关于基础设施。如林毅夫所观察到的，"在 20 世纪 80 年代自由主义盛行……这样一个思潮的推动下，结果发现企业家只对一种基础设施感兴趣，那就是移动通信，因为移动通信收费很容易，并且有自然垄断的利润。对于其他的基础设施，像道路、电力、港口，企业家普遍不愿意投资，导致整个 20 世纪 80 年代以后的发展中国家基础设施投资严重不足。直到现在，大部分发展中国家仍然到处面临基础设施的瓶颈，发达国家的基础设施也普遍老旧"（张维迎和林毅夫，2017，第 94 页；林毅夫，2018，第 42 页）。但对于这一现象有必要进行深入分析，难以一概而论。

事实上，按照公共品的判断准则，基础设施需要进行细分，其中如移动通信、电力、港口均不是公共品,而道路总体上可归为准公共品,但也按不同等级而有所不同,而且这些不同基础设施的运行模式在不同国家也并不完全相同。按照成本-收益评价的基本准则,对于很多发展中国家来说,由于市场需求不足而导致这类项目无法盈利,因而企业家不愿意投资,但对于整个国家的发展来说,有些基础设施则是必需的,其构成营商环境的重要方面,因而政府有责任对此进行投资。就此来说,这类投资在相当程度上属于政府基本职能的一部分,特别是对那些经济发展所必需却又在短期内无法盈利的项目来说更是如此。值得强调的是,这类政府投资并不属于产业政策范畴,因为基础设施并非以推动特定产业部门的发展为目标。政府改善营商环境的职能应属于政府的基本职能,因此,发展中国家存在的基础设施普遍严重不足的现象应归咎于政府失灵,而非市场失灵。

第三,关于基础科学研究。林毅夫明确指出,"基础科学的研发属于公共产品范畴"(林毅夫,2018,第7页),但他又说,根据马祖卡托"细致的经验研究","现在美国在世界上领先的航天、信息、生化、纳米、医药产业,早期的新产品、新技术开发所需的基础科研都是政府支持的"。而苹果公司的产品也都是建立在政府支持的"计算技术研发成果"和"卫星定位、声控和大规模储存等新技术"基础上的,由此他断言:"政府对基础科研资金的配置,就决定了这个国家会发展哪种新产业和新技术,这种选择性配置也是一种产业政策"(林毅夫,2018,第4—5页)[①]。

[①] 马祖卡托论述了美国国防高级研究计划局(The Defense Advanced Research Projects Agency,DARPA)作为一种军民融合的模式对于美国科技发展的重要作用:"在美国国防高级研究计划局(DARPA)的模式中,国家所扮演的角色远远不止是资助基础科学。它是针对特定领域和方向的资源;它致力于打开新的机会之窗;它在参与技术发展的公私代理人之间包括公私风险资本之间进行斡旋,并促进商业化"(Mazzucato, 2014, Chapter 4)。这恰恰说明,上文关于国防作为公共品以及相关的政府购买对于部门产业发展的影响也同样体现在对科技的发展上,而美国 DARPA 的运作模式则更接近于青木昌彦等所提出的日本和韩国那样的"市场增进论"模式,这与政府对市场的直接干预在本质上并不相同。

为了厘清与基础科研相关的政策问题，有必要对相关概念进行更明确的区分。毫无疑问，应用性研究和技术研发都建立在基础科研的成果基础之上，但基础科研的成果属于公共品，而技术研发的成果则并非公共品①。这一区分对于判断哪些具体项目应归属于产业政策范畴十分重要。但在这一基本原则确立的基础上，也仍存在一些并不那么容易清晰地加以区分的交叉地带。随着科学与技术的不断进步，如尼尔森和罗森伯格所说，两者之间的交融已成为其基本特征。在考察了科学技术发展史上一些典型案例之后，尼尔森和罗森伯格指出，说"新技术带来了新科学"或"新科学带来了新技术"都是正确的，而"更准确的说法是，随着现代以科学为基础的技术的兴起，大部分科学和大部分技术都变得相互交融了"（Nelson and Rosenberg, 1993，中译本第 7 页）。也正因为这一变化，在一些行业中也有企业聘用了一些基础科学研究者来为其应用技术研究提供支持，如华为公司。但即便如此，将政府对基础科研的支持纳入产业政策范畴仍无法令人信服。一方面，总体来说，绝大多数基础研究并无明确的应用目标，也难以确定其未来究竟可能应用到哪个产业；另一方面，从政策目标来说，这类政策应属于科技政策而非产业政策。

第四，关于外部性。需强调，事实上外部性无处不在，因而以此作为政府干预的理由显然是过于简单了。通常来说，只有在存在较为严重的负外部性的情况下，政府干预才是必要的。但即使在这样的情况下，政府通常也采用数量控制、标准控制或创造市场的手段来解决如污染这样的问题，而这些都与产业政策无关。而如长江口"鳗苗大战"这类"公地悲剧"事件的出现，反映的恰恰是政

---

① 对于基础研究，OECD 给出的严格界定是："基础研究是一种实验性或理论性的工作，主要是为了获得关于现象和可观察事实的基本原理的新知识，它不以任何特定的应用或使用为目的。"OECD 强调，"在这一定义中，指出没有特定的应用是至关重要的"（OECD, 2002，中译本第 62 页）。基础研究的成果体现为新的科学知识、假说和理论，通常以研究论文和科学专著等形式呈现。

府失灵而非市场失灵。

第五，关于信息不对称。以三聚氰胺事件为例，可见信息不对称可能导致的恶果是令人发指的，这应属于市场失灵的范畴。事实上，在这种情况下，市场主体——企业——完全可能利用其信息优势来获取不当之利，甚至完全无视消费者的利益。动态地看，这表明信誉机制并不总是有效，这可以作为一个反例来证明市场原教旨主义者的谬误。市场机制的运行并不以企业的商业道德为前提，因此，这类事件的发生不仅表明市场机制可能失灵，更应归因于政府监管失灵和法律制度存在缺陷。在市场体系的运行中，政府在很多领域应承担制定标准或行为规则的职能，这不仅适用于产品质量，也包括大量基本的法律法规。以此看来，对于次贷危机的发生，美国政府在金融监管方面存在的失灵应可视为主要原因之一，因为金融衍生品可视为金融机构的"产品"，而对这类产品的质量进行监管应该是在政府机构的职责范围之内①。

政府失灵及其原因

维托·坦茨指出，"由于存在市场失灵，政府就必须干预经济"这一观点是错误的，理由在于：

> 一是它忽视了当前的政府干预对未来私人市场发展的影响。二是它把市场失灵看作当前状况（包括政府推动的改变）所导致的静态结果而非动态结果。三是它从纯技术的角度来定义市场失灵，实际上，对于广大社会公众而言，市场失灵可能存在更广泛的含义。四是市场失灵理论未能认识到，一旦政府

---

① 从竞争角度出发，坦茨认为，一些金融机构"大而不能倒"的现实就是"政府失灵"而非"市场失灵"的标志，"政府原本应该通过加强金融监管，防止金融机构达到如此庞大的规模"（Tanzi，2011，中译本第5页）。

干预经济、代替市场，往往会在其干预的部门或领域中建立起自己的垄断，进而阻碍市场经济和公民社会的发展。（Tanzi，2011，中译本第3页）

然而，在学术界，对于政府失灵的界定并不十分明确，而对于如何判定政府失灵，则有着并不完全相同的角度。

克利福德·温斯顿指出，"当政府因为一开始就不应该干预而造成效率低下时，或者当政府本可以更有效地解决一个或一系列问题时，即产生更大的净效益时，政府失灵就出现了。换句话说，帕累托最优理论基准可以用来评估政府绩效，正如它可以用来评估市场绩效一样"（Winston，2006，p.2-3）。兰迪·西蒙斯则从公共选择理论的角度出发，偏向于使用"政治失败"的概念，而从"政治的病理学研究"视角来看，"规范的基础就是效率"。他所说的效率，"指的是社会为其成员满足物质需求的能力的程度。这个简单的定义与帕累托另一个更精确的定义是一致的"。他简单区分了配置效率和技术效率，总的说来，所谓"政治效率关注的就是满足个人偏好，要把资源用在最需要的地方"（Simmons，2011，中译本第95—96页）。

在一般意义上，用福利经济学的准则作为政府失灵的判断依据可能是最不会引发争议的，但这一评价显然过于宽泛，且在现实中难以由此构成经验验证的逻辑基础。虽然如公共选择学派所指出的，"政策的优劣应当根据结果来评判而不是根据事前的主观意图来评判，乔治·约瑟夫·斯蒂格勒也赞同这一观点"（Tanzi，2011，中译本第212页），但从协调的角度来说，与上文论及的对于市场在协调中失灵的实证检验类似，政府失灵的实证检验也是一项非常困难的任务。或许对于微观层次的单个市场来说，与市场相比较，政府干预是否可能得到更优的结果，相关的检验尚可能有一定的可信度，但这至多也是在静态情况下成立。而对于现实经济系统的动态演变，政府干预是否比市场更为有效，就连帕累托最优这样的准则都难以得到有效的运用。容易看到，在宏观层次上，以及在产业层次上，要判断政府干预的效果是否优于市场运行的结果，就更是几乎无法给出令人信服的证据。这或许正是相关论辩难以得到为双方所接受的结论的本质原因。

因此，在面临如此挑战的情况下，从必要条件追索的逻辑出发，我们强调，以经济发展为政府政策的核心目标是政府推行产业政策的必要条件；不仅如此，我们还需要从政府机构运行的角度，探究其导致政府失灵的原因，并由此推断产业政策实施的另外一些必要条件。

温斯顿指出，"政府失灵似乎可以用以下一些因素来解释：一些市场失灵的自我纠正性质，这使得政府干预变得不必要；政府机构的短视、僵化和政策冲突；政治力量允许明确界定的利益集团影响当选和非当选的官员，以启动和维持无效的政策，使利益集团能够积累经济租金"（Winston, 2006, p. 4）。西蒙斯则将政治程序中导致低效的来源划分为七类，包括：① 不当诱因；② 私人需求的集体供给；③ 信号机制不足；④ 选举规则和参数选择失真；⑤ 制度性短视；⑥ 缺乏活力；⑦ 政策象征主义（Simmons, 2011, 中译本第96页）。考察这些可能导致政府失灵的因素，可以看到，其中必然有一些属于明确的必要条件，即如果要避免政府失灵，这些条件就必须得到满足，否则政府对市场的干预就必然导致更低的经济系统运作效率。限于篇幅和论题的范围，我们不拟就此话题展开全面讨论，仅就影响政府机构运作效率的若干关键因素略做分析。

以经济发展为目标作为首要前提

虽然在某些情况下，一个目标未必正确的政策也可能产生一定的良性后果，但目标的合理性应是政策合理性的基本条件，而对于任何一个发展中国家来说,政府的政策目标以经济发展为核心,应是其对市场进行干预的首要前提。

以经济发展为目标似乎应该是所有政府政策制定的基本原则,但在现实中,在关于"拉美现象"的讨论和对一些非洲国家发展的分析中却可以看到,有些国家的政府并不追求经济发展,或者将其他目标如某些集团的利益置于整个国家的发展目标之上[①]。特别是,这样的例子并非个案,而这样的政府应该为相应国家始终陷于"贫困陷阱"之中或始终无法跨越"中等收入陷阱"承担责任。

与此有关的一个相当流行的概念是所谓"发展型政府"(developmental state),有必要就此进行讨论[②]。

阿米亚·K.巴格奇指出,所谓发展型国家,"是一个将经济发展作为政府政策的最高优先事项的国家,并且能够设计有效的工具来促进这一目标"。更具体地,"这些手段将包括建立新的正式机构,在公民和官员之间编织正式和非正式的协作网络,利用新的机会进行贸易和有利可图的生产。政府是在干预市场,还是在利用市场带来的新机遇,取决于特定的历史结合。一个成功的发展型国家的一个特点是,它能够根据地缘政治环境,从市场导向的增长转变为国家导向的增长,或者反之亦然,还能在机会来临时,以协同的方式将市场导向和国家导向结合起来"(Bagchi,2000)。虽然通常都认为,发展型国家概念的成形始于约翰逊(Johnson,1982)对日本发展模式的分析,之后则主要呈现于韦德(Wade,1990)、张夏准(Chang,1996)、伊文思(Evans,1995)等文献中,但巴格奇认

---

① 这里讨论的是长期目标,而非短期追求,因为受到短期波动或短期冲击的影响,很多时候政府不得不采取一些短期见效的政策来加以应对,此时通常有可能对长期增长带来损害。

② 就大量文献表述的含义来说,这一概念中所用的词"state"显然应该是指政府,但"国家"和"政府"在严格意义上并不是同一个概念,就此来说,这一概念中这一词语的运用显得不够严谨。但基于对文献的尊重,我们在引文中仍使用"发展型国家"这一概念,但在论述中则使用"发展型政府"这一术语。

291

为,"发展型国家早在人们想到命名它之前就诞生了",回溯历史,从西班牙到荷兰,从英国到德国,以及日本工业化的早期,可以发现所谓发展型国家的基本框架及其成熟过程。重要的是,"发展型国家参与经济活动的程度和性质可能会随时间而变化,一个成功的发展中国家既不可能信奉单纯的民主主义,也不可能做出对自由市场的教条主义承诺"。事实上,"追求这些目标的手段可能会因国而异,因时代而异"(Bagchi, 2000)。

从类型划分的角度来说,所谓发展型政府究竟具有怎样的特征就是一个十分重要的问题。埃斯特班·佩雷斯·卡尔登特通过对日本和韩国这两个国家政府干预的简要描述,概括了"支持发展型国家概念的一些关键特征",主要包括五个方面:"第一,发展型国家被认为是一个干预主义国家。第二,这并不意味着政府大量利用了公有制。……第三,政府干预的程度和类型在范围和内容上随时间而变化。它可以取决于不同的因素,例如外部/内部环境,以及国家试图发展的行业的生命周期。第四,发展型国家需要一个官僚机构的存在来执行计划的发展进程。……这样一个官僚机构的存在需要一个'精英官僚机构',能够制定政策,并在实施政策时拥有必要的自由和缺乏干预。第五,发展型国家需要私营部门对国家干预的积极参与和反应"(Caldentey, 2008)。

就此来说,或许卡尔登特所提炼的第一个特征就足以构成发展型政府的核心特征,即"一个干预主义国家",或者说,一个奉行干预主义的政府。但相比之下,是否以经济发展为政策的核心目标仍然是最根本的且居于首位的区分标准,而是否遵循政府干预主义及其实施的程度和广度则是更为具体的涉及政府协调作用的评价维度。

彼得·埃文斯从国家结构和国家-社会关系这一视角出发,将"掠夺性国家"(predatory states)作为对应于发展型国家的另一个极端类型,"掠夺性国家以牺牲社会为代价进行榨取,甚至在狭义的资本积累方面也削弱了发展"。但这一区分主要从经济系统的运行结果出发，因此，"关键是要在发展的影响和国家的结构特征——内部组织和与社会的关系——之间建立联系。幸运的是，掠夺性国家和发展型国家之间存在明显的结构性差异"。而其关键的特征差异体现在，"掠夺性国家缺乏阻止个别在任者追求其自身目标的能力。个人关系是凝聚力的唯一来源，个人最大化优先于追求集体目标。与社会的联系是与个别现任者的联系，而不是选民和国家作为一个组织之间的联系。简而言之，正如韦伯所定义的那样，掠夺性国家的特点是官僚主义的缺乏，而发展型国家的内部组织更接近韦伯式的官僚机构"（Evans, 1995, p. 12）。

埃文斯的分析涉及了一个国家的政治制度，这是整个制度体系的一个非常重要的方面，但这已超出了本书的范围，故我们不拟就此展开讨论①。但就我们所讨论的政府作为经济活动的协调者这一角色来说，政治制度显然会对政府的组织结构及其官僚主义特征产生重大影响，而这又与政府失灵及其原因有着密切联系。

6.4 政府效率与政府干预的必要条件

需强调的是，即使一个政府确立了经济发展这一核心目标，也并不意味着其政策的制定和实施就能够保证这一目标的实现，前者绝非后者的充分条件。政府作为一个机构，其组织架构及其运作的效率对于政策的制定和实施有着巨大的影响。因此，为了避免政府

---

① 德隆·阿西莫格鲁和詹姆斯·A. 罗宾逊从政治和经济两个维度对制度进行划分，这两个维度各自可以按照汲取性（extractive）和包容性（inclusive）区分为两类，从而组合为汲取性政治制度、汲取性经济制度、包容性政治制度和包容性经济制度四种类型（Acemoglu and Robinson, 2012）。他们的研究主要是描述性的比较制度分析，而对于增长绩效的影响归根结底体现在微观层次的激励上。

失灵，政府的组织和运行就必须满足一些重要的条件，而其中有若干关键的必要条件，是考虑产业政策的边界时需特别关注的。

对于政府作为一种行为主体，其决策过程及其结果与政府机构的整体结构及其具体的运作机制有着莫大的关系，更广泛地，与政府依赖于运作的制度和整个社会的制度都有着密切联系。从总体上来说，如江小涓所指出的，"在研究产业政策问题时，政府决策层和执行系统的行为是一种受多种因素制约、对政策效果有重要影响、有待于进一步分析的因素，不应被假设为'全局利益的代表'置于前提之中"（江小涓，1996，第99页）。

在一定意义上，纯经济学的研究很难对此给出令人满意的解释。因此，对"纯经济学家"来说，政府仍然是一个"黑箱"。但基于"经济学是人类行动科学"这一信念，归根结底，个人的行动具有基础性影响，因此，官员的能力及其决策所面临的激励环境是有效决策的必要条件，而这又主要与制度和文化有关。

政策体系中的产业政策制定

在一个完备的政策体系中，产业政策的制定并不仅仅涉及产业体系的相关目标，而且需要与宏观政策与微观政策加以协调。

由此可见，产业政策的复杂性对政府能力提出了非常高的要求。正如安德里奥尼和张夏准所言："产业政策是一个'制度结构化过程'，它涉及三个基本问题：结构性相互依赖、制度建设和政策调整以及冲突管理。……使得产业政策过程特别复杂的是，这三组活动是相互依存的，为了应对关键的协调挑战——结构性矛盾、体制瓶颈、政策失调和利益冲突——政府将不得不依靠多个政策。"基于图2.4的政策包矩阵，安德里奥尼和张夏准讨论了政策工具选择和分析的五个主要方面：第一，需要规划和集中一个政府正在执行的不同政策工具，这一过程涉及每一政策工具的目标、政策干预水平以及主要政策领域；第二，确定由不同机构跨不同政策领域实施和执行的不同政策工具之间现有和潜在的相互作用；第三，揭示总体政策包中存在的政策相互作用，确定潜在的政策错位或折中，这些失调可能与多个机构之间缺乏协调或重复有关；第四，如何采取不同的一揽子产业政策措施，以及如何协调不同的政策工具，以便对同一目标产生综合影响，或管理不同目标之间的潜在权衡；第五，通过可视化政策领域和工具之间的联系，强调单一政策措施的有效性如何取决于其与对同一公司、部门和具体机构采取行动的其他政策措施之间的联系（Andreoni and Chang，2019）。

精英官僚集团及其能力

面对如此复杂的决策问题，要制定并有效实施产业政策，一个具备很强能力的精英官僚集团就构成一项必要条件。同时，产业政策的制定和实施对政府机构及其运作机制也提出了很高的要求。如果说，这在更宽泛意义上与制度有关，那么，制度的构造及其演变也同样取决于精英官僚集团的能力。

约翰逊总结了其称为"日本模式"的若干个要素。根据日本通产省的历史，他提炼了日本模式的以下本质特征：① 精干的公职队伍；② 为公职队伍提供采取措施和有效办事的政治制度；③ 完善符合市场经济规律的国家干预手法；④ 具备一个像通产省那样的领导机构（Johnson，1982，中译本第326—332页）。

OECD则强调，对于发展中国家来说，"执行产业政策的有效性取决于体制力量和协调几个领域行动的能力"。关于政策工具和具体的机构设置，答案因国家而异，但成功实施产业政策的共同要求包括以下几点：① 国家和区域两级强大的国内机构能力；② 信息的可用性和处理信息的能力，以诊断国内外趋势；③ 执行行动所需资源的有效可用性以及协调多个领域行动的能力；④ 提供与私营部门对话的空间，以建立伙伴关系，在投资方面发挥协同作用（OECD, 2013, p. 142）。

不仅如此，对于产业政策来说，由于其直接指向特定产业的发展，因而政策制定者就必须对相关产业具备足够的专业知识。正如凯恩斯所说，对于政府在"特定领域实现目标的愿景和愿望"来说，"不仅需要官僚技能（尽管正如马克斯·韦伯所指出的那样，这些技能至关重要），还需要真正的技术特异性和行业特异性的专业知识"（Keynes, 1926, p. 46）。

可以相信，对于发达国家来说，这一必要条件几乎不会构成政策制定的实质性约束，但对于发展中国家来说，则完全不是这样。一个精英官僚集团的成员通常必须具有较高的学历和相关的专业知识，而这些通常都需要通过至少本科层次的教育来培养。就此来说，政府对教育部门的投入就构成经济发展的必要条件。

决策者的长期视野

政府官员作为一个群体，在一个制度的现行架构下进行决策，但制度并非刚性的，大量的决策包括产业政策的制定，都随着发展环境的变化而变化，这就不仅对这一群体提出了很高的要求，同时也对这一群体中的个体提出了相应的要求，毕竟群体是由所有个体整合而成的。

为此，有必要对政府官员的个体行为决策做概要讨论。

主流经济学关于个体行为决策有着诸多假设，诺斯指出，"正是这些传统的行为假设，使经济学家未能把握住那些较为基础性的问题，社会科学要想继续发展，就必须对这些假设进行修正"（North, 1990，中译本第 20 页）。演化经济学家对个人主义方法论也提出了批评。他们认为，方法论的个人主义忽视了一个简单的事实,即"从长远来看,我们的行为会发生变化,而且这种变化是以一种演化的方式发生的。……这种选择取决于环境"(Shiozawa et al.,2019,p.46-47)①。他们的批评或有过于严苛之嫌,但如其所说,"许多经济学家意识到了这一事实,但他们无法重新构建自己的思维框架,因为他们无法放弃最大化原则。如果不应用最大化的分析框架,新古典主义经济学家就不知道如何构建有意的人类行为"(同上,p.3)。后面的这个批评自然是针对新古典经济学的,为此他们试图建立演化经济学的微观主体行为理论。

盐泽由典等所提出的人类行为的基本假设包括以下三项:一是有限理性,二是短视②,三是行为主体的有限能力。他们指出,"信息与通信技术(ICT)的发展并没有在很大程度上降低人们的无知程度。对一个公司来说,了解竞争对手在做什么或试图做什么是必要的。有些信息可能是公开的,但最重要的部分是隐藏在公司保密的墙里。即使没有这样的障碍,作为人类,我们的认知能力在空间和时间上也是非常有限的。我们是目光短浅的动物,只知道我们在世时所接触到的世界的一小部分"(同上,p.17)③。

政府决策的短期和长期的区分更为复杂。从政府行为的表现来

---

① 对于演化经济学,日本经济学家盐泽由典(Yoshinori Shiozawa)等也提出批评,认为它"缺乏理论基础:没有价值理论,没有行为理论,没有合适的分析工具,也没有经济运行的证据。……演化经济学假装批评新古典主义主流经济学,但在它的许多论证中,或明或暗,它引入了新古典主义经济学的推理和结果。由于缺乏与自身独特的世界观相一致的定义人类经济行为本质的理论微观基础,它不可能脱离新古典主义的思维模式而成为一个有区别的经济学分支"(Shiozawa et al.,2019,p.1)。

② 他们以动态随机一般均衡模型为例,指出主流宏观经济学实际上假设一个经济主体懂得经济理论,且能够预测遥远的未来,能够在考虑未来将会发生的所有事情之后做出决定。主流宏观经济学还假定了行为主体在空间上也具有远见(Shiozawa et al.,2019,p.17)。

③ 有一点值得指出的是,他们所说的行为主体短视,在很大程度上是一个无法验证的假设。在现实中,尽管大多数群体可能是短视的,但某些群体很可能是富有远见的。更重要的是,当我们对行为的后果进行分析的时候,很难从行为的结果逆向推断行为主体是否具有远见。事实上,一个建立在长期目标上的行为有可能在短期内产生对长期发展有利的良性效果。

说，通常当政府推出发展规划或一些长期战略计划的时候，可以视为政府的一种长期行为，但由此较易判断的是政府的长期目标。任何长期规划都需要通过分阶段的短期行为来实现，因此，一般来说，我们也可以将由这种长期规划引导而采取的大多数行动视为长期决策。从具体的行动来说，所有的投资行为都可以视为长期行为。但问题的复杂性在于，在一定的激励环境下，由于投资活动同时具有需求和供给两方面的影响，其对需求的影响直接体现在当年的 GDP 增加上，因而当地方政府官员受到 GDP 导向的强大激励时，从动机来说，政府投资行为就存在相当大的短期特征，两者各自的权重孰轻孰重，是一个很难判断的问题。但从理论上，我们可以给出关键的影响因素。这些因素均应纳入投资行为决策模型来加以分析。特别是，需要就政府官员面对的激励环境的影响给出明确解释。

然而，基于必要条件追索的逻辑，更为关键的是，如果一个决策者只具有短期视野，那么，其政策目标就必定是短期的，而这样一个短视的行为很难产生有利于长期发展的效应。这一点对于政策分析来说尤为重要。

如鲍莫尔所指出的，"长期是重要的，因为经济学家和政策制定者试图从短期发展的流动中辨别长期趋势及其结果是不明智的，因为短期发展可能由暂时的条件主导"（Baumol，1986）。而在成功的东亚经济发展中，我们可以发现，政府的长期发展计划扮演了相当重要的角色。

仅以韩国为例。如朴昌根所说，"对于新上台的朴正熙政权来说，能否振兴经济就成为能否维持其政权的关键问题"。具体而言，"朴正熙认为当务之急是建立经济开发行政体制，制定综合、系统的经济开发计划"。于是，韩国在 1961 年 7 月 22 日成立了经济企划院，1962 年 1 月 5 日即公布了"1·5"计划。朴正熙在"1·5"计划的序文中指出："为了果断地纠正因旧政权无能和腐败而造成的社会经济上的恶性循环,实现国民经济的重建和自立增长,首要的是制定经济开发长期计划,这尤其在像我国这样经济落后的情况下更为迫切"(朴昌根,1998,第91—92页)。

一个相对清廉的政府

虽然在理论上,腐败对于经济增长的影响并非十分确定,而一些实证研究的结果也显示,在某些条件下,腐败甚至可能对经济增长产生一定的正向的影响,但总体说来,由于腐败可能导致政府效率的降低,从而最终将对经济增长产生负面的影响。例如,保罗·莫罗利用由官僚诚信和效率等主观指标组成的数据集展开经验分析,结果显示,腐败会对投资及增长产生负向的影响,这种负相关性在统计意义上是显著的和稳健的。他强调,有证据表明,在投资和增长方面,官僚效率可能至少与政治稳定同样重要(Mauro,1995)。格贝克·朱马舍夫分析了政府治理质量、公共支出规模和经济发展如何影响官僚腐败和经济增长之间的关系。其中的逻辑关系是,腐败与政府治理的相互作用决定了公共支出效率,而公共支出效率又决定了腐败的增长效应。其研究还发现,腐败的发生率随着经济的发展而下降,这是因为,经济发展带来工资水平的提高,使得个人寻租成本上升,从而有可能遏制腐败(Dzhumashev,2014)。

在大多数将腐败与经济增长放缓联系起来的理论分析中,腐败行为本身并不会造成最大的社会成本。腐败造成的社会损失可能主要来自对低效率企业的支持,以及使得人才、技术和资本的配置偏离其最具生产力的用途。企业对于腐败环境的反应也可能是多样的,包括如选择放慢扩张速度等。企业家也可能选择将其部分或全部储蓄转移到非生产性部门,从而降低整个经济的增长速度。雅各布·斯文森指出,总体来说,大多数理论文献以及案例研究和微观证据都表明，腐败严重阻碍发展。但在跨国的经验分析中，由于腐败在度量上的困难，宏观证据和微观分析之间存在不完全匹配的现象。对此的另一个可能合理的解释是，腐败有多种形式，没有理由认为所有类型的腐败对增长都同样有害。此外，现有的数据在很大程度上过于粗糙，无法在一个国家的横截面上考察不同类型的腐败（Svensson，2005）。

然而，从爱德华兹对拉美地区发展停滞的分析中，可以看出，腐败对经济发展绩效的影响总体来说是相当负面的：

> 尽管媒体如此关注，但对证据的详细分析表明，所谓"华盛顿共识"改革只是触及了拉美低效政策环境的表面。事实上，大多数拉美国家仍然是世界上管制最严、扭曲最严重和保护主义最严重的国家。在拉美的许多国家，创业成本很高，繁文缛节扼杀了活力，税收也很高。除了极少数例外，政府机构仍然极其薄弱：产权得不到充分保护，司法系统效率低下，合同难以执行，腐败盛行，法治缺失。不仅如此，整个拉美地区的政府仍然非常庞大、权力强大而效率极低，无法提供基本的服务，如高质量的教育和基础设施以及对研发的支持等。各国政府继续过度扩张，腐败无能，他们往往保护垄断，更是贪污腐败的根源。(Edwards, 2010, p.8-9)

特别是，基于必要条件追索的分析逻辑，可以认为，一个相对清廉的政府对于经济发展来说，是一项相当重要的必要条件。无论如何，腐败对于政府运行效率和政策制定的影响必然是负面的，就产业政策来说，这特别表现在两个方面：一是，由于利益集团的贿赂，产业政策可能选择那些并不符合产业体系演变趋势而具有增长潜力的产业，反而选择那些趋于衰退的产业来加以扶持；二是，在所选择的产业中，具体的政策设计有可能因腐败的存在而导致较大的寻租空间，于是一些企业为追求短期利益而行贿，由此可以获得大量额外的租金，但企业却未必真正投入生产性活动，而这对于整个经济的运行效率和技术进步等都会产生相当大的阻碍作用。

7
发展阶段与产业政策的边界

基于对产业政策的泛化界定，大量文献将发达经济体的科技政策认定为产业政策，而事实上，按照本书给出的严格定义，从历史经验来看，大多数经济体主要在发展的较低阶段推行产业政策，而持续实施产业政策的一些经济体却可能因其产生的负面效应导致微观活力孱弱而无法跨越"中等收入陷阱"。结合上文关于政府干预的必要条件的讨论，可以认为，推行产业政策的理由随着经济发展走向更高的阶段而趋于消失，其边界也就趋于缩小。特别是，当发展转向创新驱动模式的时候，一个经济体就需要考虑如何尽早实现政策的转型——从产业政策主导转型为科技政策主导，而真正有效推动增长的政府职能则是为企业营造完善的营商环境，为创新活动提供包容的制度和文化环境。

为此，需要更明确地厘清发展中经济体的特征，并由此来分析产业政策的有效性如何受到这些特征的影响，而产业政策的空间又如何随着这些特征的演变而变得越来越有限。

格申克龙指出，"恰恰因为其落后，落后国家的发展可能在几个十分重要的方面显示出与先进国家根本不同的倾向"，其工业化进程与先进国家的不同"不仅体现在发展的速度（工业增长率）上，而且还体现在从这些进程中产生的工业的生产结构与组织结构方面",这又"在相当大程度上还是采用各种制度性手段的结果",此外,还可能包括工业化进程所处的文化氛围,即它的"精神"或"意识形态"与发达国家也有着显著的不同。而"这些落后的属性在各个实例中显现的程度,看起来是与当事国的落后程度以及其天然的工业潜力直接相关联的"(Gerschenkron,1962,中译本第11—12页)。

基于本书的社会大系统分析框架,以市场体系的成熟和完善为基本线索,可以判断,市场体系的成长过程与发展的过程之间有着相对明确的对应关系,因此,当发展走向高级阶段的时候,市场本身的协调功能和企业组织内部的行政性协调功能都不断趋于强化,从而使得政府干预市场的理由和产业政策的空间趋于消失。这种演变与作为经济主体的企业家群体、劳动者群体和政府官员群体的能力随着经济的发展而不断得到提升是直接相关的,但官员群体的能力提升并不构成政府干预强化的充分理由,当政府因此而变得更倾向于对市场进行干预的情况下,却反而可能导致对企业家群体和劳动者群体能力发挥的重要障碍。

任何政策都需要消耗资源,政府在受到资源约束的情况下,可以选择强化干预,或者选择以营造包容的发展环境为首要职能,这一重大的资源运用方向的选择结果将在总体上对经济系统的资源配置有效性产生重大影响,而这种选择归根结底受到制度和文化的影响。

7.1 经济发展与市场体系的成熟

相比于发达经济体,发展中经济体的市场体系都处于成长过程之中,而市场体系的不成熟对于经济发展和产业体系的演进可能构成一定的障碍。因此，在发展的初级阶段，由于产业体系演进的目标相对清晰，其对各个经济主体的决策能力的要求相对较低，使得产业政策的推行具有较大的空间。

我们可以从深层次的知识分工理论来理解这一基本逻辑。

发展阶段、知识存量与协调失灵

查尔斯·爱德华·林德布鲁姆给出了市场体系的一个简洁定义："它是一个社会范围的人类活动协调系统，其运行不是通过中央指令，而是通过交易形式的相互作用"（Lindblom，2001，p.4）。

基于协调这一视角，容易看到，在发展的初始阶段，由于经济体系的复杂程度相比发达经济体要低得多，一个发展中经济体的内部知识的存量也就相对要少得多。而知识的长期积累使得一个经济体赖以运行的知识存量随着经济发展水平的提高而不断增长，这种知识积累的过程恰恰是与经济发展过程紧密伴随着的。就此来说，青木昌彦指出了传统经济学理论可能存在的一大缺陷："在有关市场失灵的传统文献资料以及在更现代的信息不对称模型中，都假定生活中的知识存量是固定不变的，尽管存在市场缺失或激励方面的原因所导致的知识传播壁垒"（Aoki et al.，1996，中译本第8页）。松山公纪则指出，传统经济学的逻辑之所以"从根本上被误导"，源于其"错误的假设"，即假设参与解决协调问题的每个人都具有哈耶克所说的"特定时间和特定地点下的知识"（松山公纪，1998，中译本第150页）。

不妨引用哈耶克就此所做的精彩论证：

> 使竞争成为适当的实现这种协调的唯一方法的，正是现代条件下劳动分工的这种复杂性，而绝不是只适用于比较简单的条件。如果条件是如此简单，以至只要一个人或一个机关就足

以有效地观察到所有有关事实的话,那么要实行有效的控制或计划就根本不会有什么困难。只有在必须考虑的因素如此复杂,以至不可能对此得到一个概括性的印象的时候,才使分散的权力成为不可避免。但是,一旦分权成为必要,协调的问题就发生了——这种协调就是让各个企业单位调节它们自己的活动去适应只有它们才知道的事实,进而促成它们各自计划的相互调整。……只有竞争普遍发生时,也就是说只有在个别生产者必得调整自己的活动以适应价格的变化而不能控制价格时,价格体系才能完成这种职能。整体越复杂,我们就越得凭借在个人之间的分散的知识,这些个人的个别行动,是由我们叫作价格体系的那种用以传播有关消息的非人为机制来加以协调的。(Hayek,1944,中译本第73—74页)

哈耶克在这里十分明确地阐述了协调的难度与经济体系复杂性之间的联系。基于哈耶克的知识分工理论,巴特利·J.马登精辟地对市场体系的运行作为一个财富创造的过程做了概括:"自愿交换、专业化、价格信号、利润和竞争都产生并帮助传播有关消费者需求的新知识、满足这些需求的最佳途径以及投资机会。在一个竞争激烈的自由市场中,不仅有不断的创新和新知识的产生,而且随着企业、投资者和消费者对这些知识做出回应,这些知识也会迅速而广泛地被传播和实际应用。表面上似乎是物质商品的市场,实际上主要是思想和知识。由市场过程创造的新知识将会鼓励、指导和奖励在产品和服务的创造和交付方面的新投资。新的投资流入资本基础,进而加速互利的自愿交换,并引发新一轮的财富创造周期"(Madden,2010,p.39)。因此,将财富创造和积累的过程与经济发展的过程相对应,也可以相当明确地看到,随着经济的发展,一个经济体的系统复杂程度——特别是作为其核心的产业体系的复杂程度——会呈现逐步提升的趋势。

由此带来的结果是，对经济系统的所有经济活动进行协调的"工作量"和难度即随之大幅度提升。那么，比较一下市场机制和计划体制，由于其运行的基础有着完全不同的性质，因此，对于市场机制来说，其所依赖的分散决策并不因此而产生实质性的困难，而对于计划体制来说，则导致其决策所需信息量和影响决策的因素趋于增多而面临更大的难度。

市场体系的成熟是一个过程

对于人类作为一个整体而言，市场体系并非一开始就建立起来的，而是随着人类经济活动的丰富和科技的进步而不断完善的。根据一些历史学家的说法，英国的市场体系大约到1800年大致形成，而西欧和北美则紧随其后（Lindblom，2001，p.6）。

一个完整的市场体系由多个市场组合而成，每个市场各自承担整个经济体系运行的不同功能。简单按照供给和需求两个侧面来加以划分的话，凡需求侧的消费者和政府机构所获得的所有物质产品和服务都从属于某个市场，而从供给侧来看，则不仅包括企业直接提供给需求方的各种商品和服务的市场，还包括大量反映产业间相互关联特性的中间品市场，以及协调企业间联系的生产性服务或中介服务的市场。如果进行粗略的划分，则除了商品市场、服务市场之外，供给侧的生产要素市场即包括劳动力市场、资本市场、土地市场、技术市场、知识市场等。就具体形态来说，市场可以是有形的，也可以是无形的。

就产业体系来说，从产业划分变得越来越细化就可以判断，作为其基础的专业化分工日益深化导致了这样的结果。但相对于发达经济体，大多数发展中经济体的产业部门并不那么丰富，因为其消费品种类相对匮乏，为消费者和生产者提供的服务也往往有所残缺。由此带来的一个有意思的现象是：伴随经济发展进程而产生的结构变化也会较明显地体现在投入产出表的变化上，发展中经济体的投入产出表相对较"空"，反映了其产业间联系相对简单。

事实上，《东亚奇迹》早已明确指出，在发展中经济体，市场体系不成熟是一种普遍现象；青木昌彦等人的大量文献也均将发展中经济体的这种特性作为其分析的现实背景。但相对说来，文献对市场体系的成熟作为一个过程的分析是不够深入的，更重要的是，对于市场体系有效运行所必需的制度和文化等环境因素的强调也是不够充分的。对此，我们将在下文分析了经济主体能力培育之后再来做进一步探讨。

市场缺失与市场体系的发展

一个市场体系的成熟依赖于几乎作为其构成的各个部分的成熟，基于"木桶理论"中的"短板效应"，其中任何一个单个市场的缺失，都将导致整个市场体系的低效甚至失效。

对于发展中经济体来说，鉴于其在发展初期各个方面的不成熟，可以想象，如果将市场作为一个体系来看待，那么它们的市场体系也必然是不完整的，该体系的不同维度的成熟度可能并不相同，有些方面，特别是金融市场的发展，必然是相当不成熟的。这对于发展中经济体的发展是十分不利的，对于企业家的创业也构成严重的障碍。

对于金融市场在经济发展初始阶段的重要性，纳克斯的"大推进"理论和罗斯托的发展前提理论都曾予以强调。波特的国家竞争力理论也强调了经济发展的微观基础，其中包括营商环境及度量营商环境质量指标体系中的信贷的可获得性。这些都构成"短板效应"的例证。如伊斯特利所说："很明显，不同类型的改革是相互补充的——例如，金融市场自由化只有在银行对储户有足够的透明度，以及有一个良好的监管和监督框架来确保银行不作弊的情况下才有效。否则，金融自由化往往会导致不良贷款、内部人士致富以及随后的银行体系危机,丰富的经验已经证明了这一点"(Easterly,2018)。

基于微观主体行为对于经济发展的基础性作用,市场体系的发展归根结底与作为市场主体的企业与企业家能力的演进有着高度的相关性,虽然两者之间存在互动影响,但在很大程度上,后者构成市场体系成长的必要条件。这一点对于转型经济体来说具有更为切实的意义。这里的转型经济体是指由计划经济转型为市场机制的经济体,相对于那些在发展过程中始终以市场机制为经济运行基础的经济体来说,转型经济体的转型通常是在发展到了一定阶段之后才开始启动,而此前已经经历了相当长时期的计划经济的运作。从这一角度来看,中国经济改革成功的经验可以用"渐进式"过程来加以概括,而试图在很短时间内完成整体改革的"休克疗法"被证明是难以成功的。关于这两种模式的优劣始终存在很大争议,这已超出了本书范围。总体来说,可以认为:一方面,整体性的突变式的改革似乎可以避免"短板效应"带来的对发展的阻碍,但却面临着经济主体的观念和能力等难以在短期内实现转变来适应市场机制的运行这一根本性的困难;另一方面,渐进式地推进转型则不得不承受"短板效应"对经济整体运行效率带来的负面影响,同时,如何把握市场体系不同组成部分的改革进程,以尽可能满足不同改革之间的互补性要求,则构成对改革者的巨大挑战。

对于经济主体的行为和能力,与常规的经济发展——即始终采用市场机制的发展——相比较,转型经济所面临的另一大挑战则来自官员群体的行为模式转型。渐进式改革在这一点上似乎同样具有优势,但这并不意味着这种转型就一定会顺畅无阻。事实上,一方面,制度和文化作为深层次的长期因素即使在相对较长的改革进程中也始终具有实质性影响;另一方面,由部分改革可能创造出来的寻租空间则可能较迅速地引发腐败的发生,中国在价格改革中曾经采取的"双轨制"在客观上形成了巨大的寻租空间就是一个例证。正如江小娟所提出的,中国的产业政策产生的特殊背景,即"由于人们相信在逐步减少指令性计划之后,政府仍然能够通过产业政策指导、调控经济活动,从而减少了人们对市场化取向改革的疑虑及由此产生的阻力",从而"使其在某种程度上成为以往指令性计划的替代物,担负起保证国民经济'按比例协调发展'的任务。这种状况与其他一些奉行市场经济的国家推行产业政策的动因有很大差别"(江小涓,1996,第104页)。

无论何种模式和何种改革路径,制度变革都是一项十分艰巨的任务,而法律法规体系的构建则并非一朝一夕可以完成。对此,我们也将在对行为主体的能力培育进行分析之后再来讨论。

7.2 行为主体能力与产业政策的空间

爱丽丝·阿姆斯登(Alice Amsden)在对林毅夫和塞莱斯汀·孟加所著《增长甄别与因势利导》一文的评论中指出,他们"面临的挑战是,如何加快专业化管理的商业组织及其特有技能的增长。商业知识取决于经验,而这在我看来,对于缺乏东亚地区的传统制造业文化的经济来说,是被严重忽视的因素"(林毅夫,2012b,第179页)。阿姆斯登这里提到的主要是企业和企业家的能力的培育,而对于产业政策的推行来说,其实更不可忽视的或许是政府官员的相关能力的培育。

我们先讨论企业能力,进而对企业家群体的培育进行分析,而政府官员这一群体的行为模式与企业家有着明显差异。

知识分工与行为主体的群体划分

基于知识分工和学习理论,我们就可能将知识的积累与经济发展的过程相联系，特别是，与处于不同的经济发展阶段的经济体对知识水平的要求相联系。由于知识属于很难观察和度量的变量，这种联系更需要通过其中介——知识传播的行为主体——来加以分析。

延续我们在《创新中国：激励、能力、行动与绩效》中的思路，当我们分析微观主体的行为模式和能力培育的时候，首先需给出明确的群体划分。在我们分析创新行为和创新激励的时候，以创新过程主线模型为基础，我们划分了科学家、发明家、工程师和企业家这四类群体，他们分别承担基础研究、发明和后续的试验开发、产品创新和工艺创新、营销创新、组织创新等功能[①]。类似地，针对本书的研究主题，我们将相关群体划分为消费者群体、企业家群体和政府官员群体，但我们将忽略消费者群体——尽管消费者行为对于产业政策的效应也有着一定的影响，我们将主要讨论企业家和政府官员群体的行为模式对于产业政策实施的基础性作用。从"协调"这一视角出发，首先需以企业为对象来讨论企业能力对其内部命令式协调效率的影响。

对于群体划分以及以群体为对象的分析逻辑，有必要强调其合理性得以成立的前提。事实上，我们假设，作为同一个群体的成员，他们具有一些共同特征和大致相同的行为模式，从而会在相同的环境和压力条件下做出几乎相同的行为反应。这里的环境和压力主要涉及激励环境及其结构，而对于本书来说，其行为反应则主要涉及对产业政策实施的反应。

基于米塞斯经济学个人主义方法论的核心理念，所有的行动都可以追溯至个人，而"集体只存在于个人行动之中，仅此而已。……认知集体的唯一方法，就是分析其成员的行为"（Mises，1962，中译本第93页）。但进一步，我们还需假设群体行为的一致性，这种行为一致性只是在统计学意义上而不是在绝对意义上成

---

① 参见郁义鸿和于立宏（2019）第五章。

立。没有行为一致性这一假设,对于群体行为的分析就会变得没有意义,从而使得对政策反应的分析也缺乏逻辑基础①。同时,我们也并不能完全忽略群体成员之间存在的多样性。关于多样性,梅特卡夫指出,"多样性的分布就是事实本身,而且多样性是演化变迁的前提"(Metcalf,1998,中译本第 29 页)。他进而采用"个体群"(population)的概念来对这种多样性的性质进行描述。这也恰恰表明,经济学规律大多只是在统计学意义上成立,我们对群体行为模式的分析也同样建立在这样的基础之上②。

基于协调的视角,所有机制的背后都有一个行为主体的协调能力的问题,而协调能力在很大程度上与该主体所拥有的知识结构有关。关于知识在经济学中的地位,从现实经济问题来说,则是知识在经济体系运行中的地位的问题,这是一个非常重要的问题。事实上,早在 1937 年,哈耶克就在其论文中指出:

> 知识分工的问题……与劳动分工问题十分相似,而且至少与劳动分工问题同样重要。但是,自从我们的科学诞生以来,后者一直是主要的研究对象之一,而前者则完全被忽视了,尽

---

① 值得提及的是,"在米塞斯的理论体系中,从由个人行动出发的理论推演到整个经济系统的运作之间,存在一个逻辑上的断点,即微观和宏观层次之间的逻辑联系。这一断点的连接需要关注的是人作为群体的行为特性。人可以也需要被划分为不同的群体,而正是人在群体内的行为一致性才可能产生出有意义的经济规律"(郁义鸿和于立宏,2019,第 118 页)。

② 朱海就对干预主义提出批评,认为"凯恩斯隐含地认为,当政府干预价格时,市场中的每个人都会对价格的变化做出符合政府预期的反应,只有在这个前提假设下,他的理论体系中的'干预'才可能在事实上成立";并区分"反应的人"和"行动的人",认为前者的"机械对外部的变化做出反应"是干预主义者在个体行为上的假设(朱海就,2009,第 141—142 页)。但事实上,将个人对价格反应的一致性行为假设绝对化才是凯恩斯及相关理论的问题所在,而理论命题的成立所需要的可能只是这种反应行为在统计学意义上成立即可。进一步,将人的反应性行动从所有行动中单独分离出来作为一个类别恐怕缺乏充分的理由,因为在一般意义上,所有的行动都可以视为对外部环境变化的反应,而所有的反应也都是有目的的。关键在于,反应的"机械性"假设并不符合现实,而这恰恰是主流经济学理论存在缺陷的一个方面。

管在我看来,它是经济学作为一门社会科学的真正核心问题。(Hayek, 1937)

从影响长期增长的技术进步来说,所涉及的主要是科学知识和技术知识,特别是技术的应用知识。回到科技发展的历史,正如哈耶克所说,"只是在产业自由打开了自由使用新知识的道路以后,只是在凡是能够找到人支持和承担风险的每件事都可尝试以后,而且还必须补充说明,这种尝试也常常是来自官方指定的提倡学术的当局之外,科学才得以迈步前进,并在过去150年中改变了世界的面貌"(Hayek, 1944,中译本第43页)。也就是说,此时对经济自由的要求也就更为重要,因此,对于越来越接近发达状态的经济体来说,其政府干预也就越来越缺乏理由和空间。

在市场经济条件下,产业发展方向选择的行为主体应该是企业家。企业家对企业的发展方向做出选择,从而做出投资决策,对于产业体系的演变来说,也就决定各个产业将获得怎样的发展。如果企业家对于产业发展的方向完全无法把握,那么企业就可能向着错误的方向进行投资和发展,并将遭受挫折,发生亏损乃至破产倒闭。由此可知,对于产业结构的转变来说,也就是产业政策实施的目标来说,企业家是否能够成功推动一个经济体的产业升级或产业结构转变,是政府是否有理由对此进行干预的又一关键因素。

企业能力的演进与企业协调的效率

鉴于企业内部的命令式协调在经济系统的整体协调中占有重要地位,企业的产业选择与投资决策又构成产业体系演化的基础,我们必须对企业作为一个协调者的作用展开分析。可以看到,当企业对各项活动进行协调从而为市场提供产品和服务的时候,它作为一个组织具有协调者的身份;而当企业对外部环境特别是市场价格等的变化做出反应来进行产业选择和投资的时候，它又可被视为一个"原子"而具有被协调者的地位。这里先就企业作为协调者的相关问题略做分析，后者与现有文献所讨论的企业家及企业家精神有着更直接的联系，我们将在下文中再做讨论。

基于知识分工理论，对经济活动的协调可以视为对知识的协调。动态地考察，一方面，对于整个人类来说，知识处于不断的进步和积累之中；另一方面，以行为主体作为知识的掌握者和运用者来说，每个主体的知识积累状态及其演变呈现极其多样的态势和路径；再一方面，知识分工的结构处于不断演变之中，这里的结构可以从组织、行业和群体等多重维度进行刻画。

我们强调的是，对于企业来说，其内部协调的能力高度依赖于其作为一个组织的能力。"组织能力"这一概念可以应用于所有组织，包括政府组织，这里主要讨论企业能力。

自科斯的著名论文《企业的性质》（Coase，1937）发表以来，关于这一话题的论争实际上就一直存在。由此诞生的产权经济学作为新古典范式下的一个领域始终占据相对主导的地位，特别在中国的改革进程中更发挥了相当重要的作用。从相对意义上来说，沿着演化经济学线索而发展起来的企业能力理论或许能够为我们的分析提供更具启发意义的结论。而这跟上文从知识及其分类的角度出发的讨论可以说也是一脉相承的。

对于企业能力的理论研究有着不同的视角和学派，其发展的一条线索是从企业的"资源基础论"演进到"知识基础论"，从而将企业视为异质的、作为知识载体的经济主体。罗伯特·格兰特指出，"企业的存在是对知识经济学中的基本不对称性的反应：知识的获取比知识的使用需要更强的专业化。因此，生产需要许多拥有不同类型知识的单个专业人员之间的协调。市场在进行这种协调时会失灵，原因包括：① 内隐知识的不可转移性；② 外显知识被潜在买者没收的风险。因此，企业作为一种机构存在，是因为它们能够创造一种条件，使得许多个人能够将他们的专业知识整合起来，以生产产品和服务"（Grant，1996）。从这一角度出发，企业就是一种知识整合的机构。

科斯指出："在企业外部，价格变动指导生产，这通过一系列的市场交易来协调。在一个企业的内部，市场交易被取消，企业家对于生产的指导代替了复杂的市场结构中的交易……企业的本质特征是对价格机制的取代"（Coase，1937）。但如科斯自己之后所承认的，由于其理论的影响，"经济学家已倾向于忽视厂商的主要活动，即经营企业（running a business）"（Coase，1991）。也就是说，简单地将企业视为价格机制的替代物，并不足以解释企业存在的理由，事实上，"其理论忽视了由协作生产（或团队生产）所带来的企业能力的提高和相应的社会生产力的增长，而这恰恰是能够使得国家富起来的最根本原因"（郁义鸿，2001）。与市场机制相比较，这种协作生产的重大意义，不仅在于对不同的生产活动进行协调，更在于将难以通过市场来定价的特殊要素纳入企业的运作系统，并产生巨大的收益①。

事实上，企业家才能正是一种最难定价的特殊要素，而从知识划分的角度来说，企业家所拥有的正是隐含经验类知识。正因为这类知识所具有的明显区别于显性知识的特性，使得学习不仅对于个人，而且对于企业组织（以及政府组织）来说成为其能力培育的最重要手段。

霍奇逊强调，"学习也是一个由解释、评价、试验、反馈和评

---

① 由此可以给出企业存在的必要和充分条件："如果说，交易费用理论能够适当地给出企业存在的必要条件的话，那么，亚当·斯密的分工理论和企业能力理论则可以适当地给出企业存在的充分条件。一个经济社会存在的基本要求是其具有生产的能力，从社会层面来说，这种能力就是社会生产力；从基础的微观层面来说，这种能力就是企业（和个人）所具有的生产能力。进一步，特别是当一个经济社会的发展和生产力的提升需要进行劳动和知识的分工以及相应的协作生产，而这种协作生产的提高生产力的效应无法通过市场机制来实现的时候，企业的出现就是必然的结果了。"（郁义鸿，2001）

估构成的过程,包括了社会性传递的认知框架和经常被视为当然的常规化的群体实践。组织化知识和个体知识是相互作用的,但组织化知识不只是单个部分的总和。它依赖于环境,是受文化限制的,是制度化的"(Hodgson,1999,中译本第251页)。大卫·蒂斯和盖瑞·皮萨诺则指出:"个体技能是相关的,同时它们的价值取决于个体的工作,尤其是取决于组织的安排。学习过程本质上是社会的和集体的,这不仅是因为它要通过比如师生或师徒关系中的模仿和仿效等形式来发生,而且也因为理解复杂问题时的联合贡献。学习要求沟通的共同代码和相互协调的搜寻程序"(Teece and Pisano, 1994, p. 544-545)。

学习作为一个过程,对于企业组织来说,融入企业能力的培育过程之中,同时也构成企业能力提升的关键驱动因素。就此来说,演化经济学的相关理论也为我们提供了一个有益的视角。

在演化经济学中,"惯例"(routine)是一个关键概念。在纳尔逊和温特具有里程碑意义的文献中,针对新古典经济学存在的不足,对企业的决策机制做出了相当深入的分析。纳尔逊和温特以技术进步为核心阐述了企业的决策机制。就增长理论的已有文献,他们提出批评道,存在一种"奇怪的相反情况:以一套智慧的思想在整个经济或部门的水平上分析经济增长,以另一套思想在比较微观的水平上分析技术进步。……宏观模型论述平均的或模范的企业,是不可能把在微观水平上对各种现象所知道的事,同在宏观或部门水平上给技术进步建立模型所使用的知识结构协调一致的。企业之间的差别和整个系统的失衡,似乎是技术变化所推动的经济增长的基本特点。新古典模型的建立不能利用这种洞察力"(Nelson and Winter, 1982, 中译本第223—224页)。

纳尔逊和温特指出,"演化理论的主要思想"是:

> 企业在任何时候都被看作拥有各式各样的能力、程序和决

策规则，它们决定，在外在情况既定时，企业做什么。企业也从事各式各样的"搜寻"（search）工作，从而它们发现、考虑和评价它们做事的方式可能有的变化。在市场环境既定时，决策规则有利可图的企业就扩张，无利可图的企业就收缩。围绕着各个企业的市场环境可能部分地是整个行为系统内部产生的。（Nelson and Winter, 1982，中译本第227—228页）

纳尔逊和温特"使用'搜寻'一词来表示一家企业旨在改善其现有技术的活动"，而在他们的模型中，企业的研发活动将考虑"不同新技术的概率分布"，这种分布则"可能是时间（机会可能随着时间的推移而变化）、公司的研发政策（一些公司可能比其他公司花费更多或执行不同种类的研发）、公司现有的技术（搜索可能主要是本地的）和其他变量的函数"。重要的是，如现实中可能存在的情况，他们假设，"如果公司有足够的利润，他们就根本不搜索。他们只是试图维持现有的惯例，只有在不利情况的压力下才被迫考虑其他办法"（同上，第232页）。与经典模型相一致的是，企业需进行成本-收益的比较，且"只有在单位资本回报率高于公司现行规则的情况下，公司才会采用搜索过程中发现的另一种规则"（同上，p. 212）[①]。

需要注意的是，在概念上，纳尔逊和温特把"决策规则"看作生产"技术"的"概念上的近亲"，而他们使用的"惯例"这一术语，则"包括公司的各种特点，从明确的生产技术程序、雇佣和解雇的程序、订购新的库存、在需求增加下的产出的提高，一直到投资政策、研究和开发、广告、产品多样化和海外投资策略"（同上，p. 14）。

---

① 纳尔逊和温特的建模并没有使用人所熟知的最大化方程来推导出企业行为，相反，"公司被简单地假设为在任何给定的时间拥有特定的能力和决策规则。随着时间的推移，这些能力和规则被修改为经过深思熟虑的解决问题的努力和随机事件的结果。随着时间的推移，与自然选择相似，由市场来决定哪些公司是盈利的，哪些是不盈利的，并倾向于淘汰后者"（Nelson and Winter, 1982, p. 4）。

投资项目评估的一般模型基于成本-收益的比较，并采用现值方法，但鉴于企业决策环境的复杂性及其面临的未来不确定性，这种方法很难将投资和创新涉及的主要关键因素都纳入评估之中。在现实中，影响成本和收益的不仅仅是企业所在市场的未来发展趋势（包括需求和供给侧的各项因素），也包括企业可能进入的其他行业的变化趋势。从企业战略选择的角度来说，多元化方向大致可区分为相关和不相关两类，而相关多元化就跟产业间联系有着密切关系，因而，产业间联系也就构成其决策的一个非常重要的考量维度①。

如果说，对于整个经济系统，协调是否失灵无论在宏观层次还是微观层次都难以给出明确的评价基准的话，那么，对于企业来说这要简单得多，一个最为简单且易于被接受的标准就是企业的可持续盈利能力。

基于上述各种理论观点，可以看到，对于企业的协调能力及其协调效率来说，企业能力是一项核心指标，对企业能力的评价可以从不同的维度来展开，但关键在于，企业能力的培育是需要相当长的时间的。对于发展中经济体来说，相较于发达经济体，其大多数企业的能力相对较弱，从而在产业发展方向的选择和企业内部活动的协调方面都处于较低的水平，这就给政府的产业政策实施提供了空间。当然，这绝不意味着政府对产业发展方向的选择就一定优于企业的选择，政府政策的优劣实际上同样取决于政府作为一类组织的运作效率，依赖于政府官员能力的高低。

企业家精神与协调效率

我们在上一章中已经从"协调"这一视角出发，就企业家的协

---

① 相关多元化战略主要基于产业间的纵向关系，用国内学者研究较多的概念来说，即产业链纵向关系，对单个企业来说，即其与上下游企业的关系，具体则取决于其在产业链上的具体位置。

调职能进行了讨论。我们认为，对于整个经济系统的协调来说，需特别关注企业特别是大企业作为"看得见的手"进行的协调活动。一方面，当企业家对其组织内部的活动进行协调的时候，其扮演着协调者的角色，因而承担职业经理人的各项职能；另一方面，当其面对企业经营环境的变化，要对企业的发展做出方向性选择的时候，就更多地依赖于其对市场机会的警觉，也就更依赖于企业家精神。

这里我们从协调效率的角度，来分析企业家精神对于经济发展的作用及其对市场体系的发展所提出的要求。

与企业家的界定存在争议类似，对于企业家精神这一概念也有着多种不同的定义。事实上，在奥地利学派中，对于柯兹纳所强调的"企业家精神的本质是对市场机会的警觉（alertness）"这一观点（Kirzner，1973），也存在批评意见。

如莫瑞·罗斯巴德所说，"米塞斯将企业家概念运用于所有承受不确定性的情形，由于劳动者在决定在哪里工作或从事何种职业时面临不确定性，因此劳动者也是企业家。但对企业家精神来说，最重要的情形是在市场经济中塑造实际的生产结构和模式的驱动力，而这来自资本家-企业家（capitalist-entrepreneurs），他们承诺并冒险用他们的资本来决定何时生产、生产什么和生产多少。资本家也比劳动者更容易遭受实际的金钱损失"（Rothbard，1985，p. 282）。

就此，彼得·G. 克莱因指出，"批评者认为柯兹纳的说法缺乏对不确定性的关注。他们认为，仅仅具有对获利机会的警惕性就能获利，这样的观点是不充分的。要获得经济利益，企业家必须投入资源来实现所发现的获利机会"（Kline，2010，p. 29）。"没有钱，企业家的想法就只是室内游戏，直到他获得了钱并投入项目中"（Rothbard，1985，p. 283）。因此，"这里的关键不是机会，而是投资和不确定性。不确定条件下的（而不是风险条件下的）对未来的主观内在期望构成了无法模型化的判断力"（Kline，2010，中译本第 91 页)。在这里,克莱因所强调的"无法模型化的判断力"恰恰反映了企业家精神在投资方向选择上的本质特征,也反映了企业家精神与经理才干之间的本质差异①。对于这一本质特征,米塞斯在其名著《人的行为》中即已明确指出,传统理论的"基本错误是,它把企业家的一些活动看成一时的需求情况所引起的盲目的自动反应。……可是,实在的企业家……就是一个要利用自己的关于市场未来情况的见解,以从事营利活动的人。这种对不确定的未来情况预先的领悟,是不管什么规律和体系化的。那既不是可以教的,也不是可以学的,否则每个人都可从事企业活动而有同样的成功希望"(Mises, 1963,中译本第 538 页)。

那么,对于一个发展中经济体来说,企业家作为一个群体,其产生或成长取决于哪些因素呢?对此,我们仍然可以从奥地利学派关于市场过程的理论中去获取启示。

克莱因指出,在一些模型中,企业家遭受了系统性的偏见。如布森尼兹和巴尼(Busenitz and Barney, 1997)认为,一个人之所以成为企业家,是因为他高估了自己预测未来价格的能力,"因此,企业家的供给变得非常大,以致其中至少有一小部分人的猜测是正确的,而这些人可以因此获利"。然而,动态地看,正如米塞斯所强调的,久而久之,有一部分人会比其他人更加适合去预测未来的市场条件,这些人就会比那些不具有预测技巧的人获得更多的资源,从而在市场上生存下来,另外那些人就会退出市场。在米塞斯看来,"企业家选择机制正是不成功的企业家被淘汰出市场的过程,……而这一淘汰过程正是资本主义的'市场过程'的关键"(Kline, 2010,中译本第 110 页)。由此可见,企业家作为一个群体,

---

① 克莱因认为:"一旦考虑到行为,机会就是一个多余的概念。机会概念的存在只是用来表现行为的,它既不是行为的因,也不是行为的果。因此,我们应该放弃机会本身这个概念而集中分析企业家行为和这些行为造成的结果。"(Kline, 2010,中译本第 96 页)这似乎未免得太远;对于投资方向的选择来说,对机会的判别无疑是在行动之前的不可或缺的步骤。

其成长也是一个经验积累的过程,所积累的知识则属于隐性知识,非亲身体验则无法传授,因而这一过程所需要的时间也会相对较长,且在很大程度上依赖于其所处的社会、文化、制度和经济环境。

从经济系统整体协调的角度,可以看到,对于企业家作为"被协调者"来说,其对于市场环境变化的反应体现在其投资活动中,而这类活动所面临的关键因素则在于其所面对的不确定性。那么,对于协调效率来说,关键即在于,投资项目的实施所需资源是否能够获得,从市场体系的角度来说,则在于金融市场的成熟度,具体说来,就是项目融资的难易程度。对于发展中经济体来说,当其市场体系尚不成熟的时候,所面临的"短板"常常正是其金融市场发展不足,由此即构成企业家才能发挥和企业家群体成长的重大障碍[①]。

对于企业家从事投资活动所需的知识的特性,与其如何面对不确定性有着紧密的联系。诺斯把知识定义为"物质和社会环境规律和模式的累积,从而导致的对这些环境的各方面有组织的解释"(North,2005,中译本第155页),可见在相当意义上,这种知识是关于整个经济体的整体环境特性的解释和把握。那么,对于涉及长期投资的决策来说,知识的积累会带来怎样的影响?决策环境的关键因素之一是决策者面临的不确定性,而不确定性随着知识的积累则可能明显降低。对此,诺斯将"不确定性"这一术语分解为不同的层次:

1. 给定现有的知识存量,可以通过增加信息的方式来减少的不确定性;

---

① 玛丽安娜·马祖卡托提出了"企业家型政府"(The Entrepreneurial State)的概念(Mazzucato,2014),表明她对企业家在经济系统中承担的职能和企业家精神有着严重的误解。以美国国防高级研究计划局(DARPA)参与"在公私风险资本之间进行斡旋"为例,政府机构并不是具体的投资或创业活动的行为主体,风险资本只是投资者,其运作模式表明其并不真正成为风险的承担者,真正面临不确定性并承担风险的是企业家。从协调的角度来说,政府是协调者,企业家是被协调者,角色完全不同。

2. 在现有的制度框架中,可以通过提高知识存量的方式减少的不确定性;

3. 只有通过改变制度框架才能减少的不确定性;

4. 在全新的条件下,使信念必须重构的不确定性;

5. 为"非理性"信念提供基础的那些不确定性。(North, 2005,中译本第16页)

正是基于这样的认识,我们才有可能理解赫希曼在其名著《经济发展战略》之中对"发达经济增长模型"持有强烈批评态度的理由。他指出,该类模型中"令人最不满意的是投资理论。尽管对企业投资计划进行了实证研究和周期性调查,但是投资决策仍然无法用其他可观察的经济变量做出恰当的解释。……在影响经济增长过程的重要变量中,相对来说投资是最不稳定、最难以预料的。哈罗德、希克斯及其他经济学家把事前投资分为两部分:第一部分是近期需求的增加,或更现实些是过去利润所引起的'诱导'投资;第二部分是主要受新发明、期望及公共基本投资等影响而出现的'自发'投资。……因'自发'投资部分无法用经济变量做出令人信服的解释,完整的投资理论仍有待建立"(Hirschman, 1958,中译本第28—29页)。或许可以说,赫希曼期望建立的"完整的投资理论"必须将企业家精神纳入其中,而对于"自发"的投资则确实"无法用经济变量"给出充分的解释。事实上,比较发展中经济体和发达经济体,其体现在"制度框架"和"信念"等方面的诸多因素是很难加以量化的。

对于我们的分析来说,企业家作为一个群体,其所具有的能力及其微观行动对于产业层次的演变所产生的影响具有关键意义。

企业决策的短期和长期的区分相对较为清晰。所谓短期决策,仅涉及企业的日常运营,而长期决策则涉及企业的投资行为,包括企业进入新的行业或新的业务的开拓;从整个经济系统来说，则涉及创业和创新活动，即本来并不存在的新创企业的出现，以及新的发明的应用等。对于产业体系的演化来说，借鉴熊彼特用来描述一种"有着动态表象的静态"的概念——"循环流转"①，可以大致认为，企业的日常经营活动将不会导致产业体系的状态结构发生变化，只有企业的投资活动和创新活动才会产生这种效应。

在一定意义上，营商环境的影响对于创业来说可能更甚于投资活动，这特别对于创新成为驱动增长的核心因素的发展阶段来说更是如此。

佐尔坦·阿克斯等人提出了"国家创业体系"（National Systems of Entrepreneurship，NSE）的概念，为分析创业活动及其相关的关键变量之间的关系提供了一个框架。"一个国家创业体系，是企业家精神、创业能力和创业抱负之间的动态的、嵌入于制度之中的相互作用，由个人通过创建和经营新的企业来驱动资源的配置"（Acs et al.，2014）。他们认为，创业过程的核心不是机会的纯粹存在，而是企业家如何获得资源并动员资源以追求机会。在 NSE 框架下，对于整体的经济系统来说，关键不是创业公司数量，而是创业推动了国家的生产性资源配置，这种动态的资源重新配置推动了全要素生产率的提升，从而推动了经济增长（Acs et al.，2018）。这一系统分析的关键思想是对于创业相关的各项因素的互补性的把握，以及对瓶颈因素的辨识。对于政策制定的指导意义在于，政策的重点应该是确定系统级的瓶颈并缓解它们。正因为此，他们也将该系统称为"创业生态系统"（entrepreneurial ecosystem），以突出在经济增长、要素投入、制度和企业家精神之间存在关系的特性。

---

① 熊彼特用"循环流转"来描述一种有着动态表象的静态分析模型："这种生活年复一年地基本上同样地在渠道中流动着——就像血液在生物有机体中循环一样"（Schumpeter，1934，中译本第 68 页）。

官员能力的发展与官僚体系的效率

对于经济系统的运行来说，政府一旦对市场进行干预，也就扮演了协调者的角色。基于历史视角，产业政策以某个特定产业的发展为目标，其协调任务随着经济的发展和产业体系的复杂化而具有越来越高的难度，这就对政策的制定和实施提出了挑战。要有效应对这样的挑战，政府官员的能力和政府作为一个组织的运行效率都需要不断提升。

青木昌彦等非常明确地将政府功能视为经济发展阶段的函数。他们指出，政府干预的界限"还依赖于经济发展水平。当经济处于低发展状态时，中介机构的数量十分有限，企业的经济协调能力也很不成熟，甚至市场效率也由于缺乏统一性以及经济中产权安排的低发展水平而大打折扣。在这种情况下，民间部门解决富有挑战性的协调问题的能力便值得怀疑了，因而政府在促进发展方面便有相当大的适用空间。但随着经济日趋成熟，民间部门能力有了提高，政策的适用空间也就更受限制了。……当协调失灵的原因很容易辨别的时候，政府与民间部门共同参与的协调可能会十分有效。当经济处于低发展水平时，情况就更是如此。但也应该认识到，当技术非常先进而新技术的开发前景极为不确定的时候，如果政府深入参与标准的制订，即使是与民间部门共同制订的，一旦失误，将导致巨额的成本"（Aoki et al., 1996，中译本第26—27页）。也正因此，青木昌彦等强调：

> 即便倾向于市场协调方式的民间部门发展程度不够，并不意味着政府干预就一定会有效，或者说是需要无条件的政府干预。政府必须有能力完成要求的协调任务，而且必须有动机在协调中遵从公众的利益。政府的能力与动机是由它所处的政治

经济结构决定形成的①。(同上,第28页)

这就涉及两个不同的概念:一个是官员作为行为群体的能力,另一个是官僚机构的效率。两者都对产业政策的制定和实施效果产生直接的影响。

政府官员作为一个群体,其能力是在官员个人能力的基础上整合而成的,简单说来,可以是在平均意义上加以度量的。对于个人能力的评估是一个多重维度的度量问题,对政府官员这个职业而言,需要关注的是官员作为公务员履行其职务的能力。虽然这种决策的难度和对相应的能力的要求在不同的发展阶段有所不同,但对于政府官员来说,一些基本的能力和素质的要求则是绝对必需的。而就政府运作效率来说,一方面取决于官员群体的能力,另一方面则取决于政府机构作为一种组织的运行效率。总体来说,无论是官员群体的能力,还是政府运作效率,其最关键的影响因素都是制度。前者受到公务员遴选机制的影响,而可被遴选的人力资源备选池则形成官员群体的来源基础,这一基础的质量与发展水平相关。与企业家群体相比较,官员所需的能力大多是可以通过教育来加以培育的,这一点跟职业经理人群体更为接近,但由于教育特别是基础教育的质量主要由政府的公共投入决定,因而这同样由制度来决定。后者则主要由政府机构的组织制度和决策及其实施的各项制度所决定。

基于三层次系统分析架构和个人主义方法论,政策的制定和实

---

① 江小涓也有类似的表述:"我国重视产业政策的作用,隐含着如下一些前提:(1)政府的决策层有愿望和有能力制定出合理的产业政策;(2)政府的行政执行系统有愿望和有能力有效地推行产业政策;(3)通过产业政策解决结构问题比通过市场机制解决问题的成本更低。然而,中国制定和执行产业政策的实践没有能够为接受这些前提提供充分的证据"(江小涓,1996,第100—101页)。

施归根结底取决于微观层次的行为主体所面临的激励环境①,那么,对于产业政策来说,关键在于影响政策目标制定和具体政策实施的激励环境。

"经济政策的理论,主要由丁伯根和赛尔发展起来,因此有时也被称为'丁伯根-赛尔(Tinbergen-Theil)范式'(定量经济政策理论),在目的论意义上,试图回答关于如何实现由政治决策者给定目标的最好成就的问题"(Neck,2009)。对于决策者的偏好可能通过一个明确的目标函数来表达,但事实上,政府作为一个整体和官员个人作为行为主体的目标函数通常并不完全一致。"根据公共选择理论,政府是个人的集合,他们相互作用以达成与自己的利益相一致的结果"(Simmons,2011,中译本第57页),为此需要明确区分对于政府作为一个整体的激励环境和对于官员个人的激励环境,两者之间有着密切联系,但又有着相当大的差异。

经济学在研究政府政策的时候,通常假定政府追求社会福利最大化,但这实际上也受到制度的重大影响,而在现实中,更可以看到大量与这一目标相背离的案例。

关于政策目标在时间视野上的体现,相关研究仍嫌不足。产业体系的演变是一个伴随着经济发展的过程而发生的长期现象,产业政策的制定在长期中以达成某种产业体系的状态为目标,因此,政策制定者是否持有长期视野就是一个相当关键的因素,而这就导向对激励环境中的长期激励和短期激励的权衡问题。

关于这个问题的研究可能存在一个重大误区。由于经济增长以GDP的增长为基本指标,因此,当政府政策以此为目标并确实推动了GDP的上升时,很容易得出的推论是,政府是具有长期视野的。

---

① 我们在图2.1中将其置于宏观层次,以体现政府对于经济运行的巨大影响力。但从严格意义上来说,政府政策虽然可能对宏观经济或产业发展产生重要影响,但所有政策首先作用于微观层,对微观经济主体的行为产生影响,进而对宏观指标和产业指标的变化发生作用。

那么，对政府包括地方政府的考核以 GDP 的增长为核心指标，似乎就属于长期激励的因素而应予以肯定。但事实上，如果不将效率纳入考核指标体系，那么仅以产出的总量为目标的考核就十分容易导致不计成本的资源投入，其结果是，所谓的增长可能是以非常高的代价换来的，而整体经济运行的效率很可能反而是有所降低的。特别是，当资源和环境的成本都未能纳入整体评估时，这种负面效应就将更为严重，而实际上，可持续发展才是真正的具有长期视野的目标。此外，腐败的社会成本虽然难以计量，但其客观上必定对经济社会和制度、文化等各个方面带来负面影响，这种影响可能在短期中并不那么明显，但在长期中却可能导致社会风气的败坏，并进而使得经济主体仅追求短期利益或从事不利于发展的活动。

值得特别指出的是，腐败不仅将导致官僚体系运行效率的下降，而且社会性的腐败还将对企业的经济活动和企业家精神带来非常负面的影响。凯文·墨菲、安德烈·什莱费尔和罗伯特·维什尼提出，应将企业活动区分为生产性活动和非生产性活动（Murphy et al.，1991），之后威廉·鲍莫尔深化了这一思想。鲍莫尔指出：

> 一个经济体中"游戏规则"（它决定着不同类型的行为在财富、权力和声望方面得到的回报）的明显变化会导致企业家改变其努力的方向。经济领域规则的变化将影响到企业家的努力到底是采取生产的还是寻租的形式，或者（像有时所发生的那样）采取对经济产生直接破坏作用的形式。（Baumol，1993，中译本第 20 页）

因此，除了生产性活动和非生产性活动之外，企业家甚至还可能选择从事破坏性活动。这里的非生产性活动主要指寻租，而"寻租常常通过类似诉讼、接管、逃税和逃避努力等活动来表现"（Baumol，1993，中译本第 45—46 页）。但鲍莫尔并未十分明确地给出关于破坏性活动的界定,基于其讨论,我们不妨给出一个简单界定:所谓破坏性活动,是指各种违法的,或者尽管不违法但却会导致社会福利受到损害的活动。那么,企业家究竟会选择何种行动,取决于其所面临的激励环境,即"经济中通行的报酬结构"(同上,第 28 页),也就是不同行为可能得到的回报的差异。以动态的长期视角来看,因为"不同类型的企业家行为的相对报酬从一个时空到另一个时空往往会发生显著变化,而这给企业家行为模式带来了深刻影响"(同上,第 29 页)。就创新活动来说,鲍莫尔论证了一个重要命题:"企业家精神在生产性和非生产性活动上的配置,将对经济中的创新能力以及技术发明的扩散程度产生深远影响,尽管这不是唯一的相关影响"(同上,第 47 页)。

无论是企业家还是政府官员,决定其激励环境并影响其行为决策的,归根结底是制度,从更长期的视角来看,还包括文化,而制度和文化的变迁都与经济发展的过程紧密相伴。

7.3 发展阶段与产业政策的边界

基于上文的讨论,可以认为,产业政策对经济增长的正面影响与经济发展的阶段有着密切的联系。在发展的初级阶段,产业政策有着相对较大的空间,而随着发展走向越来越高级的阶段,产业政策的空间就趋于消减,要实现经济的持续增长,政府就应推行政策转型,即由产业政策为主导转向以科技政策为主导,而竞争政策则应贯穿于整个发展的过程之中。产业政策的实施则应越来越趋向于采用类似于"市场增进型"的协调模式,而应摒弃命令式的政策模式。

政府的基本职能是营造有利于企业活动和企业家精神发挥的营

商环境,由营商环境的改善来实现激励环境的改善,从而驱动各类经济主体的生产性活动的活跃和要素效率的提升,实现经济的可持续增长。

政府政策的制定和实施需要调动大量资源,鉴于营商环境的改善是经济发展的必要条件,政府应将其置于所有政策的优先地位。

从长期来说,制度和文化构成经济发展的关键因素,这同样是政府应着力加以研究的问题,并在制定了合理目标的前提下,将其渗透到各项政策之中。

经济发展阶段与产业政策的空间

青木昌彦等指出,从一个"更具根本性"的视角出发,基于传统经济学理论的政府干预的理由并不充分。"传统的市场失灵观点所赖以存在的福利经济学基本定理认为,每家企业的技术潜能是由外在的工程学的因素决定的(因此,可由生产函数来代表)。如果果真如此,那么跟随价格信号的引导(在市场缺失的情形下,需要政府给予帮助)攀沿利润曲线的山峰,最终就会达到生产的效率边界"(Aoki et al., 1996,中译本第8—9页)。但对于政府干预和产业政策的空间与经济发展水平之间究竟呈现一种怎样的联系,现有文献还缺乏明确的论证。

基于前文的讨论,我们就此给出的论断是,政府对市场的干预和产业政策实施的空间,将随着经济发展水平的提高而趋于消减。所依据的理由可归纳如下。

首先,从经济系统的协调角度出发,政府对市场进行干预的理由与市场体系发育的程度呈负相关,也就是说,在市场体系尚不成熟的情况下,即通常在经济发展的初级阶段,市场主体的能力相对较弱,而政府的资源动员能力强于市场的资源集中配置能力，因此，在面对产业成长的挑战时，政府可能有着比市场更为强大的协调能力。而随着发展阶段的递进，市场主体的能力不断增强，企业组织的规模变得越来越大，其内部协调在整个经济系统中所承担的比重趋于提高，政府就应适时转向以"市场增进型"的协调为主。更进一步，当经济发展日益接近发达水平，消费需求的个性化和产品的多样化以及技术的发展，使得经济系统的复杂程度极大地提高，这就形成了对协调能力的巨大挑战，使得通过命令式的协调来达成整体经济的高效率成为不可能完成的任务。

其次，从整体上来说，产业体系的演变与整个经济系统的演变有着完全类似的路径。产业政策的制定及有效实施依赖于政府官员群体的能力和官僚体系的运行效率，虽然后两者通常也随着经济的发展而不断强化，但在发展的初级阶段，增长主要依赖要素驱动，产业成长的目标可以较先进经济体的模式为参照，因而相对清晰和简单，产业间联系的复杂度和技术难度均较低，其对应的产业政策制定和实施的难度也就相对较低，对官员能力和官僚体系效率的要求也就较低。而在一个较为发达的经济体中，当技术水平愈益接近技术前沿，未来的不确定性就日益强化，产业发展的路径已经缺乏足够清晰的参照系，产业政策失败的可能性也就不断增加。即使是拥有高学历的官员群体和组织严密的官僚体系，也难以应对由此带来的巨大挑战。

再者，在微观层次，对于大多数经济体来说，随着经济的发展，其营商环境会不断改善，微观主体面临的激励环境也就趋于合理，微观活动会不断增强。政府干预特别是命令式的政策实施在总体上会形成对微观主体活力的抑制。经济增长的根本动力来自微观主体的活力，就此来说，政府产业政策的退出越早越好，政府应将营商环境的改善设定为政策的主要方向。这是因为，高质量的营商环境是经济发展的必要条件。

协调转型的历史经验

前文已经提及大量的历史经验，这里仅再列举一二。事实上，东亚和其他地区的成功案例都具有这样的转型特征。

从日本的经验来说，事实上，其战后的发展在政府-企业关系上也是呈现了一个转型的过程。香西泰指出，"战后日本经济，是在继承战时控制遗产的基础上开始发展的"。正因为此，"这一时期，政府和企业关系的特点，可以说是'强大的政府和软弱的企业'，因而产业政策是在官员主导并具有浓厚的政府干预色彩的情况下加以实施的"。但是，"在1949年实施道奇路线的同时，开始逐步缓解和撤销控制，政府的干预开始从直接控制转变为采取间接性手段"。而更重要的是，"这个时期基本的生产主体是民间企业，这一点即使在战后控制最严厉的时期也没有改变"（小宫隆太郎等，1984，中译本第29—30页）。

香西泰还指出，在20世纪50年代前期的产业合理化过程中，其采用的政策手段已经与倾斜生产方式的手段明显不同，"政策手段的核心内容是租税特别措施和财政投资贷款"（同上，第38页）。而重要的是，"产业合理化政策以开放体制为前提，并谋求在此前提下降低成本，因而避免采取否定市场机制的直接干预。租税特别措施和财政投资贷款也以正常的企业核算为前提"（同上，第39页）。

以开放体制为前提，以正常的企业核算为前提，避免采取否定市场机制的直接干预，就此来说，流行的对日本产业政策的理解恐怕存在很大的误区。

在拉美国家中，智利同样可以被视为协调转型的成功案例。爱德华兹指出，"总统里卡多·拉戈斯和米歇尔·巴切莱特的政府推进现代化和市场化，不是因为根深蒂固的保守主义意识形态的偏见，也不是因为受到米尔顿·弗里德曼及其追随者的迷惑。市场化是智利回归民主统治的标志,而它确实奏效了"(Edwards,2010,中译本第111页)。在发展的方向选择上,关于"华盛顿共识"的论证在一定意义上具有核心地位,而大多数学者认为,发展中经济体特别是拉美国家发展的失败,应归咎于所推行的"华盛顿共识"。但爱德华兹基于其对拉美经济的深入了解所给出的答案却并非如此。他认为,在智利的官僚体系中,一批被聘用来进行改革的"芝加哥小子"一开始并未受到重视,但"随着时间的推移,他们的影响越来越大。这些人最终走入内阁,推动了智利经济奇迹初期的工作"。而非常关键的是,"与一些评论家的观点相反,'芝加哥小子'的政策并非教条主义和照搬实施,……实际实施的改革方案包含着务实而灵活的重要元素"(Edwards,2010,中译本第110—111页)。

具体来说,关于智利的金融协调的例子更具有典型意义。爱德华兹指出,某些学者"试图尽量贬低市场化的作用",声称智利的成功主要是实行了某些政策,"这些政策的目的在于通过补贴、免税期或其他优惠待遇,促进特定部门和产业的发展"。但"真实的情况是",智利政府"建立了遍布全球的商务办公机构,帮助推广智利的产品,协助出口商渗透到新的市场。……协助创建了一个现代食品安全系统,……借助大学和其他机构来支持应用性研究,……提高现有商品的国际竞争力"。爱德华兹指出,这跟"挑选赢家"的产业政策"有着天壤之别"(Edwards,2010,中译本第120—121页)。在这当中,被一些学者误解为"对产业政策的有力支持"的一个案例是智利基金会的作用,但"实际上并非如此。尤其是他们忽略了重要的一点,基金会并非一家政府机构,并不提供补贴或优惠"(Edwards,2010,中译本第265页)。智利基金会是一家非营利机构,政府只提供了部分资金。

对于中国经济增长的亮丽表现,研究者通常强调产业政策所发挥的重要作用,但事实上,中国的快速增长是在开始实行改革开放之后,其真正的驱动力正是由市场化改革所激发的微观主体的活力。我们强调,中国的转型是由计划体制转向市场机制的典型案例,这与大多数发展中国家从不成熟的市场体系成长为成熟的市场体系有着非常不同的性质,对于产业政策的含义也完全不同。这一点在大多数文献中并没有得到足够的重视。

劳伦·勃兰特和托马斯·罗斯基等45位研究中国经济的专家展开了全面研究,他们揭示了中国经济转型的一些关键特征。他们"发现了中国计划体制下生产停滞和低效的三个深层次原因:非经济的政策目标、制度的薄弱和激励刺激的缺乏"(Brandt and Rawski,2008,中译本第6页)。他们注意到了"中国的改革不得不克服计划时代遗留下来的麻烦因素"(同上,第18页),且分析了这些因素在企业制度、财政、资本市场中的表现,但并未从经济系统协调失灵的角度展开深入分析,因而可能低估了这种因素对长期经济增长可能带来的阻碍作用。

又如,世界银行经济考察团在1992年对中国经济的判断是:"我们认为,中国目前并不是计划太多了,而是计划本身有不足之处。为了强化计划过程和更有效地发挥其作用,政府应该把有限的资源用于以下经济领域",具体包括:建立法律并健全执法机构;提供一个协调、稳定的宏观经济政策框架;"对于那些其他经济机构不能也无法进行投资的或是市场作用失灵的部门和区域进行投资和计划管理";对有较大外部效益的投资和活动进行管理;建立社会保障和安全网体系(世界银行经济考察团和国务院发展研究中心,1992,第2—3页)。该报告提炼了中国转轨体制的特征,包括中央计划作用下降、权力下放、价格体制扭曲、基础设施建设落后、弱小和分割的市场、企业自主权的作用发生变化和缺乏机构和规则等(同上,第101—106页),并认识到,"当前,政府在产业经济中的作用是无所不在的"(同上,第119页)。但对于导致这种现象的深层次原因及与此相关的政策转型的激励问题,该报告未予深入分析。

对于转型经济来说,路径依赖的影响深刻体现在制度和文化的深层次上,具体来说,特别体现在政府官员群体甚至包括企业家群体对于市场化改革的观念上。从某种意义上来说,计划观念在改革开放之前数十年之间已经渗透到了整个经济系统的所有方面,也深入到了人们的思想观念之中,要加以改变绝非易事。正因为此,产业政策在中国始终被奉为政府干预市场和推动经济增长的有力工具。张维迎一针见血地指出:"改革后,产业政策代替了计划指标,是'穿着马甲的计划经济'"(见林毅夫等,2018,第21页)。张维迎引用权威人士所说的"计划就是产业政策,产业政策就是计划,二者都体现了政府对经济生活、资源配置的干预"作为其注脚,但事实上,刘鹤和杨伟民阐明了产业政策与计划在若干方面存在很大差别:"产业政策同计划……就作用范围、作用主体、实现方式以及如何对待经济主体的利益等方面,……又有很大差别。……产业政策的实现方式是诱导,尽量避免国家直接介入资源配置;而计划的实现方式是靠命令。……归结到一点,就是产业政策能够补充市场的缺陷和弥补市场的不足。而计划却不具备这一功能。"(刘鹤和杨伟民,1999,第31—32页)

但问题在于,由于制度、文化和激励等方面存在的路径依赖,使得在实践中,产业政策的制定和实施总是带有深刻的计划经济的烙印。"中国的产业政策是典型意义的选择性产业政策,对微观经济的干预更为广泛、细致和直接,从而体现出强烈的直接干预市场、以政府选择代替市场机制和限制竞争的管制性特征和浓厚的计划经济色彩"(江飞涛和李晓萍,2010)。特别是,"进入21世纪,中国政府运用产业政策手段对于微观经济活动的干预明显加强"(江飞涛,2016)。然而,"中国以选择性政策为主体的产业政策体系,政策效果越来越有限且不良政策效应日趋显著",为此,江飞涛和李晓萍提出,"当前,中国应转为实施以功能性政策为主体的产业政策体系,重在完善市场机制、维护公平竞争、促进创新、推动产业绿色与包容性发展"（江飞涛和李晓萍，2018）。

从产业政策的效应来看，在中国具有典型意义的如光伏产业政策导致"僵尸企业"的出现和新能源汽车补贴政策导致普遍的"骗补"行为等案例表明，制度和文化作为长期的关键影响因素产生了重要的负面影响。

基于本书的分析框架和产业政策的界定，我们认为，面向未来，针对战略性新兴产业发展的政策应倾向于对基础科学研究的扶持，而竞争性政策的推行应着力于鼓励竞争。总体来说，中国应尽早摒弃产业政策，转向科技政策和竞争性政策。政府职能的转变是自改革开放伊始就提出的基本方向，为了实现中国经济长期增长的目标，跨越"中等收入陷阱"，政府应尽早退出对市场的各种干预，着力营造完善的营商环境，为微观经济主体提供有利于商业长期主义发展的激励环境。

7.4 营商环境作为发展的必要条件

在罗德里克的论文（Rodrik，1994）中多处提及增长实现的"初始条件"和必要条件，并引用了一些经验研究的结论来加以说明，但并未就此展开充分的论证，因而引起评论者的批评。我们在第3章已梳理了多种文献所提炼的"典型化事实"，但其中大多数并非必要条件，且即使将所有这些"事实"放在一起，也未必构成经济增长的充分条件。这正是我们采用必要条件追索这一逻辑思路展开分析的理由。

基于经济系统的三层次架构，以及微观经济主体对于经济系统演进的核心作用，从长期来说，必须强调的是企业的活动对于经济增长的推动作用。企业作为生产主体，是任何一个经济体的财富创

造者。就此来说,波特所言或许是任何一位学者在研究经济增长和经济发展的时候不可忘却的:

> 众所周知,积极的财政和稳健的货币政策、值得信赖的且有效的法制、一系列稳定的民主制度以及社会条件的改善,都非常有助于健康、稳定的增长。然而,这些广泛的条件虽然是必要的,但并不是充分的。因为它们只提供了创造财富的机会,但它们自己并不创造财富。事实上,财富是在经济的微观层面上创造的,根源于公司的成熟程度以及一国的企业竞争与其中的微观营商环境的质量。除非这些微观层面的能力得到改善,否则宏观经济、政治、法律和社会改革将不会取得全面成果。(Porter, 2003)

在这里,波特将微观营商环境质量的改善视为经济发展的必要条件。事实上,在所有关于增长或发展的典型化事实的归纳中,必须将微观层次的典型化事实纳入,因为正是微观层次的动力,构成了所有增长或发展业绩的基础,而其他各项典型化事实都是建立在微观基础之上的。微观层次的营商环境质量构成经济增长和发展的基础性条件,特别是,这一条件是经济增长的不可或缺的必要条件,甚至在一定意义上构成充分条件,因此,政府应将微观营商环境质量的改善置于政府所有政策的优先地位。

营商环境质量与发展水平

从历史视角考察,营商环境的质量也是随着经济发展水平的提高而不断完善的,但营商环境质量的改善并非只在发展的初始阶段构成增长的必要条件,而是贯穿整个经济发展的过程,只是对于不同发展水平的经济体来说,其具体含义和所涉及的重点有所不同。

结合市场体系从缺失走向成熟和完备这一过程，包括对于由计划体制转向市场机制的转型经济体来说，如果政府确实是以经济发展为其核心目标的话，其具有长期战略意义的重大政策选择就是改善营商环境的质量。具体而言，政府需要对营商环境进行全面评估，辨识构成其发展障碍的短板，并通过政策的实施来消除短板。所有的政策都是需要耗用资源的，政府就需要在有限资源的约束下，来寻求一个最优或次优的实施方案。

世界银行展开的营商环境研究提供了十分有力的证据，印证了对于一个发展中经济体来说，良好的营商环境是发展的必要条件。该报告提炼了影响企业营商环境的几个重要方面，包括开办企业、办理建筑许可证、获取电力、登记财产、获得信贷、保护少数投资者、纳税、跨境贸易、执行合同和解决破产问题等，并采用定量指标加以评价（World Bank, 2020）。

图7.1印证了营商环境是经济成功发展的必要条件。可以看到，能够进入高收入俱乐部的那些经济体，该项评分都至少达到50分，且收入水平越高，评分就越高，而那些低收入和中等收入经济体的评分大多不到50分，且基本上都在60分以下。基于此，我们可以将60分作为及格线，也就是必须满足的必要条件水平。换言之，凡是该项评分低于60分的，可以视为未能满足发展的必要条件，从而难以启动增长进程，难以跨越"贫困陷阱"或"中等收入陷阱"。就此而言，阿根廷是一个十分典型的案例，其评分为57.3分，人均收入达到12 390美元，作为一个"老"发展中国家，一个曾经的"发达"国家，却在长达数十年的时期中无法跨越"中等收入陷阱"，其营商环境未能达到"及格"水平恰恰构成了其关键障碍。

需说明的是，按此条件，实际上存在少数几个构成例外的散点，即其评分低于60分，但人均收入却已达到较高水平。这几个散点包括帕劳、圣基茨和尼维斯、巴哈马和巴巴多斯，基于我们在第3章强调的国际比较的可比性，它们都属于非常小国，事实上并

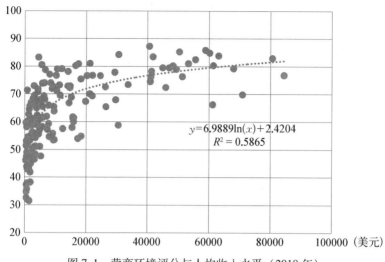

图 7.1 营商环境评分与人均收入水平（2018 年）

资料来源：Doing Business database；世界银行"世界发展指标"。
注：OPEC 经济体和若干近年人均 GNI 数据缺失的经济体未包括在内，人均收入采用人均 GNI 图表集法现价美元。

不具有典型性和可比性。另一类构成例外的经济体是 OPEC 成员国，它们并未被包括在图 7.1 之中。基于同样的理由，这类经济体的收入主要来源于其特殊的天然资源禀赋，这种"优势"使得这些政府并不需要去为企业提供良好的经营环境，单纯依靠资源的开发和出口，就可以将其国民收入保持在相当高的水平上。如增长与发展委员会报告所说，对于那些拥有丰富的石油、矿产或其他自然资源的经济体来说，本来"应该能够将'租金'或收益投资于国内，从而提高其增长潜力。但历史经验往往恰恰相反。陷阱是众所周知的。有时，政府出售开采权的价格过低，或对资源收入征税过轻。有时，它筹集的资金被寻租精英和既得利益集团窃取或挥霍。当资金投资时，并不总是明智和透明的投资"（CGD，2008，p.8）。就此而言，委内瑞拉作为一个案例具有典型性，且具有非常强的说服力。其经历告诉我们，即使这样的国家，如果政府选择了错误的发展道路，其高收入水平并不能长久保持。

由于营商环境的总体评价是各个维度的综合结果，因而似乎难以断言，其每个维度的每项评分都构成发展的必要条件，但基于必要条件的逻辑和"木桶原理"，可以认为，如果存在某一个方面的短板，这一单项就可能构成发展的严重障碍。

营商环境是一个覆盖多个维度的综合概念，除了基础设施之外，我们重点关注创业环境和企业信贷的可获得性，这两项对于微观主体的经济活力具有关键意义。

创业环境作为发展的必要条件

首先，总体而言，经济发展受益于较高水平的创业活动，创业精神的增强会带来更好的就业机会、更高的政府税收和个人收入。营商便利程度对创业活动的影响如图7.2所示。

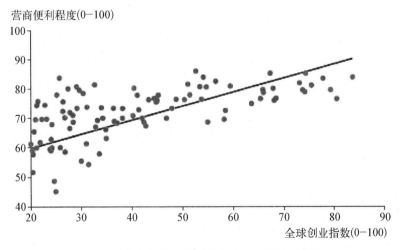

图7.2 营商便利程度与创业活动之间的相关性

资料来源：World Bank（2020, p.7）。
注：在控制了人均收入后，这一关系在1%的水平上显著。该样本包括135个经济体。

世界银行的研究结果表明，在创业难易程度方面，低收入和高收入经济体之间仍存在相当大的差距。低收入经济体的企业家创办公司的支出一般为人均收入的50.0%左右，而高收入经济体的企业家仅为4.2%（World Bank，2020，p.6）。另一项重要的评价指标是最低资本要求。对于发展中经济体来说，特别是在其发展的初级阶段，资本属于稀缺资源，最低资本要求这一规则就对新创企业构成障碍。企业实缴的最低资本要求越高，新创企业进入经济的比例就越低，平均而言，对实收最低资本的更高要求与较低的新业务进入相关。具体如图7.3所示，其中实收最低资本要求规定了创业者需要存入银行或存入第三方的金额，新企业密度代表每1 000名劳动年龄人口（15~64岁）中新注册企业的数量。

简单回顾实收资本最低要求这一规则演化的历史，可以得到一

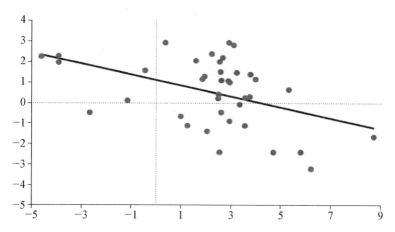

图7.3 新业务密度的自然对数与实收资本最低要求的自然对数

资料来源：World Bank（2020，p.45）。

注：本项分析采用横截面数据与面板数据进行固定效应回归。在控制人均收入后，这一关系在5%水平上显著。可得的年度数据是2006—2016年度的，该数据集包含93个经济体，在两个指标上都有观测结果。为便于可视化简化，该图仅显示了2014年的39个观测数据。

些有意思的结论。在19世纪中期之前,创业者必须获得政府的许可才能创办公司,而这些特许需要经过政府的严格审查。在取消特许经营先决条件之后,欧洲各经济体经历了创业的繁荣,在某些情况下,还出现了铁路行业和银行业的投机活动。作为回应,政府出台了新的法规,制定了更严格的创业规则。1855年,该规则由英国上议院议员率先提出,最初的提议是,公司应拥有不少于2万英镑的资本。19世纪下半叶,其他欧洲国家也引入了这一法规,如瑞典在1895年通过的《公司法》中引入了名义最低股本,葡萄牙和奥地利分别在1911年和1916年通过了类似的立法,其他西欧国家在20世纪30年代中期也通过了类似的立法。之后,这样的立法又传播到欧洲以外的经济体,如巴西、智利和哥伦比亚等。就发展趋势来说,包括发达经济体在内,近年来仍在对相关规定进行改革,以降低门槛来为创业提供更好的环境。世界银行发现,欧洲和中亚地区改革了16项法规,中东和北非地区改革了12项法规,属于高收入经济体的比利时在2019年5月修订了其商法典,取消了有限责任公司的最低缴入出资要求。改革之后,公司创始人只需要证明自己拥有足够的股权就可以开展业务(World Bank,2020)。

信贷获取条件与经济发展

《营商环境报告》对动产担保法律和信用信息系统的状况进行评估,以反映企业在获取信贷方面所面临的环境质量。图7.4显示了在我们类型划分中的大国(地区)和小国(地区)在信贷获取得分和人均收入水平之间的相关联系。

由图7.4中的虚线可见,虽然两者在总体上呈现一定的正相关关系,但很多较低收入水平的经济体,其信贷获取的得分也并不太低。就此我们需要特别强调的是,必要条件的逻辑与相关性分析的逻辑有着重要的差别。事实上,相关性分析揭示的是相关关系,而

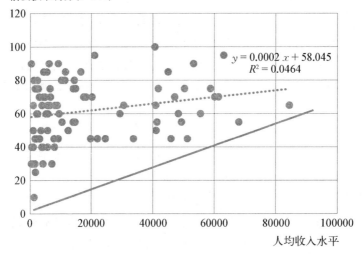

图 7.4 信贷获取得分与人均收入水平

资料来源：Doing Business database；世界银行"世界发展指标"。
注：仅包括常规经济体，人均收入采用 2018 年人均 GNI 图表集法现价美元。

不是必要条件或充分条件，通常也不能直接得出关于因果关系的结论，而必要条件强调的是，如不能达成此条件，则作为结果的事件就必然不能发生。我们在图中画出向上倾斜的实线来表示必要条件，它表明，经济发展越是趋向较高收入水平，所必须满足的企业信贷获取的环境质量就需要越高，否则这一环境因素将构成进一步发展的障碍。

人力资源供给作为发展的必要条件

自内生增长理论发展起来之后，结合哈耶克的知识分工理论，人力资源的培育对于经济发展的重要性就日益被重视。但必须特别强调的是，人力资源的充分供给对于发展来说，是一项绝对的必要条件。

保罗·罗默的理论分析解释了,"为何人口不是衡量市场规模的正确标准,为何中国或印度等国庞大的国内市场不能取代与世界其他国家的贸易。人力资本存量的增长率是递增的,但不取决于劳动力总量或人口总量。在一种可能与历史分析和当今最贫穷国家相关的限制性情况下,如果人力资本存量过低,增长可能根本不会发生"(Romer, 1990)。

人力资源的供给对于任何一个经济体来说,都是事关长期发展的关键因素。无论是企业家群体还是官员群体,以及科学家、发明家和工程师等专业领域的群体,都需要从人力资源池中获得供给,而人力资源池的大小主要取决于基础教育,特别是中学教育。我们之前的研究表明,"高校入学率应至少达到60%,这可能是成功跨越中等收入陷阱的必要条件"(郁义鸿和于立宏,2019,第234—235页),这是对于已经达到中高等收入水平的经济体而言的,而对于处于更低发展阶段的经济体来说,中学教育更为关键,且中学教育本身就是高等教育的前提。为此,我们分析一下中学教育的状况与经济发展之间的联系,包括成人识字率和中学入学率这两项指标对收入水平增长的影响。

图7.5将成人识字率作为解释变量,展示了人均收入水平与其之间的联系,并由指数函数加以拟合,结果良好。

我们可以由此得出结论,随着识字率的提高,人均收入水平会不断提升,但对不同发展阶段来说,其边际影响存在很大差异。基于图7.5的经验,我们可以划分出三个区间:第一区间是识字率从20%上升至70%,对应的收入水平在人均5 000国际元以下,此时的拟合线相当平缓,表明人口总体文化水平的提高对经济发展的影响较不明显;第二区间的识字率从70%上升到90%,对应的收入水平从人均5 000国际元到大约12 000国际元之间,在此阶段,识字率对收入水平提高的边际效应是最强的;第三区间是识字率从90%到100%,此时两者之间的相关性已明显减弱。对第三区间所见现象的解读应该是,由于成人识字率反映的是人力资源作为生产要素的基本要求,因而并不能反映人力资源在质量上的表现,更无法反映当发展进入较高级阶段的时候对创新能力提出的要求,因此必须采用其他指标来解释人力资源积累作为增长驱动因素的作用。事实上,"考虑创新活动的性质对教育的要求,我们不仅需要考虑受教育程度,还需考虑所受教育的专业领域"(郁义鸿和于立宏,2019,第236页)。这对不同创新群体有着相当不同的含义,对于整个经济体的创新来说,科学家与工程师群体的规模"有着至关重要的影响,而这两个创新群体的培育则取决于整个教育体系的发展"(郁义鸿和于立宏,2019,第240页)。

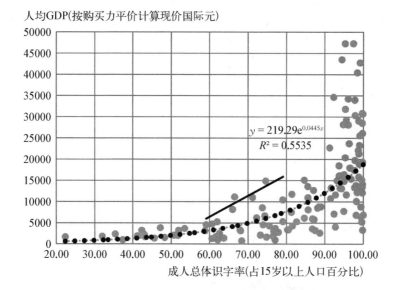

图 7.5　成人识字率与人均收入水平

资料来源:Doing Business database;世界银行"世界发展指标"。
注:以2018年为主,该年数据缺失的部分经济体采用较早的相近年份,极个别的早至2014年。相当部分高收入经济体成人识字率数据缺失,但都接近100%。为充分展示发展中经济体的状况,图中的纵坐标最高额截至50 000国际元。从数据来看,实际上国际元即相当于美元。

基于必要条件分析的逻辑,在图7.5中我们还画出了一条实线,来表明对于一定的发展阶段来说,其识字率必须达到的水平。大致可以认为,人均收入水平要达到5 000国际元,其成人识字率必须至少达到60%;人均收入要达到15 000国际元以上,则其成人识字率就必须达到75%以上。顺便指出,图中右下角大量散点的存在表明,成人识字率的提高并非经济发展的充分条件,有相当数量的经济体,识字率即使达到80%甚至90%以上,其收入水平却仍然无法跨越10 000国际元这条线,从人力资源这一角度来说,其原因与上文对第三区间现象的解释应是一致的。

图7.6采用中学入学率(净百分比)作为解释变量,分析人均收入水平与其之间的联系,同样由指数函数加以拟合,由R^2结果来看,拟合效果优于图7.5中的成人识字率。

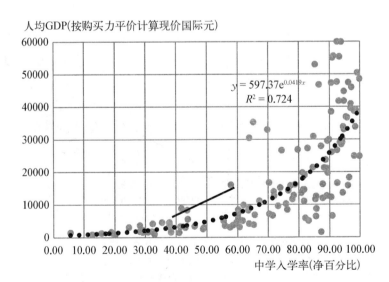

图7.6 中学入学率与人均收入水平

资料来源:Doing Business database;世界银行"世界发展指标"。
注:以2017年为主,部分经济体采用较早的相近年份数据,但不早于2013年。

总体来看,与成人识字率相比,经济发展所需的人力资源池对中学入学率的要求明显高于成人识字率,这一点完全符合常识。更重要的是,如果说成人识字率反映的是现状,且由过去很多年的相关政策所决定的话,那么,中学入学率则主要由近年的和现行的政策所决定,反映的是一个经济体未来的人力资源池的可能规模,因而对未来发展的影响更为关键。与图7.5类似,图7.6中的实线可以用来确定,对于一定的发展阶段,其中学入学率必须达到的水平。大致可以认为:人均收入水平要达到10 000国际元,其中学入学率必须至少达到40%;人均收入要达到18 000国际元以上,则其中学入学率就必须达到60%以上。

顺便说明,图7.6中的三个明显的异常值分别属于巴哈马、巴拿马和荷属圣马丁,它们的中学入学率都低于70%,但人均收入水平都超过了30 000国际元。按照我们的类型划分,巴哈马和荷属圣马丁属于"非常小国",不在我们划定的样本之内;巴拿马属于小国,但因其特殊的地理优势,在严格意义上属于资源丰裕经济体。相对而言,它们都不具有可比性。但考虑到人力资源池对经济发展所具有的重要性,本小节的分析还是将所有经济体都纳入了样本之中。

就教育对经济发展的重大影响而言,大量经验研究都给出了明确的结论。理查德·伊斯特林(Easterlin,1981)对过去一个半世纪经济增长的有限趋同范围做出了相关解释,将其归因于全球大部分地区都缺乏正规教育。史蒂夫·多利克和布拉德福德·德隆则指出,"现代经济增长的扩散主要依赖于有关工业革命期间和自工业革命以来发展起来的生产技术的知识扩散,而这些知识无法扩散到那些尚未获得正规学校教育所产生的特征和动机的人群中。二战前,政治条件和意识形态的影响对正规教育的普及起到了最大的制约作用。但伊斯特林期待一个正规教育普及的世界,在这个世界里,通向融合的障碍已经消失"(Dowrick and

DeLong, 2003, p. 206)。

制度、文化与经济发展

基于本书的社会大系统分析框架,对于经济发展来说,制度和文化属于深层次的影响因素,且在相当长时期中可以视为内生因素。我们在本书中已多次提及制度和文化对经济发展的重大影响,但我们的分析并未达到足够的深度,这已超越了本书的研究范围。这里仅就此再提出一些概要的想法。

就制度及其演化来说,至少在制度经济学、演化经济学中已有大量的富有深度的论述,而奥地利学派的思想也给予了我们非常深刻的启示。汪丁丁认为,"哈耶克在《致命的自负》里表述了强烈的渐进演化而不是突变演化的思想,与他的'自生自发秩序'或'扩展秩序'观念相辅相成"(汪丁丁,2015,第360页)。基于此,可以认为,本书所采取的历史的视角,不仅对于产业政策的效应分析来说是有益的,而且对经济发展的过程以及全球增长的收敛性等分析在一定意义上也是必需的。

林毅夫指出,"华盛顿共识"所代表的"新自由主义政策"在发展中国家的推进"未能达成目标的主要原因是:它倡导了一系列理想化的市场制度,其中有一些制度甚至有可能在发达国家都不存在。这对大多数发展中国家来说,当然不是一个有效的经济战略,因为发展中国家存在多种层面的扭曲,需要逐步通过转型摆脱这些次优、再次优,以及再再次优的情形"(林毅夫,2012a,第42页)。我们将计划体制转向市场机制的转型与大多数国家的市场体系的发展加以更加明确的区分,这对于制度转型的不同模式的分析来说或许具有一定的启发意义。

从作用机制来说,还可看到,诺斯的新制度经济学与演化经济学在一定意义上是相容的。演化经济学强调的涌现秩序,在奥地利学派的哈耶克那里，也具有核心地位。但重要的是，这种涌现究竟如何发生，诺斯也并未给出十分明确的阐述。而哈耶克关于扩展秩序的论述，似乎也并未给出非常明确的机制上的表述。就此来说，本书所遵循的三层次架构或许有助于对制度变迁和机制演化的整体逻辑进行更全面和系统的梳理。

对于制度的影响，在宏观层次上，我们强调，政府对于经济发展的目标设定是所有产业政策实施的前提。一般认为，所有的政府都会以经济增长为主要目标，但事实上并非如此。这与一个经济体的基本制度有关，但却并不存在一一对应的关系。而归根结底，所有经济活动和政策选择都依赖于微观层次的激励环境。

如诺斯所指出的，"知识和技术存量规定了人们活动的上限，但它们本身并不能决定在这些限度内人类如何取得成功。政治和经济组织的结构决定着一个经济的实绩及知识和技术存量的增长速率。人类发展中的合作与竞争形式以及组织人类活动的规则的执行体制是经济史的核心。这些规则不仅造就了引导和确定经济活动的激励和非激励系统，而且还决定了社会福利与收入分配的基础。理解制度结构的两个主要基石是国家理论和产权理论"（North，1981，中译本第17页）。

诺斯强调，他所说的"结构"是指那些"我们相信是决定实绩基本因素的社会特征。在此，我把一个社会的政治和经济制度、技术、人口及意识形态都包括在里面"（同上，第3页）。由此，诺斯所提及的制度乃至意识形态等影响因素，在本书构建的社会大系统框架中，都属于非经济系统内部的外生因素。但按照短期和长期的区分，这些因素在长期中则均属于内生因素，都会对经济系统的运行产生重要影响。而从系统的运行机制来说，这些影响都是通过对微观主体的行为来产生作用的。也就是说，当微观主体进行决策的时候，不仅会考虑经济因素，而且他们最后做出的选择也会受到决策者的文化背景的影响。我们把制度和文化加以明确区分,而在诺斯的框架中,文化因素并未被明确纳入。

对于产业政策的制定与实施来说,我们强调,政府的基本定位是所有政策选择的前提,如果说,营商环境质量的改善是经济发展的必要条件,政策就应以此为所有政策的优先目标和选项。但由于制度的影响,政府的政策目标很有可能偏离这一目标,而产业政策的制定和实施也很可能受到官员群体的激励扭曲的负面影响,产业政策的实施效果则会受到官僚体系低效运作的损害。不仅如此,企业家决策和企业家精神也会受到其面临的激励环境的影响。诺斯指出,"如果组织——例如厂商、工会、农民集团、政党以及国会委员会——致力于非生产性的活动,那么,正是制度约束为这些活动提供了激励结构"(North,1990,中译本第131页)。

在其生前的最后一本重要著作《致命的自负》中,哈耶克在"为何不知道的也是不能计划的"这一小标题之下的一段话,可以充分揭示计划体制面临的困境及其无法解决的难题:

> 整个"集中控制"的思想就是混乱的。没有、也不可能有一个单独的行使指挥权的头脑,总是存在着某个委员会之类的组织,负责为某项事业制定行动方案。虽然每个成员有时为了说服别人,援引一些对他们的观点有影响的具体信息,但是这个机构的结论并不是建立在共同的知识上,而是建立在根据不同的信息形成的各种观点之间达成的一致上。……这个过程仍然是个利用分散知识的过程(因此也是一个鼓励交易的过程,虽然是采用了一种极无效率的方式——一种通常缺乏竞争并减少责任的过程),而不是一个把一些人的知识集中起来的过程。……在一个扩展的经济秩序中,离开由竞争性市场形成的价格的指导,不可能对资源进行精心的"合理"分配。(Hayek,1988,中译本第98—99页)

因此，当经济发展已经进入了一个相对高级的阶段，产业政策的退出应是一个必然的选择，产业政策应让位于竞争政策和科技政策，舍此恐怕很难跨越"中等收入陷阱"。

参考文献[①]

[1] 陈绍远,1990."美国产业政策"之我见[M]//李泊溪,钱志琛.产业政策与各国经济.上海:上海科学技术文献出版社.

[2] 龚绍东,2010.产业体系结构形态的历史演进与现代创新[J].产经评论(1):21-28.

[3] 顾昕,2018.发展主义的岔路口——产业政策治理的政治经济学[M]//林毅夫,张军,王勇,等.产业政策:总结、反思与展望.北京:北京大学出版社:380-392.

[4] 黄群慧,等,2015.真实的产业政策:发达国家促进工业发展的历史经验与最新实践[M].北京:经济管理出版社.

[5] 江飞涛,2016.争议产业政策——中国应加快产业政策的转型[J].财经,11(1).

[6] 江飞涛,李晓萍,2010.直接干预市场与限制竞争:中国产业政策的取向与根本缺陷[J].中国工业经济(9):26-36.

[7] 江飞涛,李晓萍,2018.改革开放四十年中国产业政策演进与发展——兼论中国产业政策体系的转型[J].管理世界(10):73-85.

[8] 江小涓,1996.经济转轨时期的产业政策——对中国经验的实证分析与前景展望[M].上海:上海三联书店.

[9] 联合国经济和社会事务部统计司,2009.全部经济活动的国际标准行业分类[Z].修订本4版.纽约:联合国.

---

① 部分英文文献后列出了中译本,置于"/"符号之后。

［10］林毅夫，2012a. 繁荣的求索：发展中经济如何崛起［M］. 北京：北京大学出版社.

［11］林毅夫，2012b. 新结构经济学：反思经济发展与政策的理论框架［M］. 北京：北京大学出版社.

［12］林毅夫，2014. 新结构经济学：反思经济发展与政策的理论框架［M］. 增订版. 北京：北京大学出版社.

［13］林毅夫，2018. 产业政策与国家发展——新结构经济学的视角［M］//林毅夫，张军，王勇，等. 产业政策：总结、反思与展望. 北京：北京大学出版社.

［14］林毅夫，李永军，2003. 比较优势、竞争优势与发展中国家的经济发展［J］. 管理世界（7）：21-28，66.

［15］林毅夫，张军，王勇，等，2018. 产业政策：总结、反思与展望［M］. 北京：北京大学出版社.

［16］刘鹤，杨伟民，1999. 中国产业政策：理论与实践［M］. 北京：中国经济出版社.

［17］朴昌根，1998. 韩国产业政策［M］. 上海：上海人民出版社.

［18］秦海，2008. 推荐序：走向后钱德勒时代［M］//钱德勒，科塔达. 信息改变了美国：驱动国家转型的力量. 万岩，邱艳娟，译. 上海：上海远东出版社.

［19］任继球，2018. 产业政策理论与实践研究述评［M］//林毅夫，张军，王勇，等. 产业政策：总结、反思与展望. 北京：北京大学出版社：89-108.

［20］世界银行经济考察团，国务院发展研究中心，1992. 中国：经济过渡时期的产业政策［M］. 北京：中国财政经济出版社.

［21］世界银行和国务院发展研究中心联合课题组，2013. 2030年的中国：建设现代、和谐、有创造力的社会［M］. 北京：中国财政经济出版社.

［22］芮明杰，2018. 构建现代产业体系的战略思路、目标与路径［J］. 中国工业经济（9）：24-40.

［23］松山公纪，1998. 经济发展：协调问题［M］//青木昌彦，金滢基，奥野-藤原正宽. 政府在东亚经济发展中的作用——比较制度分析. 张春

霖,等译. 北京:中国经济出版社.

[24] 汪丁丁,2015. 经济学思想史进阶讲义:逻辑和历史的冲突和统一[M]. 上海:上海人民出版社.

[25] 小宫隆太郎,奥野正宽,铃村兴太郎,1988. 日本的产业政策[M]. 黄晓勇,韩铁英,吕文忠,等译. 北京:国际文化出版公司.

[26] 谢文泽,2012. 拉美地区的产业结构与"中等收入陷阱":基于美、日的比较分析[M]//郑秉文. 中等收入陷阱:来自拉丁美洲的案例研究. 北京:当代世界出版社.

[27] 杨德明,1987. 当代西方经济政策学一般理论[J]. 世界经济(2):40-46.

[28] 杨治,1985. 产业经济学导论[M]. 北京:中国人民大学出版社.

[29] 于立,2002. 产业经济学的学科定位与理论应用[M]. 沈阳:东北财经大学出版社.

[30] 郁义鸿,2000. 多元产业结构转变与经济发展——一种理论框架[M]. 上海:复旦大学出版社.

[31] 郁义鸿,2001. 企业的性质:能力理论的阐释[J]. 经济科学(6):88-95.

[32] 郁义鸿,于立宏,2019. 创新中国:激励、能力、行动与绩效[M]. 北京:清华大学出版社.

[33] 张曙光,2017. 市场主导与政府诱导——评林毅夫的《新结构经济学》[M]//张维迎,林毅夫. 政府的边界. 北京:民主与建设出版社:242-250.

[34] 张耀辉,2010. 传统产业体系蜕变与现代产业体系形成机制[J]. 产经评论(1):12-20.

[35] 张维迎,2018. 我为什么反对产业政策——与林毅夫辩[M]//林毅夫,张军,王勇,等. 产业政策:总结,反思与展望. 北京:北京大学出版社:17-36.

[36] 张维迎,林毅夫,2017. 政府的边界[M]. 北京:民主与建设出版社.

[37] 张勇,2012. 拉美"中等收入陷阱":来自进口替代的内生缺陷及转型延误[M]//郑秉文. 中等收入陷阱:来自拉丁美洲的案例研究. 北京:

当代世界出版社.

[38] 朱海就,2009. 市场的本质：人类行为的视角与方法 [M]. 上海：格致出版社.

[39] 佐贯利雄,1980. 日本经济的结构分析 [M]. 周显云,杨太,译. 沈阳：辽宁人民出版社.

[40] ABRAMOVITZ M, 1986. Catching up, forging ahead, and falling behind [J]. The Journal of economic history, 46 (2): 385-406.

[41] ACEMOGLU D, ROBINSON J A, 2012. Why nations fail: the origins of power, prosperity and poverty [M]. London: Crown Publishing Group. /阿西莫格鲁,罗宾逊,2015. 国家为什么会失败 [M]. 李增刚,译. 湖南：湖南科学技术出版社.

[42] ACS Z J, AUTIO E, SZERB L, 2014. National systems of entrepreneurship: policy and measurement issues [J]. Research policy, 43 (3): 476-494.

[43] ACS Z J, SAUL E, TOMASZ M, LÁSZLÓ S, 2018. Entrepreneurship institutional economics and economic growth an ecosystem perspective [J]. Small business economics (51): 501-514.

[44] AGHION P, HOWITT P, 2009. The economics of growth [M]. Cambridge, MA: MIT Press. /阿吉翁,豪伊特. 增长经济学 [M]. 杨斌,译. 北京：中国人民大学出版社, 2011.

[45] AGHION P, DEWATRIPONT M, DU L, et al., 2015. Industrial policy and competition [J]. American economic journal: Macroeconomics, 7 (4): 1-32. /阿吉翁,蔡婧,德瓦特里,等. 产业政策和竞争 [J]. 比较, 2016 (1): 30-60.

[46] AKAMATSU K, 1962. A historical pattern of economic growth in developing countries [J]. The developing economies, 1 (2): 3-25.

[47] AMSDEN A H, 1989. Asia's next giant South Korea and late industrialization [M]. Oxford: Oxford University Press.

[48] ANDREONI A, CHANG H J, 2019. The political economy of industrial policy: structural interdependencies, policy alignment and conflict management [J]. Structural change and economic dynamics, 48: 136-150.

[49] AOKI M, 2011. The five-phases of economic development and institutional evolution in China and Japan [M]. Presidential lecture at the XVIth World Conference of the International Economic Association. Beijing, July 4.

[50] AOKI M, KIM H K, O-F MASAHIRO, 1996. The role of government in East Asian economic development: comparative institutional analysis [M]. Oxford: Clarendon Press. /青木昌彦,金滢基,奥野-藤原正宽,1998. 政府在东亚经济发展中的作用——比较制度分析 [M]. 北京:中国经济出版社.

[51] ARCHER M S, 1995. Realist social theory: the morphogenetic approach [M]. Cambridge, England: Cambridge University Press.

[52] ATKINSON G, HAMILTON K, 2003. Savings, growth and the resource curse hypothesis [J]. World development (31): 1793-1807.

[53] AUTY R, 1993. Sustaining development in mineral economies: the resource curse thesis [M]. London: Routledge.

[54] BAGCHI A K, 2000. The past and the future of the developmental state [J]. Journal of world-systems research, 6 (2): 398-442.

[55] BALASSA B, 1988. The lessons of East Asian development: an overview [J]. Economic development and cultural change, 36 (3): S273-S290.

[56] BAUMOL W J, 1986. Productivity growth, convergence, and welfare: what the long-run data show [J]. American economic review, 76 (5): 1072-1085.

[57] BAUMOL W J, 1993. Entrepreneurship, management and the structure of payoffs [M]. Cambridge, MA: MIT Press. /鲍莫尔,2010. 企业家精神 [M]. 孙智君,等译. 武汉:武汉大学出版社.

[58] BENASSY-QUERE A, COEURE B, JACQUET P, et al., 2019. Economic policy: theory and practice [M]. 2nd ed. New York: Oxford University Press.

[59] BERTALANFFY L V, 1973. General system theory: foundations, development, applications [M]. Rev. ed. New York: George Braziller Inc. /贝塔朗菲,1987. 一般系统理论:基础、发展和应用 [M]. 林康

义，魏宏森，等译. 北京：清华大学出版社.

[60] BLANKENBURG S, PALMA J G, TREGENNA F, 2018. Structuralism [M] /The new Palgrave dictionary of economics. 3rd ed. London：Macmillan Publishers Ltd.

[61] BLAUG M, 1980. The methodology of economics or how economists explain [M]. Cambridge, England：Cambridge University Press. /布劳格, 1992. 经济学方法论 [M]. 石士钧, 译. 北京：商务印书馆.

[62] BLAUG M, 1997. Economic theory in retrospect [M]. 5th ed. Cambridge, England：Cambridge University Press. /布劳格, 2018. 经济理论的回顾（第五版）[M]. 姚开建, 译. 北京：中国人民大学出版社.

[63] BOLT J, ROBERT I, HERMAN D J, JAN L Z, 2018. Rebasing "Maddison"：new income comparisons and the shape of long-run economic development [R]. GGDC research memorandum 174.

[64] BORDO M D, TAYLOR A M, WILLIAMSON J G, 2003. Globalization in historical perspective [M]. Chicago：The University of Chicago Press.

[65] BOULDING K E, 1958. Principles of economic policy [M]. Englewood Cliffs：Prentice-Hall, Inc.

[66] BOULDING K E, 1970. Economics as a science [M]. New York：McGraw-Hill, Inc. /博尔丁, 1977. 经济学与科学 [M]. 丁寒, 译. 香港：今日世界出版社, 1977.

[67] BRANDT L, RAWSKI T G, 2008. China's great transformation [M]. Cambridge, England：Cambridge University Press. /勃兰特, 罗斯基, 2009. 伟大的中国经济转型 [M]. 方颖, 译. 上海：格致出版社.

[68] BUSENITZ L W, JAY B B, 1997. Differences between entrepreneurs and managers in large organizations：biases and heuristics in strategic decision making [J]. Journal of business venturing (12)：9-30.

[69] CALDENTEY E P, 2008. The concept and evolution of the developmental state [J]. International journal of political economy, 37 (3)：27-53.

[70] CHANDLER A D, 1977. The visible hand [M]. Cambridge, MA：The Belknap Press. /钱德勒, 1987. 看得见的手：美国企业的管理革命

[M]. 重武, 译. 北京: 商务印书馆.

[71] CHANDLER A D, 2000. Inventing the electronic century: the epic story of the consumer electronics and computer industries [M]. Cambridge, MA: Harvard University Press.

[72] CHANDLER A D, 2005a. Response to the symposium: framing business history [J]. Enterprise and society, 6 (1): 134-137.

[73] CHANDLER A D, 2005b. Shaping the industrial century: the remarkable story of the evolution of the modern chemical and pharmaceutical industries [M]. Cambridge, MA: Harvard University Press.

[74] CHANDLER A D, CORTADA J W, 2000. A nation transformed by information: how information has shaped the United States from colonial times to the present [M]. New York: Oxford University Press. /钱德勒, 科塔达. 信息改变了美国: 驱动国家转型的力量 [M]. 万岩, 邱艳娟, 译. 上海: 上海远东出版社, 2008.

[75] CHANG H J, 2002. Kicking away the ladder: development strategy in historical perspective [M]. London: Anthem Press. /张夏准, 2009. 富国陷阱——发达国家为何踢开梯子? [M]. 肖炼, 译. 北京: 社会科学文献出版社, 2009.

[76] CHENERY H B, 1960. Patterns of industrial growth [J]. American economic review, 50: 624-654.

[77] CHENERY H, 1979. Structural change and development policy [M]. Oxford: Oxford University Press. /钱纳里, 1991. 结构变化与发展政策 [M]. 朱东海, 黄钟, 译. 北京: 经济科学出版社, 1991.

[78] CHENERY H, 1982. Industrialization and growth: the experience of large countries [J]. World Bank working paper 539.

[79] CHENERY H, SYRQUIN M, 1975. Patterns of development [M]. Oxford: Oxford University Press/钱纳里, 赛尔昆, 1988. 发展的型式 1950—1970 [M]. 李新华, 等译. 北京: 经济科学出版社, 1988.

[80] CHENERY H, ROBINSON S, SYRQUIN M, 1986. Industrialization and growth: a comparative study [M]. Oxford: Oxford University Press. /钱纳

里，鲁滨逊，赛尔奎因，2015. 工业化和经济增长的比较研究 [M]. 吴奇，王松宝，译. 上海：上海三联书店.

[81] CIMOLI M, KATZ J, 2003. Structural reforms, technological gaps and economic development: a Latin American perspective [J]. Industrial and corporate change, 12 (2): 387-411.

[82] CIMOLI M, GIOVANNI D, JOSEPH E S, 2010. Industrial policy and development: the political economy of capabilities accumulation [M]. Oxford: Oxford University Press.

[83] CLARK G, 2007. A farewell to alms: a brief economic history of the world [M]. Princeton: Princeton University Press. /克拉克，2009. 应该读点经济史 [M]. 李淑萍，译. 北京：中信出版社.

[84] COASE R, 1937. The nature of the firm [J]. Economica (4): 386-405.

[85] COASE R, 1991. The nature of the firm: influence [M] //WILLIAMSON O E, WINTER S G. The nature of the firm: origins, evolution, and development. Oxford: Oxford University Press.

[86] COLEMAN J S, 1990. Foundations of social theory [M]. Cambridge, MA: Harvard University Press. /科尔曼，2008. 社会理论的基础 [M]. 邓方，译. 北京：社会科学文献出版社.

[87] COLLIER P, DOLLAR D, 2002. Globalization, growth, and poverty: building an inclusive world economy [M]. Oxford: Oxford University Press. /世界银行编写组，2003. 全球化、增长与贫困：建设一个包容性的世界经济 [M]. 陈伟，常志霄，译. 北京：中国财政经济出版社.

[88] Commission on growth and development (CGD), 2008. The growth report: strategies for sustained growth and inclusive development [M]. Washington, DC: World Bank.

[89] CORNELIUS P K, PORTER M E, SCHWAB K, 2003. The global competitiveness report 2002-2003 [M]. Geneva: World Economic Forum. /康纳利斯，波特，施瓦布，2003. 世界经济论坛 2002—2003 年全球竞争力报告 [M]. 方丽英，罗志先，译. 北京：机械工业出版社.

[90] CORRAL P, IRWIN A, KRISHNAN N, et al., 2020. Fragility and conflict:

on the front lines of the fight against poverty [M]. Washington, DC: World Bank.

[91] CRISCUOLO C, MARTIN R, OVERMAN H, et al., 2012. The causal effects of an industrial policy [R]. NBER working paper 17842. National Bureau of Economic Research.

[92] BRADFORD D L J, 1988. Productivity growth convergence and welfare comment [J]. American economic review, 78 (5): 1138-1154.

[93] DIAMOND J, 2019. Upheaval: turning points for nations in crisis [M]. New York: Little, Brown and Company. /戴蒙德, 2020. 剧变: 人类社会与国家危机的转折点 [M]. 北京: 中信出版集团.

[94] DIXIT A K, 2006. Evaluating recipes for development success [R]. Policy research working paper 3859. Washington, DC: World Bank.

[95] DOLLAR K, 2004. Trade growth and poverty [J]. The economic journal, 114 (493): F22-F49.

[96] DOWRICK S, BRADFORD D L, 2003. Globalization and convergence [M]//BORDO M D, TAYLOR A M, WILLIAMSON J G. Globalization in historical perspective. Chicago: The University of Chicago Press.

[97] DREHER A, 2006. Does globalization affect growth? Evidence from a new index of globalization [J]. Applied economics (38): 1091-1110.

[98] DRUCKER P F, 1993. Innovation and entrepreneurship: practice and principles [M]. London: Routledge. /德鲁克, 2009. 创新与企业家精神 [M]. 蔡文燕, 译. 北京: 机械工业出版社.

[99] DZHUMASHEV R, 2014. Corruption and growth: the role of governance, public spending, and economic development [J]. Economic modelling (37): 202-215.

[100] EASTERLIN R, 1981. Why isn't the whole world developed? [J]. Journal of economic history, 41 (1): 1-19.

[101] EASTERLY W, 2002. The elusive quest for growth: economist's adventures and misadventures in the tropics [M]. Cambridge, MA: MIT Press. /伊斯特利, 2016. 经济增长的迷雾——经济学家的发展政策为何失败

[M]. 姜世明, 译. 北京: 中信出版集团.

[102] EASTERLY W, 2018. Globalization [M] //The new Palgrave dictionary of economics. 3rd ed. London: Macmillan Publishers Ltd.

[103] EDWARDS S, 2010. Left behind: Latin America and the false promise of populism [M]. Chicago: University of Chicago Press. /爱德华兹, 2019. 掉队的拉美: 民粹主义的致命诱惑 [M]. 郭金兴, 译. 北京: 中信出版集团.

[104] ESTEVADEORDAL A, FRANTZ B, TAYLOR A M, 2003. The rise and fall of world trade, 1870-1939 [J]. Quarterly journal of economics, 108: 359-407.

[105] EVANS P, 1995. Embedded autonomy: states and industrial transformation [M]. Princeton: Princeton University Press.

[106] FEI J C H, RANIS G, 1964. Development of the labor surplus economy: theory and policy [M]. Homewood, IL: Irwin. /费景汉, 拉尼斯, 1992. 劳动剩余经济的发展——理论与政策 [M]. 赵天朗, 等译. 北京: 经济科学出版社.

[107] FISHER A G B, 1939. Production, primary, secondary and tertiary [J]. The economic record, 15 (1): 24-38.

[108] FINOCCHIARO M, 2015. The fallacy of composition: guiding concepts, historical cases, and research problems [J]. Journal of applied logic (13): 24-43.

[109] FREEMAN C, LOUCA F, 2001. As time goes by: from the industrial revolutions to the information revolution [M]. Oxford: Oxford University Press.

[110] GERSCHENKRON A, 1962. Economic backwardness in historical perspective: a book of essays [M]. Cambridge, MA: Harvard University Press. /格申克龙, 2011. 经济落后的历史透视 [M]. 张凤林, 译. 北京: 商务印书馆.

[111] GILL I, HOMI K, 2007. An East Asian renaissance: ideas for economic growth [M]. Washington, DC: World Bank. /吉尔, 2008. 东亚复兴: 关

于经济增长的观点 [M]. 黄志强, 译. 北京: 中信出版社.
[112] GRANT R M, 1996. Toward a knowledge-based theory of the firm [J]. Strategic management journal (17): 109-122.
[113] GROSSMAN G M, HELPMAN E, 1994. Endogenous innovation in the theory of growth [J]. Journal of economic perspectives, 8 (1): 23-44.
[114] GROSSMAN G M, HELPMAN E, 2015. Globalization and growth [J]. American economic review, 105 (5): 100-104.
[115] GUALERZI D, NELL E, 2010. Transformational growth in the 1990s: government, finance and Hi-tech [J]. Review of political economy (22): 97-117.
[116] GWARTNEY J, LAWSON R, HALL J, et al., 2019. Economic freedom of the world: 2019 annual report [R]. Fraser Institute.
[117] HARRISON A, 1994. An empirical test of the infant industry argument comment [J]. American economic review, 84 (4): 1090-1095.
[118] HARRISON A, HANSON G, 1999. Who gains from trade reform? Some remaining puzzles [J]. Journal of development economics (59): 125-154.
[119] HARRISON A, RODRÍGUEZ-CLARE A, 2010. Trade, foreign investment, and industrial policy for developing countries [M] //RODRIK D, ROSENZWEIG M. Handbook of development economics. 5th ed. Amsterdam: Elsevier.
[120] HAYEK F A, 1933. The trend of economic thinking [J]. Economica (40): 121-137.
[121] HAYEK F A, 1937. Economics and knowledge [J]. Economica (4): 33-54.
[122] HAYEK F A, 1944. The road to serfdom [M]. London: Routledge. /哈耶克, 1997. 通往奴役之路（修订本）[M]. 王明毅, 冯兴元, 译. 北京: 中国社会科学出版社.
[123] HAYEK F A, 1945. The use of knowledge in society [J]. American economic review (35): 519-530.
[124] HAYEK F A, 1949. Individualism and economic order [M]. London:

Routledge & Kegan Paul. /哈耶克,2003. 个人主义与经济秩序 [M]. 邓正来,译. 北京:生活·读书·新知三联书店.

[125] HAYEK F A, 1965. Kinds of rationalism [J]. The economic studies quarterly 15 (2):1-12. /哈耶克,2001. 哈耶克论文集. 邓正来,译. 北京:首都经贸大学出版社:199-222.

[126] HAYEK F A, 1988. The fatal conceit: the errors of socialism [M]. London: Routledge. /哈耶克,2000. 致命的自负 [M]. 冯克利,胡晋华,等译. 北京:中国社会科学出版社.

[127] HIRSCHMAN A O, 1958. The strategy of economic development [M]. New Haven: Yale University Press. /赫希曼,1991. 经济发展策略 [M]. 曹征海,潘照东,译. 北京:经济科学出版社.

[128] HODGSON G M, 1999. Evolution and institutions: on evolutionary economics and the evolution of economics [M]. Amsterdam: Elsevier. /霍奇逊,2007. 演化与制度——论演化经济学和经济学的演化 [M]. 任荣华,等译. 北京:中国人民大学出版社.

[129] HODGSON G M, 2001. How economics forgot history [M]. London: Routledge. /霍奇逊,2008. 经济学是如何忘记历史的:社会科学中的历史特性问题 [M]. 高伟,译. 北京:中国人民大学出版社.

[130] HOFFMAN W G, 1958. Growth of industrial economies [M]. Manchester: Manchester University Press.

[131] HOLDEN, 2013. Avoiding the resource curse: the case Norway [J]. Energy policy (63): 870-876.

[132] HOOVER K, DONOVAN T, 2004. The elements of scientific thinking [M]. Cambridge, MA: Wadsworth. /赫文,多纳,2008. 社会科学研究的思维要素 [M]. 李涤非,潘磊,译. 重庆:重庆大学出版社.

[133] IRWIN D, 2004. Book review of kicking away the ladder by Ha-Joon Chang [EB/OL]. EH Network. http://ch.net/bookreviews/kicking-away-the-ladder-development-strategy-in-historical-perspective.

[134] JAYANTHAKUMARAN K, 2016. Industrialization and challenges in Asia [M]. London: Palgrave Macmillan.

[135] JOHNSON C, 1982. MITI and the Japanese miracle: the growth of industrial policy, 1925-1975 [M]. Stanford: Stanford University Press. /约翰逊, 1992. 通产省与日本奇迹 [M]. 戴汉笠, 译. 北京: 中央党校出版社.

[136] JOHNSON C, 1984. The industrial policy debate [M]. San Francisco: ICS Press.

[137] JONES C, ROMER P, 2010. The new Kaldor facts: ideas, institutions, population, and human capital [J]. American economic journal: macroeconomics, 2 (1): 224-245.

[138] KALDOR N, 1961. Capital accumulation and economic growth [M] // LUTZ F. The theory of capital. London: Macmillan.

[139] KEYNES J M, 1926. The end of laissez-faire [M]. London: L & V Woolf.

[140] KEYNES J M, 1936. The general theory of employment, interest and money [M]. London: Macmillan. /凯恩斯. 就业利息和货币通论 [M]. 徐毓枬, 译. 北京: 商务印书馆, 1997.

[141] KIRMAN A P, 1989. The intrinsic limits of modern economic theory: the emperor has no clothes [J]. Economic journal (conference paper) (99): 126-139.

[142] KIRZNER I M, 1973. Competition and entrepreneurship [M]. Chicago: University of Chicago Press.

[143] KIRZNER I M, 1992. The meaning of market process: essays in the development of modern Austrian economics [M]. London: Routledge. /柯兹纳, 2012. 市场过程的含义: 论现代奥地利学派经济学的发展 [M]. 冯兴元, 译. 北京: 中国社会科学出版社.

[144] KIRZNER I M, 1997. Entrepreneurial discovery and the competitive market process: an Austrian approach [J]. Journal of economic literature, 35 (1): 60-85.

[145] KIRZNER I M, 1998. Coordination as a criterion for economic "goodness" [J]. Constitutional political economy (9): 289-301.

[146] KLEIN D, ORSBORN A, 2007. Coordination in the history of economics [R]. Working paper.

[147] KLINE P G, 2010. The capitalist and the entrepreneur: essays on organizations and markets [M]. Auburn, AL: Ludwig von Mises Institute. /克莱因, 2015. 资本家与企业家 [M]. 谷兴志, 译. 上海: 上海财经大学出版社.

[148] KLINE P M, MORETTI E, 2012. Local economic development, agglomeration economies, and the big push: 100 years of evidence from the Tennessee Valley Authority [J]. NBER Working Paper Series 19293. Cambridge, MA: National Bureau of Economic Research.

[149] KRUEGER A O, TUNCER B, 1982. An empirical test of the infant industry argument [J]. American economic review, 72 (5): 114-252.

[150] KORNAI J, 1992. The socialist system: the political economy of socialism [M]. Oxford: Clarendon Press.

[151] KRUGMAN P, 1994a. Competitiveness: a dangerous obsession [J]. Foreign affairs, 73 (2): 28-44.

[152] KRUGMAN P, 1997. What ever happened to the Asian miracle? [J]. Fortune, August 18.

[153] KUHN T S, 1962. The structure of scientific revolutions [M]. Chicago: University of Chicago Press. /库恩, 2003. 科学革命的结构 [M]. 金吾伦, 胡新和, 译. 北京: 北京大学出版社.

[154] KUZNETS S, 1930. Secular movements in production and prices [M]. Boston: Houghton Mifflin Co.

[155] KUZNETS S, 1959. On comparative study of economic structure and growth of nations [M] //National Bureau of Economic Research. The comparative study of economic growth and structure. New York: NBER.

[156] KUZNETS S, 1966. Modern economic growth: rate, structure, and spread [M]. New Haven: Yale University Press. /库兹涅茨, 1989. 现代经济增长: 速度、结构与扩展 [M]. 戴睿, 易诚, 译. 北京: 北京经济学院出版社.

[157] KUZNETS S, 1971. Economic growth of nations: total output and production structure [M]. Cambridge, MA: Harvard University Press. /库兹涅茨,

1999. 各国的经济增长：总产值和生产结构 [M]. 常勋，等译. 北京：商务印书馆.

[158] KUZNETS S, 1973. Modern economic growth: findings and reflections [M]. American economic review, 63 (3): 247-258. /库兹涅茨, 1981. 现代经济的增长：发现和反映 [M] //商务印书馆编辑部. 现代国外经济学论文选（第二辑）. 北京：商务印书馆.

[159] KUZNETS S, PAUL W, 1988. An East Asian model of economic development [J]. Economic development and cultural change, 36 (6) April Supplement: S11-S43.

[160] LACHMANN L M, 1986. The market as an economic process [M]. Oxford: Basil Blackwell.

[161] NAOMI R, LAMOREAUX D M G, RAFF P T, 2004. Against Whig history [J]. Enterprise and society, 5 (3): 376-387.

[162] LANGLOIS R N, 2003. The vanishing hand the changing dynamics of industrial capitalism [J]. Industrial and corporate change, 12 (2): 351-385.

[163] LAWRENCE R Z, WEINSTEIN D E, 2001. Trade and growth: import led or export led? Evidence from Japan and Korea [M] //STIGLITZ J E, YUSUF S. Rethinking the East Asian miracle. Washington, DC: World Bank. /劳伦斯，温斯坦，2013. 贸易与增长：进口拉动还是出口拉动？——日本和韩国的经验 [M] //斯蒂格利茨，尤素福. 东亚奇迹的反思. 王玉清，译. 北京：中国人民大学出版社.

[164] LAWSON T, 1997. Economics and reality [M]. London: Routledge.

[165] LEONTIEF W, 1963. The structure of development [J]. Scientific American, 209 (3): 148-167.

[166] LEONTIEF W, 1986. Input-output economics [M]. 2nd ed. Oxford: Oxford University Press. /里昂惕夫, 1982. 投入产出经济学 [M]. 崔书香，译. 北京：商务印书馆.

[167] LEWIS W A, 1954. Economic development with unlimited supplies of labor [J]. Manchester school of economic and social studies, 22 (2): 139-191.

[168] LIN J F, MONGA C, 2013. Comparative advantage: the silver bullet of industrial policy [M] //STIGLITZ J E, LIN Y F, EBRAHIM P. The industrial policy revolution: the role of government beyond ideology. London: Palgrave Macmillan.

[169] LINDBLOM C E, 2001. The market system: what it is, how it works, and what to make of it [M]. New Haven: Yale University Press.

[170] LIST F, 1928. The national system of political economy [M]. London: Longmans, Green and Co. /李斯特, 1961. 政治经济学的国民体系 [M]. 陈万煦, 译. 北京: 商务印书馆.

[171] LUZIO E, GREENSTEIN S, 1995. Measuring the performance of a protected infant industry: the case of Brazilian microcomputers [J]. Review of economics and statistics (77): 622-633.

[172] MACHLUP F, 1962. The production and distribution of knowledge in the United States [M]. Princeton: Princeton University Press.

[173] MADDEN, 2010. Wealth creation: a systems mindset for building and investing in businesses for the long term [M]. New Jersey: John Wiley & Sons.

[174] MADDISON A, 2001. The world economy: a millennial perspective [M]. Paris: OECD. /麦迪森, 2003. 世界经济千年史 [M]. 伍晓鹰, 译. 北京: 北京大学出版社.

[175] MADDISON A, 2007. The world economy: a millennial perspective. Historical statistics [M]. Paris: OECD. /麦迪森, 2009. 世界经济千年统计 [M]. 伍晓鹰, 译. 北京: 北京大学出版社.

[176] MADDISON A, 2010. Historical statistics of the world economy: 1-2008 AD [EB/OL]. http://www.ggdc.net/MADDISON/oriindex.htm.

[177] MAGAZINER I, REICH R, 1982. Minding America's business [M]. New York: Harcourt Brace Jovanovich.

[178] MANKIW N G, 2016. Macroeconomics [M]. 9th ed. New York: Worth Publishers.

[179] MAYR E, 1985. How biology differs from the physical sciences [M] //

DEPEW D J, WEBER B H. Evolution at a crossroads: the new biology and the new philosophy of science. Cambridge, MA: MIT Press.

[180] MAZZUCATO M, 2014. The entrepreneurial state: debunking public vs. private sector myths [M]. London: Anthem Press.

[181] MEHLUM H, MOENE K, TORVIK R, 2006. Institutions and the resource curse [J]. The economic journal, 116 (1): 1-20.

[182] METCALFE J S, 1998. Evolutionary economics and creative destruction [M]. London: Routledge. /梅特卡夫, 2007. 演化经济学与创造性毁灭 [M]. 冯健, 译. 北京: 中国人民大学出版社.

[183] MISES L V, 1962. The ultimate foundation of economic science: an essay on method [M]. Princeton: D. Van Nostrand Company. /米塞斯, 2015. 经济科学的最终基础: 一篇关于方法的论文 [M]. 朱泱, 译. 北京: 商务印书馆.

[184] MISES L V, 1963. Human action: a treatise on economics [M]. New Haven: Yale University Press. /米塞斯, 2015. 人的行为 [M]. 夏道平, 译. 上海: 上海社会科学院出版社.

[185] MISES L V, 1976. Epistemological problems of economics [M]. Menlo Park, CA: Institute for Humane Studies. /米塞斯, 2001. 经济学的认识论问题 [M]. 梁小民, 译. 北京: 经济科学出版社.

[186] MORGAN C L, 1927. Emergent evolution [M]. 2nd ed. London: Williams and Norgate.

[187] MURPHY K M, SHLEIFER A, VISHNY R W, 1991. The allocation of talent: implications for growth [J]. The quarterly journal of economics, 106 (2): 503-530.

[188] NECK R, 2009. System-theoretic foundations of the theory of economic policy [C]. Proceedings of the 10th WSEAS international conference on mathematics and computers in business and economics: 204-209.

[189] NELSON R R, et al., 2018. Modern evolutionary economics: an overview [M]. Cambridge, England: Cambridge University Press.

[190] NELSON R R, ROSENBERG N, 1993. Technical innovation and national

systems［M］//NELSON R R. National innovation systems: a comparative analysis. Oxford: Oxford University Press: 1-18.

［191］NELSON R R, 1993. National innovation systems: a comparative analysis ［M］. Oxford: Oxford University Press. /尼尔森, 2012. 国家（地区）创新体系: 比较分析［M］. 曾国屏, 译. 北京: 知识产权出版社.

［192］NELSON R, SAMPAT B, 2001. Making sense of institutions as a factor shaping economic performance ［J］. Journal of economic behavior & organization, 44 (1): 31-54.

［193］NELSON R R, WINTER S G, 1982. An evolutionary theory of economic change ［M］. Cambridge, MA: Belknap Press. /纳尔逊, 温特, 1997. 经济变迁的演化理论［M］. 胡世凯, 译. 北京: 商务印书馆.

［194］NORTH C D, 1981. Structure and change in economic history ［M］. New York: W. W. Norton & Company. /诺斯, 1994. 经济史中的结构与变迁. 陈郁, 罗华平, 等译. 上海: 上海人民出版社.

［195］NORTH C D, 1990. Institutions, institutional change and economic performance ［M］. Cambridge, England: Cambridge University Press. /诺斯, 2014. 制度、制度变迁与经济绩效［M］. 杭行, 译. 上海: 格致出版社.

［196］NORTH C D, 2005. Understanding the process of economic change ［M］. Princeton: Princeton University Press. /诺斯, 2013. 理解经济变迁过程. 钟正生, 邢华, 译. 北京: 中国人民大学出版社.

［197］O'DRISCOLL G P, Jr, 1977. Economics as a coordination problem: the contributions of Friedrich A. HAYEK ［M］. Kansas City: Sheed Andrews and McMeel.

［198］OECD, 2002. Frascati manual 2015: guidelines for collecting and reporting data on research and experimental development, the measurement of scientific, technological and innovation activities ［M］. Paris: OECD Publishing. /经济合作与发展组织, 2010. 弗拉斯卡蒂手册［M］. 张玉勤, 译. 北京: 科学技术文献出版社.

［199］OECD, 2013. Perspectives on global development: industrial policy in a changing world [M]. Paris: OECD Publishing.

[200] O'ROURKE K H, 2019. Economic history and contemporary challenges to globalization [J]. The journal of economic history, 79 (2): 356-382.

[201] O'ROURKE K H, WILLIAMSON J G, 2002. When did globalization begin? [J]. European review of economic history, 6 (1): 23-50.

[202] O'ROURKE K H, WILLIAMSON J G, 2004. Once more: when did globalisation begin? [J]. European review of economic history, 8: 109-117.

[203] PALMA, 2010. Flying geese and waddling ducks: the different capabilities of East Asia and Latin America to "demand-adapt" and "supply-upgrade" their export productive capacity [M]//CIMOLI M, GIOVANNI D, JOSEPH E S. Industrial policy and development: the political economy of capabilities accumulation. Oxford: Oxford University Press.

[204] PERES W, 2013. Industrial policies in Latin America [M]//ADAM, et al. Pathways to industrialization in the twenty-first century new challenges and emerging paradigms. Oxford: Oxford University Press.

[205] PEREZ C, 2002. Technological revolutions and financial capital: the dynamics of bubbles and golden ages [M]. Cheltenham, Elgar.

[206] PEREZ C, 2010. Technological revolutions and techno-economic paradigms [J]. Cambridge journal of economics, 34: 185-202.

[207] PETRI P A, 1997. Common foundations of East Asian success [M]//LEIPZIGER D M. Lessons from East Asia. Ann Arbor: University of Michigan Press.

[208] PORTER M E, 1990. The comparative advantage of nations [M]. New York: Free Press. /波特, 2002. 国家竞争优势 [M]. 李明轩, 邱如美, 译. 北京: 华夏出版社.

[209] PORTER M E, 2003. Building the microeconomic foundations of prosperity: findings from the business competitiveness index [M]//CORNELIUS P K, PORTER M E, SCHWAB K. The global competitiveness report 2002-2003. Geneva: World Economic Forum.

[210] PORTER M E, 2004. Building the microeconomic foundations of prosperity:

findings from the business competitiveness index [M] //PORTER M E, SCHWAB K, SALA-I-MARTIN X, et al. The global competitiveness report 2004-2005. London: Palgrave Macmillan.

[211] PORTER M E, TAKEUCHI H, SAKAKIBARA M, 2000. Can Japan compete? [M]. New York: Basic Books. /波特, 竹内广高, 榊原鞠子, 2001. 日本还有竞争力吗? [M]. 陈小悦, 等译. 北京: 中信出版社.

[212] POTRAFKE N, 2015. The evidence on globalization [J]. The world economy, 38 (3): 509-552.

[213] RANIS G, 1984. Typology in development theory: retrospective and prospects [M] //SYRQUIN M, TAYLOR L, WESTPHAL L E. Economic structure and performance: essays in honor of HOLLIS B. CHENERY. New York: Academic Press.

[214] RANIS G, FEI J C H, 1961. A theory of economic development [J]. American economic review, 51 (4): 533-558.

[215] REYNOLDS L G, 1985. Economic growth in the third world, 1850-1980 [M]. New Haven: Yale University Press.

[216] RIFKIN J, 2011. The third industrial revolution: how lateral power is transforming energy, the economy, and the world [M]. New York: Palgrave Macmillan. /里夫金, 2012. 第三次工业革命: 新经济模式如何改变世界 [M]. 张体伟, 孙豫宇, 译. 北京: 中信出版社.

[217] ROBINSON J, 1933. The economics of imperfect competition [M]. London: Macmillan and Co. Ltd. /罗宾逊, 1961. 不完全竞争经济学 [M]. 陈良璧, 译. 北京: 商务印书馆.

[218] RODRIK D, 1994. Getting interventions right [J]. NBER Working Paper Series 4964.

[219] RODRIK D, 2007. One economics, many recipes: globalization, institutions, and economic growth [M]. Princeton: Princeton University Press. /罗德里克, 2016. 一种经济学, 多种药方: 全球化, 制度建设和经济增长 [M]. 2版. 张军扩, 侯永志, 等译. 北京: 中信出版社.

[220] RODRIK D, 2011. The globalization paradox: why global markets, states,

and democracy can't coexist [M]. Oxford: Oxford University Press. /罗德里克, 2011. 全球化的悖论 [M]. 廖丽华, 译. 北京: 中国人民大学出版社.

[221] RODRIK D, 2014. The past, present, and future of economic growth [M] //ALLEN F, et al. Towards a better global economy: policy implications for citizens worldwide in the 21st century. Oxford: Oxford University Press.

[222] RODRIK D, 2016. Premature deindustrialization [J]. Journal of economic growth, 21: 1-33.

[223] RODRIK D, 2019. Where are we in the economics of industrial policies? [J]. Frontiers of economics in China, 14 (3): 329-335.

[224] ROMER P M, 1990. Endogenous technological change [J]. Journal of political economy, 98 (2): S71-S102.

[225] ROMER P M, 1992. Two strategies for economic development: using ideas and producing ideas [J]. The World Bank economic review, 6 (1): 63-91.

[226] ROSTOW W W, 1960. The stages of economic growth [M]. Cambridge, England: Cambridge University Press. /罗斯托, 2001. 经济增长的阶段 [M]. 郭熙保, 王松茂, 译. 北京: 中国社会科学出版社.

[227] ROSTOW W W, 1963. Economics of take-off into sustained growth [M]. London: The Macmillan Press Ltd. /罗斯托, 1988. 从起飞进入持续增长的经济学 [M]. 贺力平, 译. 成都: 四川人民出版社.

[228] ROSTOW W W, 1970. The past quarter-century as economic history and the tasks of international economic organization [J]. The journal of economic history, 30 (1): 150-187.

[229] ROTHBARD M N, 1985. Professor HÉBERT on entrepreneurship [J]. Journal of libertarian studies (7): 281-86.

[230] SACHS J D, WARNER A M, 1995a. Economic reform and the process of global integration [J]. Brookings papers on economic activity (1): 1-95.

[231] SACHS J D, WARNER A M, 1995b. Natural resource abundance and

economic growth [R]. NBER working papers 5398. National Bureau of Economic Research.

[232] SAKAKIBARA M, PORTER M E, 2001. Competing at home to win abroad: evidence from Japanese industry [J]. Review of economics and statistics, 83 (2): 310-322.

[233] SAMUELSON P A, 1988. Economics: an introductory analysis [M]. 2nd ed. New York: McGraw Hill.

[234] SCHULTZE C, 1983. Industrial policy: a dissent [J]. Brookings review (10): 3-12.

[235] SCHUMPETER J A, 1934. The theory of economic development: an inquiry into profits, capital, credit, interest, and the business cycle [M]. Cambridge, MA: Harvard University Press. /熊彼特, 1990. 经济发展理论——对于利润、资本、信贷、利息和经济周期的考察 [M]. 何畏, 易家祥, 等译. 北京: 商务印书馆.

[236] SCHWAB K, 2016. The global competitiveness report 2016-2017 [R]. Geneva: World Economic Forum.

[237] SHACKLE G L S, 1972. Epistemics and economics: a critique of economic doctrines [M]. Cambridge: Cambridge University Press.

[238] SHIOZAWA Y, MORIOKA M, TANIGUCHI K, 2019. Microfoundations of evolutionary economics [M]. Tokyo: Springer.

[239] SIMMONS R T, 2011. Beyond politics: the roots of government failure [M]. Oakland, CA: The Independent Institute. /西蒙斯, 2017. 政府为什么失败 [M]. 张媛, 译. 北京: 新华出版社.

[240] SMITH A, 1977. An inquiry into the nature and causes of the wealth of nations [M]. Chicago: University of Chicago Press. /斯密, 1983. 国民财富的性质和原因的研究 [M]. 郭大力, 王亚南, 译. 北京: 商务印书馆.

[241] SOLOW R M, 1956. A contribution to the theory of economic growth [J]. Quarterly journal of economics, 70 (2): 65-94.

[242] STIGLITZ J E, 1996. Some lessons from the East Asian miracle [J]. The

World Bank research observer, 11 (2): 151-77.

[243] STIGLITZ J E, 2000. Economics of the public sector [M]. New York: W. W. Norton & Company.

[244] STIGLITZ J E, YUSUF S, 2001. Rethinking the East Asian miracle [M]. Washington, DC: World Bank. /斯蒂格利茨,尤素福,2013. 东亚奇迹的反思 [M]. 王玉清,译. 北京:中国人民大学出版社.

[245] SU D, YANG Y, 2017. Manufacturing as the key engine of economic growth for middle-income economies [J]. Journal of Asia Pacific economy, 22 (1): 47-70.

[246] SVENSSON J, 2005. Eight questions about corruption [J]. Journal of economic perspectives, 19 (3): 19-42.

[247] SYRQUIN M, 1988. Patterns of structural change [M] //CHENERY H, SRINIVASAN T N. Handbook of development economics: volume 1. Amsterdam: North Holland: 203-273.

[248] SYRQUIN M, 2007. Structural change and development [M] //DUTT A K, ROS J. International handbook of development economics. Cheltenham: Edward Elgar Publishing.

[249] SZIRMAI A, VERSPAGEN B, 2015. Manufacturing and economic growth in developing countries, 1950 – 2005 [J]. Structural change and economic dynamics (34): 46-59.

[250] TANZI V, 2011. Government versus markets: the changing economic role of the state [M]. Cambridge, England: Cambridge University Press. /坦茨,2014. 政府与市场:变革中的政府职能 [M]. 王宇,译. 北京:商务印书馆.

[251] TEECE D, PISANO G, 1994. The dynamic capabilities of firms: an introduction [J]. Industrial and corporate change, 3 (3): 537-556.

[252] THEIL H, 1956. On the theory of economic policy [J]. American economic review, 46 (2): 360-366.

[253] UNIDO, 2009. Breaking in and moving up: new industrial challenges for the bottom billion and the middle-income countries [R]. Industrial development

report 2009. Vienna: UNIDO.

[254] UNIDO, 2013. Sustaining employment growth: the role of manufacturing and structural change [R]. Industrial development report 2013. Vienna: UNIDO.

[255] VARGAS L, 1998. The maquiladora industry in historical perspective: part 1 [J]. Business frontiers, 4(8): 1-4.

[256] VINER J, 1958. The long view and the short [M]. Glencoe: Free Press.

[257] WADE R, 1990. Governing the market: economic theory and the role of government in East Asian industrialization [M]. Princeton: Princeton University Press. /韦德, 1994. 驾驭市场——经济理论和东亚工业化中政府的作用 [M]. 吕行建, 等译. 北京: 企业管理出版社.

[258] WHITEHEAD A H, 1938. Modes of thought [M]. London: Macmillan Company. /怀特海, 1989. 思维方式 [M]. 黄龙保, 芦晓华, 王晓林, 译. 天津: 天津教育出版社.

[259] WINSTON C, 2006. Government failure versus market failure: microeconomic policy research and government performance [M]. Washington, DC: Brookings Institution Press.

[260] WOOD A, 1987. Kaldor, Nicholas [M] //EATWELL J, MILGATE M, NEWMAN P. The new Palgrave: a dictionary of economics, 3. London: Macmillan Publishers Ltd.

[261] World Bank, 1993. The East Asian miracle: economic growth and public policy [M]. Oxford: Oxford University Press. /世界银行, 1995. 东亚奇迹: 经济增长与公共政策 [M]. 财政部世界银行业务司, 译. 北京: 中国财政经济出版社.

[262] World Bank, 2020. Doing business 2020: comparing business regulation in 190 economies [R]. Washington, DC: World Bank.

图书在版编目(CIP)数据

产业政策通论 / 郁义鸿, 于立宏著. —上海: 复旦大学出版社, 2021.9
ISBN 978-7-309-15904-2

Ⅰ.①产… Ⅱ.①郁… ②于… Ⅲ.①产业政策-研究-中国 Ⅳ.①F269.22

中国版本图书馆 CIP 数据核字(2021)第 174984 号

产业政策通论
CHANYE ZHENGCE TONGLUN

郁义鸿 于立宏 著
责任编辑/谢同君

复旦大学出版社有限公司出版发行
上海市国权路 579 号 邮编: 200433
网址: fupnet@ fudanpress.com http://www.fudanpress.com
门市零售: 86-21-65102580 团体订购: 86-21-65104505
出版部电话: 86-21-65642845
江阴市机关印刷服务有限公司

开本 890×1240 1/32 印张 12.125 字数 315 千
2021 年 9 月第 1 版第 1 次印刷

ISBN 978-7-309-15904-2/F·2827
定价: 68.00 元

如有印装质量问题,请向复旦大学出版社有限公司出版部调换。
版权所有 侵权必究